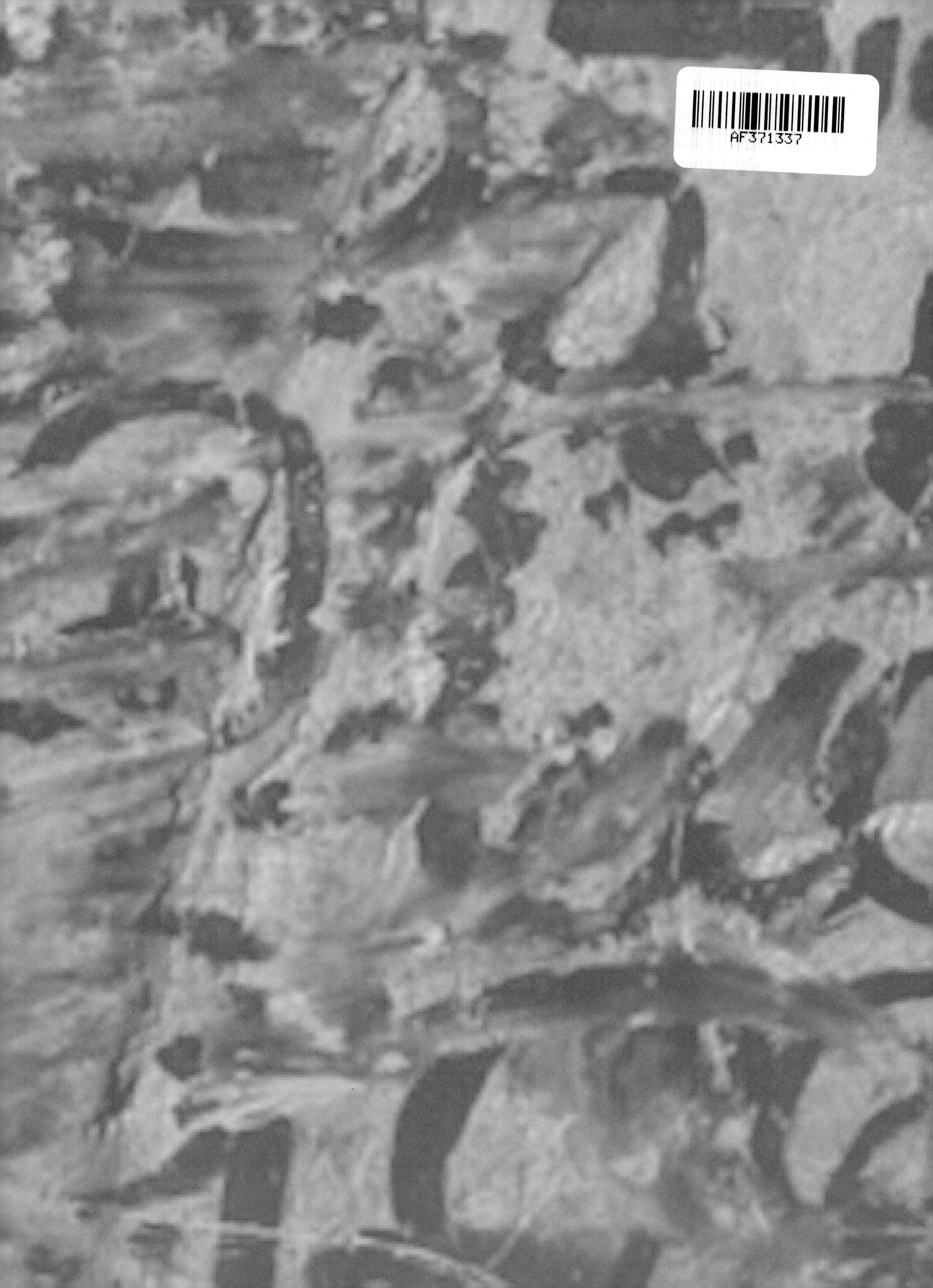
AF371337

Fundación
BBVA Bancomer

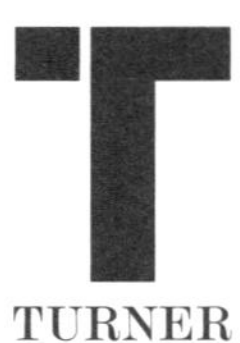

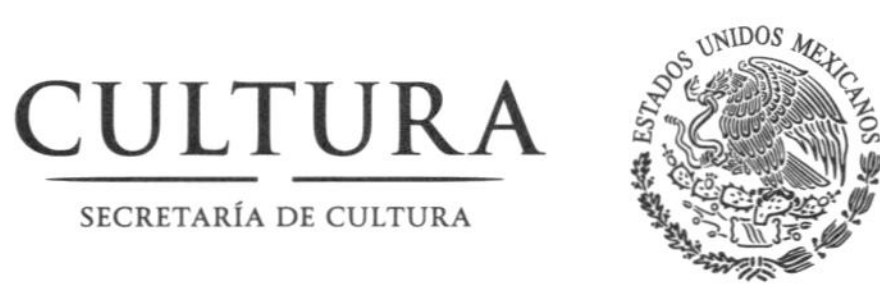

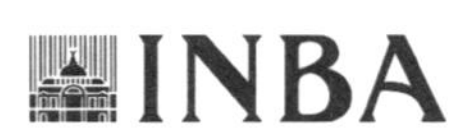

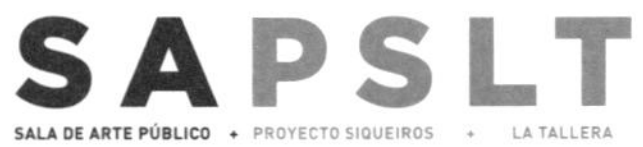

NAJ TUNICH

PABLO VARGAS LUGO

Naj Tunich. Pablo Vargas Lugo acompaña la muestra presentada por el Instituto Nacional de Bellas Artes a través de Proyecto Siqueiros: La Tallera, Cuernavaca, México.
Naj Tunich. Pablo Vargas Lugo accompanies the exhibition presented by the Instituto Nacional de Bellas Artes through Proyecto Siqueiros: La Tallera, Cuernavaca, Mexico.

Editor Editor
PABLO VARGAS LUGO

Coordinación editorial
Editorial Coordinator
TATIANA CUEVAS

Textos Texts
MICHEL BLANCSUBÉ
JAMES E. BRADY
ROSINA CAZALI
MEGAN E. O'NEIL
SANDRA ROZENTAL
PABLO VARGAS LUGO

Corrección de estilo en español
Copy Editing in Spanish
SARA SCHULZ

Corrección de estilo en inglés
Copy Editing in English
MELINA KERVANDJIAN

Traducción español-inglés
Spanish-English Translation
CHRISTOPHER FRAGA

Traducción inglés-español
English-Spanish Translation
MARCELA QUIROZ

Traducción francés-inglés
French-English Translation
JOHN TITTENSOR

Traducción francés-español
French-Spanish Translation
ALEJANDRO MERLÍN

Diseño Design
SURYA SON

Preprensa Prepress
EMILIO BRETÓN

Imprenta Printer
ARTES GRÁFICAS PALERMO

Encuadernación Binding
RAMOS

Distribuido en Latinoamérica por
Distributed in Latin America by
Océano
info@oceano.com
www.oceano.com

Distribuido en España por
Distributed in Spain by
Machado Grupo de Distribución
machadolibros@machadolibros.com
Les Punxes Distribuidora
punxes@punxes.es
www.punxes.es

Primera edición 2018
First Edition 2018

© Textos, los autores
© Texts, the authors

© Imágenes Images

p. 10
© Historic England Archive, London

pp. 19, 22, 23, 26, 33
© James E. Brady

pp. 30, 151
© Chip and Jennifer Clark, 1995
Cortesía de Courtesy of Jennifer Clark

pp. 30, 32, 144
© Megan O'Neil

pp. 36, 37, 140, 147, 151, 166, 168, 171, 42-117
© Pablo Vargas Lugo

pp. 118-135
© Ramiro Chaves
Cortesía de Courtesy of
Proyecto Siqueiros: La Tallera

p. 143
© Museum Associates, LACMA

p. 143
© David Schele
Cortesía de Courtesy of
Ancient Americas, LACMA

p. 148
© Andrea J. Stone, 1995
Cortesía de Courtesy of University of Texas Press

Cubierta: Cámara de cristal, pasaje occidental,
Naj Tunich. Pablo Vargas Lugo, *Luz y sonido*, 2018.
Fotograma de video. Cortesía del artista.
Cover: Crystal Room, Western Passage, Naj Tunich.
Pablo Vargas Lugo, *Luz y sonido* [Light and Sound], 2018.
Video still. Courtesy of the artist.

Interior de cubierta: Mapa de Naj Tunich, 1989. Cortesía
de George Veni. Cover interior: Map of Naj Tunich,
1989. Courtesy of George Veni.

Guardas: Dibujo 82 (detalle), Naj Tunich. Pablo Vargas
Lugo, *Luz y sonido*, 2018. Fotograma de video. Cortesía
del artista. Endsheets: Drawing 82 (detail), Naj Tunich.
Pablo Vargas Lugo, *Luz y sonido* [Light and Sound], 2018.
Video still. Courtesy of the artist.

pp. 2, 40, 137, 172-177: Pablo Vargas Lugo, Dibujos para
Tags, 2018. Cortesía del artista. Pablo Vargas Lugo,
Drawings for *Tags*, 2018. Courtesy of the artist.

ISBN: 978-84-17141-25-7
DL: M-30736-2018

Distribuido en EE UU y Canadá por
Distributed in USA and Canada by
DAP
orders@dapinc.com
www.artbook.com

Distribuido en Europa por
Distributed in Europe by
ACC
sales@antique-acc.com
www.accdistribution.com/uk

Proyecto realizado con el apoyo del Fondo Nacional para la Cultura y las Artes a través del Sistema Nacional de Creadores 2017

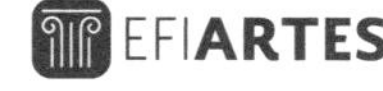

Producción nacional de artes visuales realizada con el estímulo fiscal del artículo 190 de la LISR (EFIARTES)

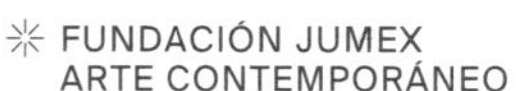
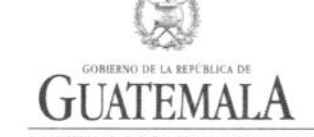
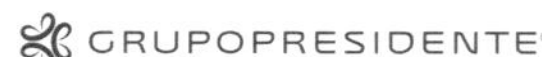
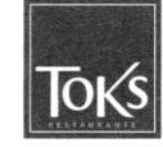

CONTENIDOS CONTENTS

Foreword
PABLO VARGAS LUGO

I first traveled to Guatemala in the spring of 1995 when the curators Olivier Debroise and Jan Åman invited me to participate in a collective, trinational project called *3angular*. On that occasion I had the opportunity to visit the Museo Nacional de Arqueología y Etnología in Guatemala City along with some of the other participating artists as well as James Oles, an art historian whom I had just met. Amidst the profusion of Maya archaeological treasures, inevitable comparisons to the monumentality and relative efficiency of Mexican museums and institutions, and anecdotes about forgeries and looting, James approached one of the ceramic pieces on display and translated the line of hieroglyphs that adorned its top rim, following a reading common to many of these vessels known to epigraphers as the Primary Standard Sequence (PSS): a dedicatory text that indicates the use, owner, and creator of each piece. For the first time I noticed not only the vividness of the drawing and the extraordinary symbolic universe portrayed in those brushstrokes, but also came to understand that the hieroglyphs were not obscure messages from an incomprehensible world: they could represent a message that was almost ordinary, but no less significant for it. Having been silent for centuries, this voice had come alive once more before our very eyes, thanks to the efforts of archaeologists, epigraphers, linguists, and ethnologists. Until then, as was common for a young Mexican trained as an artist in a milieu marked by skepticism at the idea of a national art, I saw pre-Columbian art as a domain that had been appropriated by official ideology and associated with the Mexican School of Painting and its subsequent (albeit more or less ironic) incarnations, especially the so-called neo-Mexicanism that dominated the artistic scene in the late 1980s. That about-face in my appreciation and interest—which I continued to cultivate for the next ten years by reading J. Eric S. Thompson, Sylvanus G. Morley, and Michael D. Coe, and by a visit to archaeological sites in southern Chiapas—was represented in my daily life by a small figure cut and pasted to a piece of cardboard, part of a personal altar that accompanied me on my frequent moves. It featured the rabbit scribe as portrayed on the Princeton Vase, which expresses all the humor and grace of that world, as well as the importance of writing within the enigma that it still represents.

During that time, I made various attempts to take my interest in those traces even further, but they all failed, incapable of becoming a sustained counterpoint to the beauty of their drawing, the unusualness of their configuration, and the specificity of their meaning. It was only in 2005 that I came to understand that the best I could do was to offer that writing a new physical medium and context, therefore I undertook the task of gathering a substantial body of Maya calligraphy, which I compiled in the manner of a periodical entitled *Bonampak News* (2006). I was in the middle of doing that research, immersing myself in the generous archives of Justin Kerr[1] and the few copies of the *Corpus of Maya Hieroglyphic Inscriptions*[2] that I could lay my hands on, when I first saw images of Naj Tunich while nosing around a bookstore in Los Angeles. It was, of course, in *Images from the Underworld*,[3] Andrea Stone's foundational book about Naj Tunich and Maya cave art, which, for a reason that I no longer understand (laziness or a limited budget?), I failed to purchase. As soon as I had the chance, I sought out the scanty images and information that were available online. The scale and beauty of those

[1] http://research.mayavase.com.

[2] A series of publications edited by Ian Graham and issued starting in 1968 by Harvard University Press, which seeks to compile the entire corpus of extant Maya inscriptions found on buildings and monuments.

[3] Andrea J. Stone, *Images from the Underworld: Naj Tunich and the Tradition of Maya Cave Painting* (Austin: University of Texas Press, 1995).

Prefacio
PABLO VARGAS LUGO

Viajé a Guatemala por primera vez en la primavera de 1995, invitado por los curadores Olivier Debroise y Jan Åman a participar en un proyecto colectivo trinacional llamado *3angular*. En esa ocasión tuve oportunidad de conocer el Museo Nacional de Arqueología y Etnología de la Ciudad de Guatemala en compañía de algunos de los otros artistas participantes, visita a la cual se unió James Oles, historiador de arte a quien recién conocía. Entre la proliferación de tesoros arqueológicos mayas, las inevitables comparaciones con la monumentalidad y relativa eficiencia de los museos e instituciones mexicanas y las anécdotas en torno a falsificaciones y saqueos, James se acercó a una de las piezas de cerámica en exhibición y tradujo para nosotros la línea de jeroglíficos que adornaba el borde superior, siguiendo una lectura común a buena parte de estas vasijas conocida entre los epigrafistas como Secuencia Estándar Primaria (Primary Standard Sequence o PSS por sus siglas en inglés): un texto dedicatorio que señala el uso, el propietario y el creador de cada pieza. Entonces, y por primera vez, reparé no solo en la vivacidad del dibujo y el extraordinario universo simbólico retratado en esos trazos, sino en la revelación de que los jeroglíficos no eran oscuros mensajes de un mundo incomprensible: podían representar un mensaje casi ordinario, pero no por ello menos significativo. Esta voz, acallada por siglos, revivía ante nuestros ojos mediante los esfuerzos de arqueólogos, epigrafistas, lingüistas y etnólogos. Hasta entonces, como era común para un joven mexicano formado como artista en un medio marcado por el escepticismo hacia la idea de un arte nacional, el arte precolombino era una esfera apropiada por la ideología oficial y asociada a la Escuela Mexicana de Pintura y a sus posteriores encarnaciones más o menos irónicas, muy especialmente dentro del llamado Neo Mexicanismo que dominó la escena artística hacia finales de los años ochenta. Ese vuelco en mi apreciación e interés —que se continuó alimentando durante los próximos diez años con la lectura de J. Eric S. Thompson, Sylvanus G. Morley o Michael D. Coe y la visita a los sitios arqueológicos del sur de Chiapas— se vio representado en mi vida diaria por una pequeña figura recortada y pegada a un pedazo de cartón, parte de un altar personal que me acompañaba en mis frecuentes mudanzas. Se trataba del conejo escriba retratado en el Vaso de Princeton, que expresa todo el humor y la gracia de ese mundo, así como la importancia de la escritura dentro del enigma que aún representa.

Durante ese tiempo hice varios intentos de llevar más lejos mi interés en esos trazos, pero todos fracasaban, incapaces de ser un contrapunto sostenido a la belleza de su dibujo, lo insólito de su configuración y lo específico de su significado. Fue hasta 2005 que comprendí que lo mejor que podía hacer era ofrecer a esa escritura un nuevo soporte y contexto, así me embarqué en la tarea de reunir un cuerpo sustancial de caligrafía maya formada a manera de un periódico titulado *Bonampak News* (2006). Me encontraba en medio de esa investigación, sumergido en los generosos archivos de Justin Kerr[1] y los pocos ejemplares del *Corpus of Maya Hieroglyphic Inscriptions*[2] que pude conseguir, cuando vi por primera vez imágenes de Naj Tunich mientras curioseaba en una librería de Los Ángeles. Fue, por supuesto, en *Images from the Underworld*,[3] el libro seminal de Andrea Stone sobre Naj Tunich y el arte rupestre maya, el cual, por una razón que aún ahora no comprendo (¿desidia o un presupuesto limitado?) no adquirí

[1] http://research.mayavase.com.

[2] Serie de cuadernos editados por Ian Graham y publicados desde 1968 por Harvard University Press, que busca reunir la totalidad de inscripciones mayas encontradas en construcciones y monumentos.

[3] Andrea J. Stone, *Images from the Underworld: Naj Tunich and the Tradition of Maya Cave Painting* (Austin: University of Texas Press, 1995).

pictures and the extraordinary context in which they were situated suggested
to me that they were *sui generis*, so I reserved that series of hieroglyphs, leaving
them out of the diagramming that made up the pages of the *Bonampak News*.

Some years later, I finally got a copy of Stone's book. I consulted and
annotated it regularly. Reviewing its pages again and again aroused my interest
in the place, especially now that I was aware of the difficulty of getting access to it,
of its monumentality, of the delicacy of its preservation, and the intricacy of its implications. Over the course of those years, references to Maya art and calligraphy
kept cropping up sporadically in my drawings and sculptures, which were linked
in turn to other explorations related to writing and technology. It was only in 2012
that I succeeded in establishing the idea of this project with greater certainty after
discussing with Carlos Amorales the possibility of a collaboration. I suggested that
the two of us visit the cave to create a joint work and made initial contact with
government agencies in Guatemala to inquire about the prerequisites for entering
Naj Tunich. To my surprise, I succeeded in getting permission to film in mid-2014,
but the lack of funding, conflicting work schedules, and diverging interests frus-
trated the possibility of making that trip, so we decided to let go the idea. By
then I had nevertheless traced out some of the main questions that I wanted to
consider along with my objectives: to examine the nature of secrecy and ritual
space—whether constructed or designated—and to find a way to make this monumental, remote, and fragile place present through more or less familiar objects
and references.

Naj Tunich was still occupying my thoughts in September 2015, when
James Oles invited me on a trip to Turkey with other artists and researchers.
On the trip we would be exploring the terrain for an exhibition project, whose
point of departure would be the singular passion of Kemal Atatürk, founder of
the Turkish nation, for the writings of James Churchward, an amateur archaeologist and charlatan who speculated about the common origin of the Turkish
and Maya peoples. Megan O'Neil, an archaeologist and at the time associate
curator of Mesoamerican art at the Los Angeles County Museum of Art (LACMA),
was among those invited. She and I traveled to our destination a few days ahead
of the rest of the group, eventually contacting each other in order to explore
Istanbul together. As soon as we had introduced ourselves and sat down to eat
lunch, I could no longer contain the questions I had been wanting to ask her since
I had found out that we would be meeting. Megan informed me of the death of
Andrea Stone a year earlier and told me of her friendship with James Brady,
an expert in cave archaeology and one of the first and most experienced scholars
of Naj Tunich. Some weeks after returning to Mexico, I received an email from
Megan, introducing me to James, who right away was eager to join this enterprise.
It was only then that the impulse generated by a shared interest made the project
start to take real shape.

By then the logistical obstacles seemed to be limited to securing the
necessary funding to finance the transportation, costs associated with filming,
and the payment for the required permits, which was never an easy job. Nevertheless, I had to take on the complex task of mapping out the project's foundations,
which would enable me to capture the character of the site without resorting to
make a documentary. My aims were first to acknowledge the scientific research
on which my own understanding of the place was based without turning it into the
main content of the work, and, secondly, to evoke the presence of Naj Tunich from
within the neutral and aseptic space of an exhibition venue. I did not want the
admiration I had felt for this site from a distance to produce a reverential attitude
toward what it meant. On the contrary, I was interested in proposing associations
that would not harmonize with those that had been developed by researchers and
scholars, but at the same time I had no desire to contradict or delegitimize them.
Some of these relationships arose out of obvious similarities, especially between
the graphic exuberance, semiotic variability, and spatial distribution of Maya script
and the marks made by graffiti artists. These resemblances became even more

en ese momento. Tan pronto tuve oportunidad recabé las escasas imágenes e información disponibles en línea. La escala y belleza de esos dibujos y el extraordinario contexto en el que se encontraban, apuntaban a un desarrollo aparte, de manera que reservé esa serie de jeroglíficos dejándolos fuera de la diagramación que conformó las páginas de las noticias de Bonampak.

Unos años después me hice finalmente de una copia del libro de Stone. Lo consultaba y anotaba regularmente; revisar sus imágenes una y otra vez incrementó mi interés en el lugar, consciente ya de las dificultades de acceso, de su monumentalidad, de lo delicado de su preservación y de lo intrincado de sus implicaciones. A lo largo de esos años las referencias al arte y caligrafía maya siguieron apareciendo esporádicamente en mis dibujos y esculturas, vinculadas a su vez con otras exploraciones acerca de la escritura y la tecnología. No fue hasta 2012 que logré establecer con más certeza la idea de este proyecto al discutir con Carlos Amorales la posibilidad de una colaboración. Le sugerí visitar la cueva para crear una obra en conjunto e inicié los primeros contactos con las instancias gubernamentales en Guatemala para inquirir acerca de las condiciones necesarias para entrar a Naj Tunich. Hacia mediados de 2014 logré, para mi sorpresa, obtener un permiso para filmar, pero la falta de financiamiento y las agendas de trabajo e intereses divergentes frustraron la realización de ese viaje y decidimos abandonar la idea. Para entonces, sin embargo, había trazado algunas de las principales interrogantes que debía plantearme: examinar la naturaleza de la secrecía y el espacio ritual —ya fuese construido o designado— y encontrar la manera de hacer presente este lugar monumental, remoto y frágil mediante objetos y referencias más o menos familiares.

El nombre de Naj Tunich seguía en mi cabeza cuando en septiembre de 2015 fui invitado por James Oles a un viaje a Turquía con otros artistas e investigadores. En el viaje se exploraría el terreno para un proyecto de exposición, cuyo punto de partida sería la singular afición de Kemal Atatürk, fundador de la nación turca, por los escritos de James Churchward, un arqueólogo aficionado y charlatán que especulaba acerca del origen común de los pueblos turco y maya. Megan O'Neil, arqueóloga y entonces curadora asociada de arte mesoamericano del Los Angeles County Museum of Art (LACMA), figuraba entre los invitados, y tanto ella como yo nos adelantamos al resto del grupo unos días, encontrándonos eventualmente para explorar Estambul. Apenas nos presentamos y sentamos a almorzar, no pude contener las preguntas que venía deseando hacerle desde que supe que nos conoceríamos y fue entonces que tuve noticias de la muerte de Andrea Stone un año antes, así como de la amistad de Megan con James Brady, experto en arqueología rupestre y uno de los primeros y más experimentados estudiosos de Naj Tunich. Unas semanas después de volver a México, recibí un correo de Megan, presentándome con James, quien desde el primer momento se mostró abierto a unirse a esta empresa. Fue entonces que el impulso que genera un interés compartido hizo que el proyecto comenzara a adquirir un perfil real.

Para entonces los obstáculos logísticos parecían limitarse a asegurar los fondos necesarios para financiar el viaje, la filmación y el pago de los permisos requeridos, lo cual nunca fue una labor sencilla. Me enfrentaba, sin embargo, a la compleja tarea de trazar con precisión los ejes conceptuales del proyecto, los cuales me permitirían capturar el carácter de ese sitio sin caer en la factura de un documental, dar su lugar al saber científico y académico en el que me apoyaba sin convertirlo en el contenido principal de la obra, y lograr invocar la presencia de Naj Tunich desde la neutralidad y asepsia de un espacio de exposición. La admiración que este sitio me provocaba a la distancia no podía producir una actitud reverencial hacia su significado; me interesaba proponer asociaciones que no concordaran con aquellas fundamentadas por los investigadores y académicos, al tiempo de evitar contradecirlas o deslegitimarlas. Algunas de estas relaciones surgían de similitudes evidentes, sobre todo entre la exuberancia gráfica, variabilidad semiótica y distribución espacial de la escritura maya y los trazos de los artistas de grafiti. Estas semejanzas se volvían todavía más pertinentes en el caso

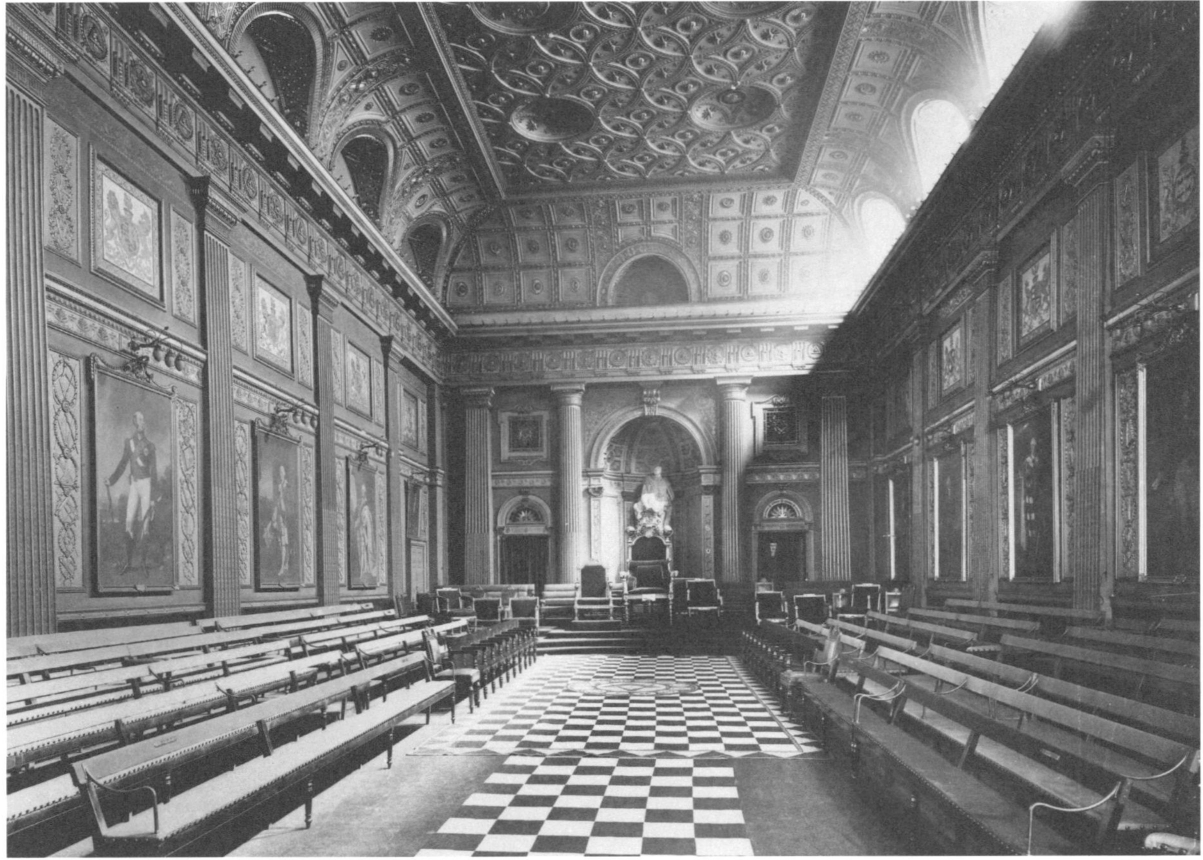

Vista interior del antiguo templo de la Logia Masónica de Inglaterra, Londres, 1900. Cortesía de Historic England Archive. Interior view of the old temple of the Freemasons Hall, London, 1900. Courtesy of Historic England Archive.

pertinent in the case of Naj Tunich, with its calligraphic and drawing-like interventions covering the whimsical mineral formations, while at the same time bearing witness to the presence of specific individuals.

Another important association arose almost by accident when my family and I were watching the 1975 film version of Mozart's *The Magic Flute*, directed by Ingmar Bergman. I had been familiar with that opera for a long time, as well as with the importance of the Masonic symbolism in it, aptly woven into Tamino's heroic deed. But even though the film preserves the air of a fairytale that makes the opera so popular, Bergman's version dares to cast its net even further, proposing, for example, a Sarastro seated at the table with the members of his brotherhood, like Jesus Christ and his apostles, or the attack of the Queen of the Night and her henchmen represented by a march with torches in the purest style of the extreme Right. This way of parsing ritual as well as cinematic and theatrical space immediately prompted me to revisit a book I had acquired in 2005 (by coincidence, on the same trip during which I first encountered Andrea Stone's publication): namely, *The Art and Architecture of Freemasonry* by James Stevens Curl.[4] Its fascinating and enigmatic illustrations—which I had consulted avidly and curiously over the years, but without a specific objective—contain designs of Freemasonry-inspired buildings by architects like Étienne-Louis Boullée and Jean-Jacques Lequeu, which included artificial caves as part of a ritual journey. Curl's book also features photographs of places like the Villa Hamilton in Wörlitz, which has a partially submerged artificial grotto and a miniature reproduction of Mount Vesuvius that erupted annually in a festival of artificial lights (in an allusion, perhaps, to initiatory trials by water and fire). Among the corpus of illustrations in this volume one finds the influential set designs by Karl Friedrich Schinkel for the productions of *The Magic Flute*, which were inspired in turn by Egyptian architecture and Piranesi's engravings. They represent temples carved in the interior of spectacular grottos, with ceilings hung with stalactites that punctuate dark passageways.

[4] James Stevens Curl, *The Art and Architecture of Freemasonry: An Introductory Study* (Woodstock, NY: Overlook Press, 1993).

de Naj Tunich, con sus intervenciones caligráficas y dibujísticas que cubren las caprichosas formaciones minerales, al tiempo que dan testimonio de la presencia de individuos específicos. Otra asociación importante surgió casi por casualidad cuando miraba con mi familia la versión fílmica de *La flauta mágica* de Mozart, dirigida por Ingmar Bergman en 1975. Conocía esta ópera desde hacía mucho tiempo, al igual que la relevancia de la simbología masónica en ella, tejida hábilmente en la gesta heroica de Tamino. Pero la versión de Bergman, a pesar de conservar el aire de cuento de hadas que hace a esta obra tan popular, se atrevía a lanzar sus redes más lejos, proponiendo, por ejemplo, a un Sarastro sentado a la mesa con los miembros de su hermandad, como Jesucristo con sus apóstoles, o el ataque de la Reina de la Noche y sus secuaces representado con una marcha con antorchas al más puro estilo de la extrema derecha. Esa manera de atajar el espacio ritual, cinematográfico y teatral, me hizo acudir de inmediato a revisar un libro que había adquirido en 2005 (coincidentemente, en el mismo viaje en el que vi por primera vez la publicación de Andrea Stone): *The Art and Architecture of Freemasonry*, de James Stevens Curl.[4] Entre sus fascinantes y enigmáticas ilustraciones —que a través de los años había consultado con avidez y curiosidad pero sin un objetivo específico— contiene diseños de edificios de inspiración masónica de arquitectos como Étienne-Louis Boullée y Jean-Jacques Lequeu en los cuales se incluían cuevas artificiales como parte de un periplo ritual; o fotografías de lugares como la Villa Hamilton en Wörlitz, que tiene una gruta artificial parcialmente sumergida y la reproducción en miniatura del Vesubio, que cada año hacía erupción en un festival de fuegos artificiales (en alusión, quizás, a las pruebas iniciáticas del agua y el fuego). Entre el cuerpo de ilustraciones en este volumen se encuentran los influyentes diseños escenográficos de Karl Friedrich Schinkel para las producciones de *La flauta mágica*, inspirados a su vez por la arquitectura egipcia y los grabados de Piranesi. En ellos se representan templos labrados en el interior de grutas espectaculares, con techos repletos de estalactitas que enmarcan pasadizos oscuros. Al hurgar un poco más en esas referencias comenzaron a aparecer puntos de contacto más allá de la figura de la cueva, que me parecieron

[4] James Stevens Curl, *The Art and Architecture of Freemasonry: An Introductory Study* (Woodstock, NY: Overlook Press, 1993).

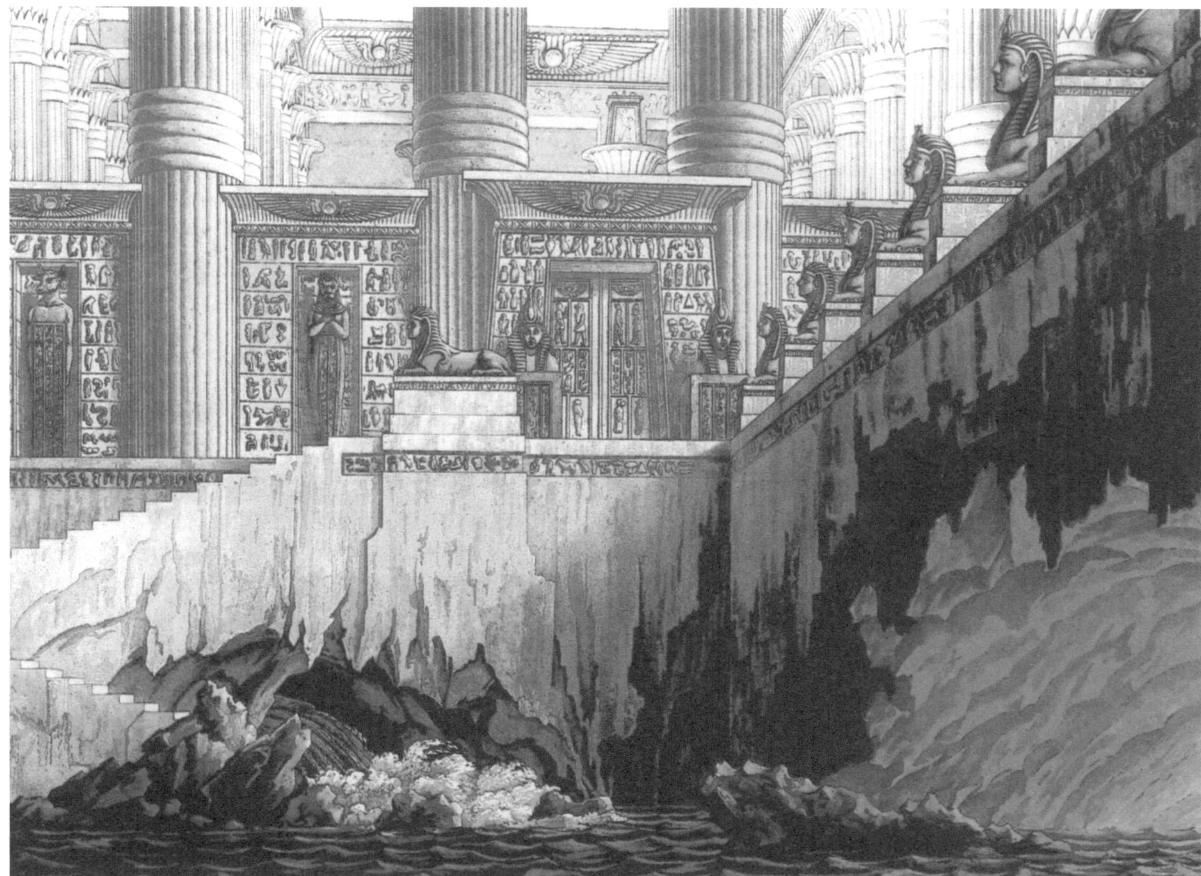

K. F. Thiele, diseño de escenografía de K. F. Schinkel para *La flauta mágica* de W.A. Mozart en el Königliche Schauspiele Operahaus, Berlín, 1816.
K. F. Thiele, K. F. Schinkel's set design for W. A. Mozart's *The Magic Flute* at the Königliche Schauspiele Operahaus, Berlín, 1816.

Delving a bit more into those references, I began to notice connections that went beyond the figure of the cave, which struck me as sufficient to sustain a counterpoint that would animate both parts of this dialogue: for example, the tears in Masonic temples, which represent the grief over the death of Hiram, architect of Salomon's temple, and the drops with which bloody rituals are represented in Maya art; or the eye that sees all and the figure of the eye in the *yilaaj* hieroglyph, so prominent in the inscriptions at Naj Tunich. But over and above those symbols I was interested in the opportunity to present two opposing versions of a ritual space and universe: one designed and codified down to its smallest details, in which each gesture and symbol signals a hierarchy and is preceded by a strict (albeit fantastic) genealogy; the other, dictated by the interaction of natural forces and elements and within which—if we are guided by some of the representations and evidence of ritual found there—the roles and ritual practices that took place outside were given a twist. In the one, symbolic death in the darkness of the grotto is a first step toward reaching the light; while in the other, the privilege of being devoured by the Earth, submerging oneself in darkness, and moving through its entrails is an end in itself.

The research and filming expedition took place in May 2017, funded in part by a grant from the Fundación Jumex and supported by the Guatemalan authorities through a generous exemption from having to pay duties. It was complemented by a second visit on my own in March 2018, in order to carry out some interviews and additional shoots. The first trip involved spending three days touring the cave—which had not been opened for a visit since 2010—with a work team made up of James Brady, Megan O'Neil, Michel Blanscubé, and Rafael Ortega, accompanied by Moisés Aldana, a representative of the Guatemalan General Directorate of Cultural and Natural Patrimony, and Ferdy Espino, a delegate from the National Institute of Archaeology, Ethnology, and History in the area. In addition to my camera, lamps, water and food, my backpack held three objects that I knew might seem incongruous and even irritating in that context: a print on fabric that reproduces the chessboard pattern of a Masonic rug—in the lodges these rugs represent the circuitous path between light and darkness that the initiate must travel—and a pair of baroque flutes that belonged to my father and on which I had, in the preceding days, practiced a more or less spritely interpretation of the five ascending notes that identify Papageno, the bird hunter and reluctant initiate in *The Magic Flute*. We had hardly entered the vestibule—now accompanied by the guards who were on duty and by Jorge Jacinto, the driver who had taken us and who had toured the cave for the first time when he was helping his father as a guide during the first expeditions—when James proceeded to walk excitedly among the elaborate constructions of the balcony, with its multiple burials and cloistered spaces, explaining their uses and the discoveries that had been made there almost forty years prior. In a detailed explanation he emphasized the set-design-like nature of that construction, upon which one could imagine the staging of complex rituals prior to the entrance of a select few—priests and members of the elite, those chosen for sacrifice, artists, musicians—to its tunnels. This made me think that I was on the right track. Moments later, in the middle of what I recall now as an exalted and almost festive atmosphere, our party was swallowed by the narrow passageway that would take us to the astounding spaces within Naj Tunich.

suficientes para sostener un contrapunto que animara ambas partes de este diálo-
go: por ejemplo, las lágrimas que en los templos masónicos representan el lamento
por la muerte de Hiram, arquitecto del templo de Salomón, y las gotas con las que
se representan los sangrados rituales en el arte maya; o el ojo que todo lo ve y la
figura del ojo en el jeroglífico *yilaaj*, tan prominente en los textos de Naj Tunich.
Pero por sobre esos símbolos me interesó la oportunidad de presentar dos ver-
siones opuestas de un espacio y universo ritual: una diseñada y codificada hasta
sus últimos detalles, en donde cada gesto y signo son señales de una jerarquía y
vienen precedidos por una genealogía estricta (aunque fantasiosa); otra, dictada
por la interacción de fuerzas y elementos naturales y en la cual —si nos guiamos
por algunas de las representaciones y evidencias rituales ahí encontradas— se
daba un vuelco a los roles y prácticas rituales que tenían lugar afuera. Una dentro
de la cual la muerte simbólica en la oscuridad de la gruta es un primer paso para
acceder a la luz, otra en la que tener el privilegio de ser devorado por la tierra,
sumergirse en la oscuridad y transitar por sus entrañas es un fin en sí mismo.

La expedición de investigación y filmación tuvo lugar en mayo de 2017,
financiada parcialmente por una beca de la Fundación Jumex y una generosa
exención en el pago de derechos por parte de las autoridades guatemaltecas.
Fue complementada por una segunda visita en solitario en marzo de 2018, para
realizar algunas entrevistas y tomas adicionales. Durante el primer viaje, a lo
largo de tres días recorrimos la cueva —que no se había abierto a una visita desde
2010— con un equipo de trabajo formado por James Brady, Megan O'Neil, Michel
Blancsubé y Rafael Ortega, acompañados por Moisés Aldana, representante de la
Dirección General de Patrimonio Cultural y Natural de Guatemala, y Ferdy Espino,
delegado del Instituto Nacional de Arqueología, Etnología e Historia en la zona.
Además de mi cámara, lámparas, agua y comida, cargaba en mi mochila tres
objetos que sabía podían parecer incongruentes y hasta irritantes en ese contexto:
una impresión sobre tela que reproduce el patrón ajedrezado de un tapete masónico
—en las logias representan el camino enrevesado entre la luz y la oscuridad que
debe recorrer el iniciado— y un par de flautas barrocas que pertenecieron a mi
padre y con las cuales yo había practicado días antes una más o menos ágil interpretación de las cinco notas ascendentes que identifican a Papageno, el cazador
de pájaros y renuente iniciado de *La flauta mágica*. Apenas entramos al vestíbulo
—acompañados ahora por los guardias en turno y por el conductor que nos había
llevado, Jorge Jacinto, quien la recorrió por primera vez cuando auxiliaba a su
padre como guía durante las primeras expediciones—, James caminó animada-
mente entre lo que fueran las elaboradas construcciones del balcón, con sus
múltiples entierros y espacios clausurados, explicando sus usos y los hallazgos
hechos ahí casi cuarenta años atrás. En su detallada explicación enfatizaba la
naturaleza escenográfica de esa construcción, sobre la cual se puede imaginar
el montaje de complejos rituales previos al acceso de unos cuantos —sacerdotes
y miembros de las élites, los elegidos para el sacrificio, artistas, músicos— a sus
túneles. Ello me hizo pensar que estaba tras la pista adecuada. Unos momentos
después, y en medio de lo que recuerdo ahora como un ambiente exaltado y casi
festivo, nuestra comitiva fue engullida por el estrecho pasadizo que nos llevaría
a los sobrecogedores espacios interiores de Naj Tunich.

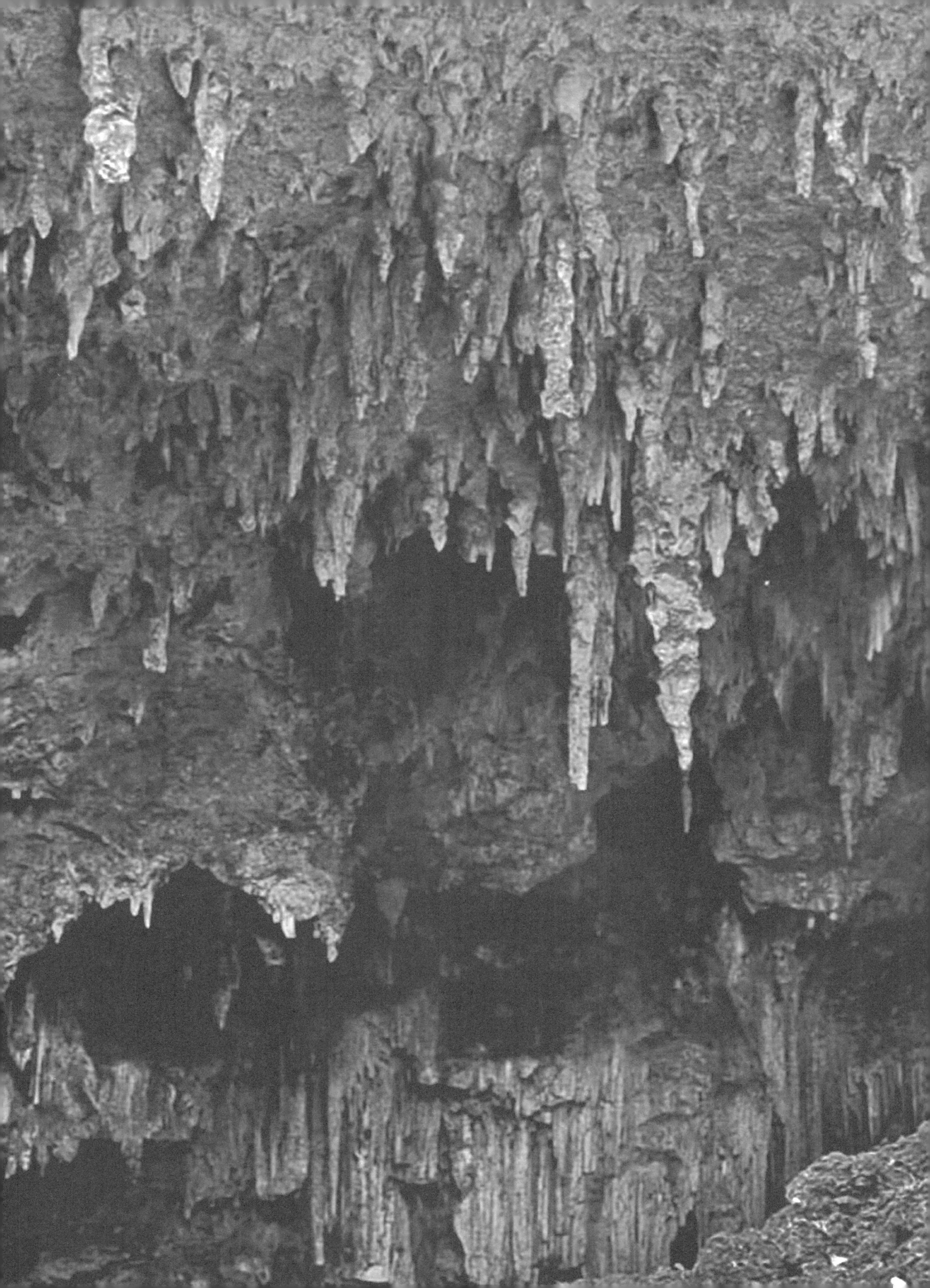

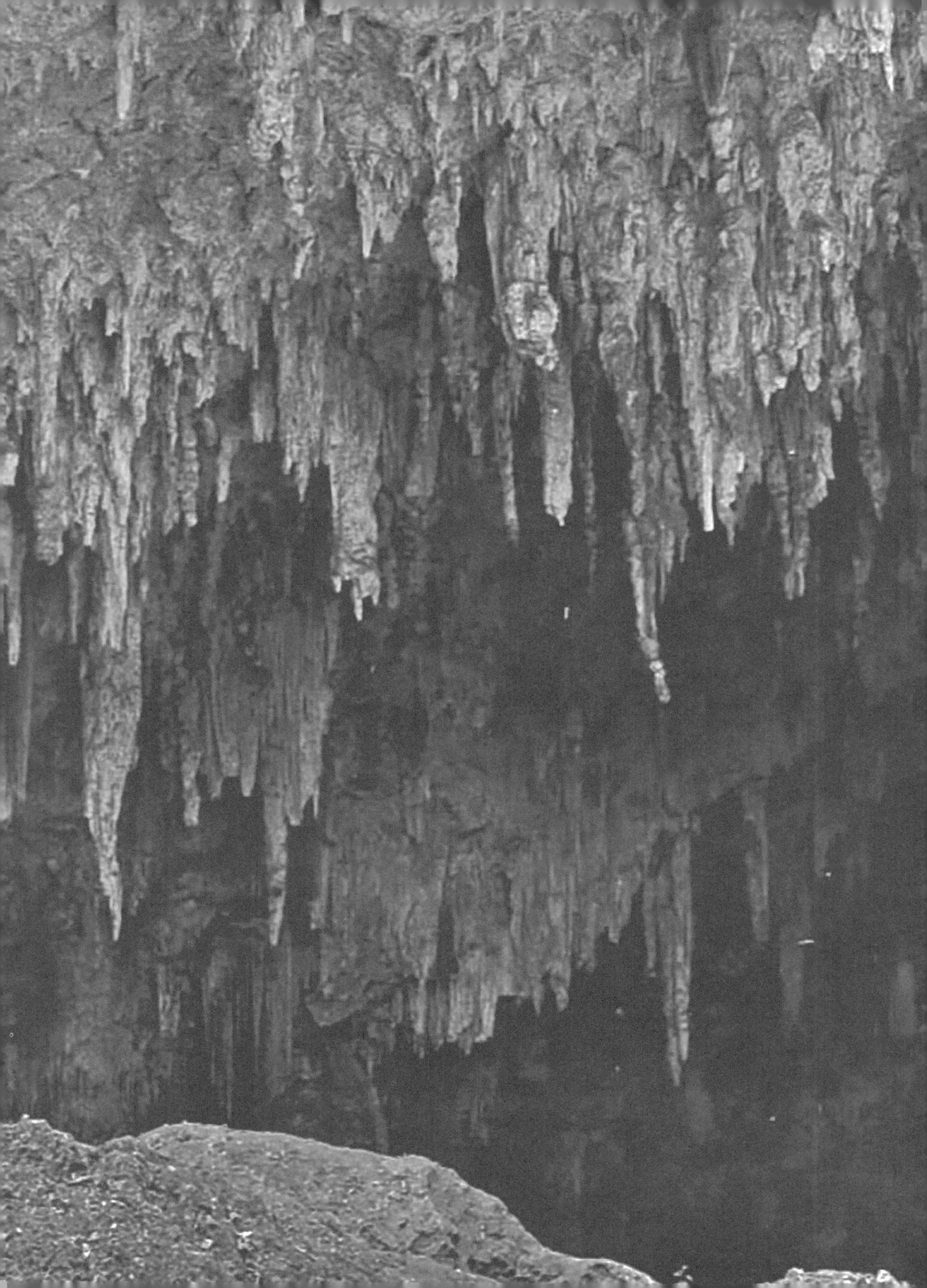

Emprender el sendero oscuro: memorias de Naj Tunich

JAMES E. BRADY

> Una vez que el oscuro sendero
> se toma, por siempre amo de
> tu destino será.
>
> Yoda

La primera vez que escuché sobre Naj Tunich fue a fines de agosto de 1980 cuando se publicó un artículo en la *Prensa Libre* de la Ciudad de Guatemala. Un amigo conocía al fotógrafo que había tomado las imágenes de la cueva y sus inscripciones para el periódico, así que por la tarde visitamos a Jacques y Parney VanKirk en Antigua.[1] Iniciamos los planes para visitar la cueva, sabíamos que tendríamos que esperar hasta que terminara la temporada de lluvias así que concertamos el viaje para coincidir con dos amigos arqueólogos.

En febrero de 1981 llevé a mis amigos a Tikal, después nos fuimos en camión a Poptún. Fue mucho antes de que se pavimentara el camino, de manera que al terminar la temporada de lluvias la ruta estaba llena de surcos por el paso de camiones y autobuses. Caminamos hacia la Finca Ixobel y nos instalamos en la casa para invitados que en ese tiempo era el único anexo además de la casa principal. Esa noche fuimos los únicos huéspedes. Recuerdo muy bien haber cenado con Mike y Carol Devine en el comedor, a la luz de las velas, escuchándolos hablar sobre la cueva.[2]

Nos despertamos temprano, pero tuvimos que esperar a que llegaran las mulas para montar nuestro cargamento. Cuando empezamos a caminar los treinta kilómetros hacia la cueva, estaba lloviznando. El Sol salió durante un rato mientras recorríamos un área despejada entre Poptún y Sabaneta, pero cuando entramos a la selva llovió con gran intensidad. La ruta se transformó en un resba-

[1] Más tarde publicaron un libro con sus fotografías de las ruinas mayas. Jacques VanKirk y Parney Bassett-VanKirk, *Remarkable Remains of the Ancient Peoples of Guatemala* (Norman, OK: University of Oklahoma Press, 1996).

[2] Los Devine era una pareja estadounidense que se mudó a Petén y comenzó una granja cerca de Poptún. En 1990, pocos días después de haber almorzado con Mike, fue asesinado por la milicia guatemalteca.

Starting Down the Dark Path: Memories of Naj Tunich

JAMES E. BRADY

> Once you start down the
> dark path, forever will
> it dominate your destiny.
>
> Yoda

I first learned of Naj Tunich at the end of August 1980 when a story appeared in Guatemala City's *Prensa Libre*. A friend knew the photographer who had taken the images of the cave and the inscriptions for the newspaper, so we visited Jacques and Parney VanKirk later that same day in Antigua.[1] We began to plan a visit to the cave: we knew that we would have to wait until the end of the rainy season, so we arranged it to coincide with a trip by two of my archaeologist friends.

In February 1981, I took my friends to Tikal and then by bus to Poptún. This was long before the road was paved, and by the end of the rainy season it was deeply rutted from trucks and buses. We walked into the Finca Ixobel and stayed in the bunk house, which was the only building there besides the main house at that time. We were the only guests that night. I remember very well having dinner with Mike and Carol Devine in the dining room lit only by candles and listening to them talk about the cave.[2]

We were up early but then had to wait for the mules to arrive and be loaded. It was drizzling as we began our thirty-kilometer walk to the cave. For a while, the sun came out as we moved through the open area between Poptún and Sabaneta, but as we entered the jungle it began to rain hard. The trail became a muddy, slippery ordeal as we slogged onward. We had started off wearing rain ponchos, but these were stowed as we walked along the narrow trails because the plastic caught on branches. We were soon soaked to the skin. Never having

[1] Later they would publish a book of their photos of Maya ruins. Jacques VanKirk and Parney Bassett-VanKirk, *Remarkable Remains of the Ancient Peoples of Guatemala* (Norman, OK: University of Oklahoma Press, 1996).

[2] The Devines were a North American couple who moved to Petén and started a farm near Poptún. A few days after I had lunch with Mike in 1990, he was murdered by the Guatemalan military.

loso lodazal en el que luchábamos por seguir adelante. Empezamos el trayecto
usando ponchos impermeables que se rasgaron entre los angostos senderos al
atorarse el plástico en las ramas. Estábamos empapados hasta los huesos. Como
nunca había estado ahí, ignoraba si nos encontrábamos cerca o lejos. Con frecuencia nos apartábamos del sendero, así que cada uno caminaba solo. Recuerdo que
simplemente me concentré en poner un pie delante del otro. Ya avanzada la tarde,
con gran euforia y satisfacción llegamos a la casa de Bernabé Pop. Bernabé descubrió Naj Tunich cuando su perro persiguió a un pecarí que huyó hacia el interior
de la cueva. Mi futura esposa, la arqueóloga Sandra Villagrán de León, llegó
después. Ese día nuestro trayecto desde la Finca Ixobel había durado ocho horas.

La mañana siguiente recorrimos el último kilómetro hasta la cueva.
De inmediato me asombró la majestuosidad de Naj Tunich. Éramos los únicos
en aquella inmensa entrada, tan grande que me hizo sentir minúsculo. La jungla
es muy ruidosa por el canto de los pájaros y el zumbido de los insectos, pero
en la cueva hay un silencio profundo e intenso que a veces se interrumpe por
una gota de agua que cae en algún pequeño encharcamiento en el piso.

Conforme entramos lentamente a la cueva no podía creer lo que veía,
el piso estaba cubierto por cientos de fragmentos de cerámica. Muchos de ellos
eran lo suficientemente grandes para identificar su forma con facilidad. Había
hermosos trozos de cerámica polícroma por todas partes. Quería detenerme para
reunirlos todos. La mayor parte de mis exploraciones arqueológicas había tenido
lugar en California donde hay pocos objetos, así que aquello me parecía una
cámara de tesoros arqueológicos en la que me encontraba rodeado de riquezas.
La escala monumental de las modificaciones hechas al balcón y las tumbas me
indicó la importancia de ese lugar mil años atrás. Aún no había visto las inscripciones en el túnel, pero el sitio me tenía ya completamente cautivado.

Al entrar al túnel nos detuvimos a observar el bloque de largas estalagmitas y estalactitas que alguna vez había impedido el acceso a los visitantes; otro
misterio esperando una respuesta. Sorteamos el empinado descenso al fondo de
la cueva y escalamos un inmenso dique de piedra caliza desde donde observamos
una pileta llena de agua similar a un exiguo lago. Un poco más arriba, había
una pequeña plataforma con más fragmentos de cerámica, lo que se sumaba a la
impresión de la inconmensurable riqueza arqueológica por explorar. Mientras
descendimos por los pasajes durante el transcurso de un día y la mitad del siguiente,
encontramos inscripciones cada vez más impresionantes. Muchos dibujos, como la
figura representada en posición de tres cuartas partes de perfil mientras realiza
un sangrado genital o la pareja copulando, son obras únicas en el arte maya. La
caligrafía de las inscripciones jeroglíficas era magistral, pero en esa época nadie
podía descifrar el significado.

El segundo día por la mañana llegamos al final del pasaje occidental
donde se encuentra el Pozo del silencio. A lo largo de la pared de la cueva había
una línea de huellas de pisadas en el lodo. En arqueología mucho se reduce a
objetos, pero ahí había evidencias incuestionables de una persona. Las huellas
se veían tan frescas que era fácil imaginar que un antiguo maya las había dejado

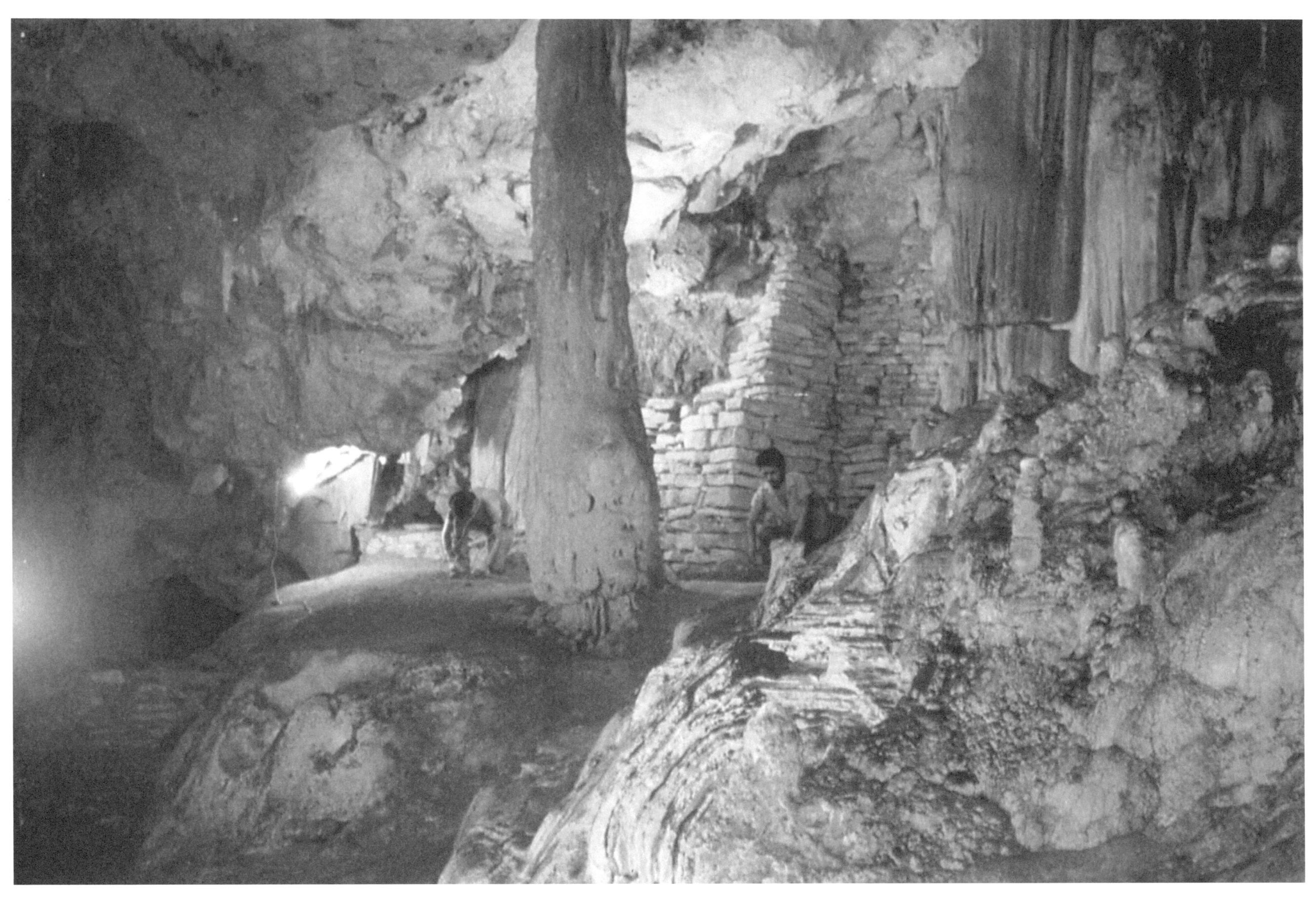

Excavación en estructura no. 2, balcón,
Naj Tunich. 1988. Foto: James E. Brady.
Excavation in Structure no. 2, Balcony,
Naj Tunich. Photo: James E. Brady.

unos minutos antes de nuestra llegada. Nunca había hecho exploraciones arqueológicas dentro de una cueva, pero durante el largo camino de regreso a la Finca Ixobel mi mente nadaba entre imágenes y posibilidades. Jamás había querido investigar un sitio tanto como Naj Tunich.

Después de nuestro regreso a la Ciudad de Guatemala, escribí una carta al Instituto de Antropología e Historia (IDAEH) de la cuidad con la oferta de conducir un registro de la cueva. Para mi sorpresa la propuesta fue aceptada y recibí una beca por parte de la Asociación Tikal para llevar a cabo el trabajo. Mientras tanto leí todo lo que pude sobre cuevas, aunque no había mucho sobre el tema. De cualquier manera, me estaba convirtiendo en un arqueólogo de cuevas.

En junio pasamos una semana acampando en la boca de la cueva. Me acompañaban Miguel Orrego, arqueólogo del IDAEH; Vivian Broman de Morales, de la Asociación Tikal; Andrea Stone, becaria Fulbright, investigadora de las inscripciones de Quiriguá; un inspector proveniente de Dolores; y Sandy, mi esposa. Fue en ese viaje que llegué a conocer Naj Tunich, trabajando en la cueva a diario durante largas horas.

Por las noches, en mi tienda de campaña, tenía una pesadilla recurrente en la que estaba perdido en los túneles sin mi linterna. El sueño era tan intenso y aterrador que me despertaba. La tercera noche me desperté en cuanto iniciaba el sueño y me di cuenta que mi cuerpo había rodado hacia un lado de la tienda de campaña generando la sensación claustrofóbica que desencadenaba la pesadilla. Cambié de lugar mi saco de dormir y la pesadilla no regresó. Pero aún tenía que enfrentar el hecho de que había algunos oscuros temores vinculados con el proyecto.

En ese viaje nuevamente me enfrenté cara a cara con el antiguo maya. En febrero, Mike nos había mostrado la parte superior de un cráneo pequeño apenas enterrado bajo el polvo blanco en el túnel central, pero no estaba lo suficientemente expuesto como para determinar su pertenencia. En junio nos dimos cuenta de que la parte trasera del cráneo había sido presionada hacia adentro. Limpié la tierra del suelo con una brocha para pintar y descubrimos que el cráneo había pertenecido a un infante de cinco o seis años de edad. Para prevenirlo de daños mayores, decidí escavar el enterramiento y recuperar los huesos. Durante esas horas de arduo trabajo resultaba difícil no pensar en lo que le habían hecho a ese niño. Había tres perforaciones en el cráneo que claramente eran la causa de muerte. Después, tiraron el cuerpo en una tumba de poca profundidad, cubierto por unos cuantos centímetros de tierra. Estas evidencias no conducían hacia conclusiones gratas.

Al final de nuestra semana empacamos y nos preparamos para regresar a la Ciudad de Guatemala. Cuando íbamos saliendo de la cueva todos experimentamos una sensación de euforia al estar de nuevo en la luz. El olor del aire era maravillosamente fresco. Nos detuvimos para preguntarnos unos a otros si habíamos tenido la misma experiencia. No dudo que nuestra reacción se debió a la privación lumínica, pero el sentimiento era en extremo intenso. Esta misma respuesta debió formar parte de la experiencia religiosa maya después de largas vigilias en el interior de la cueva.

been there before, I had no idea if we were near or far. We were often strung out along the trail, so each of us was walking alone. I remember concentrating simply on putting one foot in front of the other. It was with great elation and satisfaction when I arrived at the house of Bernabé Pop late in the afternoon. Bernabé had discovered Naj Tunich when his dog chased a peccary into the cave. My future wife, archaeologist Sandra Villagrán De Leon, arrived next. Our journey that day from Finca Ixobel had taken us eight hours.

The next morning, we hiked the final kilometer to the cave. I was immediately awestruck by the majesty of Naj Tunich. We were the only ones in that enormous entrance, it was so big it made me feel small. The jungle is really quite noisy with the birds' callings and the buzz of insects, but in the cave there is a profound silence broken now and again by a drop of water splashing into some small puddle of water on the floor.

As we began our slow tour of the entrance chamber, I could not believe my eyes as the floor was littered with hundreds, even thousands of broken pieces of ceramic. Many of the sherds were quite large so we could easily identify the form. There were beautiful pieces of polychrome pottery everywhere. I wanted to stop and gather it all up. I had done most of my archaeology in California where there are few artifacts, so this seemed like an archaeological treasure house where I was surrounded by riches. The monumental scale of the modifications to the balcony and the tombs spoke to me about the importance of this place a thousand years ago. I hadn't even seen the inscriptions in the tunnel but was already completely enthralled with the site.

As we entered the tunnel, we stopped to see the remains of a blockage of large stalagmites and stalactites that had once closed the passage to visitors. Here was another mystery awaiting an answer. We got around the steep descent to the floor of the cave and climbed a huge rimstone dam to view a pool that was full of water forming a small pond. Just beyond was a small platform with yet more ceramics, continuing to add to the impression of the immeasurable wealth of archaeology to be done here. As we marched down the passages over the next day and a half, we were treated to one amazing inscription after another. Many drawings, such as the three-quarter profile figure in the act of genital bloodletting or the copulating couple, had no counterpart in Maya art. The calligraphy of the hieroglyphic inscriptions was magnificent, but at that time no one could decipher what they meant.

In the morning of the second day, we reached the end of the western passage at the Silent Well. Along the cave wall was a line of footprints in the mud. So much of archaeology is reduced to artifacts, but here was unmistakable evidence of a person. The footprints looked so fresh it was easy to imagine that an ancient Maya had just left minutes before we arrived. I had never done archaeology in a cave, but on the long hike back to Finca Ixobel my mind was swimming with all of the images and possibilities. I had never wanted to investigate any site the way I wanted to work at Naj Tunich.

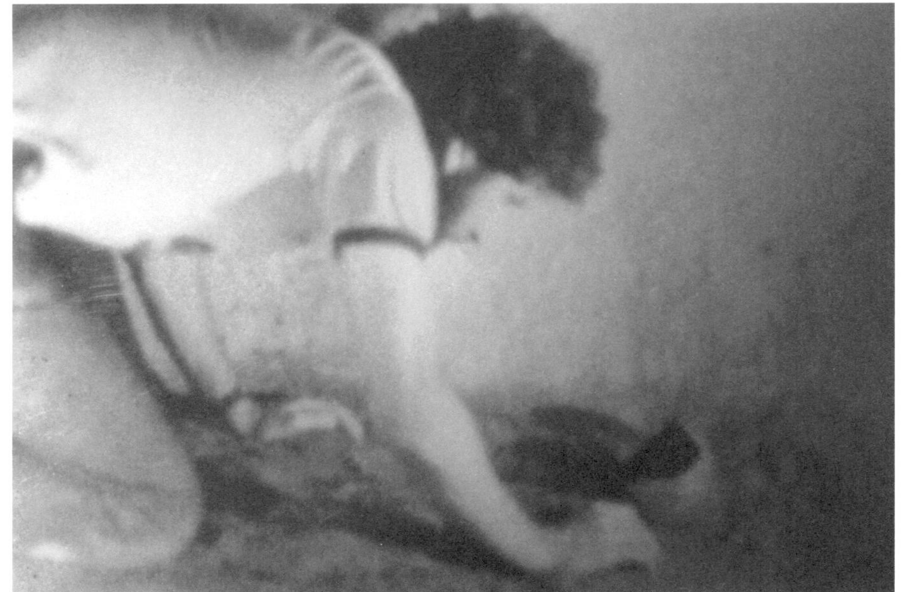

Tumba de infante en el túnel, Naj Tunich, 1981. Foto: James E. Brady. Child burial in the Tunnel, Naj Tunich, 1981. Photo: James E. Brady.

Como la cueva era tan grande y compleja, regresé a completar el registro en 1982. El cambio más notorio fue la aparición de dos vasijas de cerámica intactas situadas en el primer nivel del balcón frente a una losa de piedra en posición vertical similar a una estela. Las vasijas parecían antiguas y pudieron haber sido transportadas desde otra cueva para colocarlas en esa. Los cuencos estaban parcialmente llenos de cenizas residuales de una quema reciente. Nos dijeron que la gente de las comunidades cercanas iba a Naj Tunich para llevar a cabo ceremonias, por lo general para pedir lluvia y buenas cosechas; lo que me pareció importante, ya que indicaba que los mayas que habían entrado a este sitio de inmediato lo reconocieron como un lugar especial. Después de un milenio, los peregrinos habían regresado y restablecieron Naj Tunich como un centro religioso.

Al pasar la temporada de 1982 partí de Guatemala rumbo a Los Ángeles para iniciar un programa doctoral en la University of California y realizar una disertación sobre Naj Tunich. Fue durante aquel periodo que mi comprensión de ese sitio empezó a tomar forma. Un artículo publicado en *National Geographic* en agosto de 1981 proponía la fecha de los orígenes de Naj Tunich en el Clásico tardío (600–900 d.C.), con base en las inscripciones y en una identificación errónea de las cerámicas.[3] Nuestras excavaciones mostraban que el uso de la cueva había iniciado siglos antes de la era cristiana y que el balcón se había completado en el siglo I d.C. Por lo tanto, el maravilloso corpus de inscripciones, muchas provenientes del siglo VIII, se relaciona con los años previos al colapso de la cultura maya. Sin embargo, la fama de Naj Tunich como centro de peregrinaje se había establecido durante los tres primeros siglos de la era cristiana.[4] La mayor parte de los peregrinos nunca subió al balcón. El área de acceso comprendía un ancho espacio de suelo aluvial con más de un metro de depósitos acumulados, ahí la mayoría de la gente quemaba incienso y depositaba sus ofrendas. El balcón estaba reservado para personajes importantes. Las modificaciones realizadas al balcón eran lo suficientemente vastas como para sugerir que las labores de construcción fueron decididas por un núcleo político. La élite dirigente del lugar controlaba los rituales religiosos desde el balcón, siendo ella sin duda, intérprete de dichos rituales.[5] El acceso a los tres y medio kilómetros de túneles situado en la parte superior del balcón era una zona todavía más restringida. Dentro del túnel la cantidad de objetos de cerámica decrecía de manera significativa, lo cual sugiere que el paso hacia lo más profundo de la cueva era incluso más

[3] George E. Stuart, "Maya Art Treasures Discovered in Cave", *National Geographic* 160, no. 2 (1981): 220–35.

[4] James E. Brady y Erin Sears, "Cuevas Peregrinaciones y Arqueología", *Los Investigadores de la Cultura Maya* 8, no. 2 (2000): 219–27.

[5] James E. Brady y Andrea J. Stone, "Naj Tunich: Entrance to the Maya Underworld", *Archaeology* 39, no. 6 (1986): 18–25.

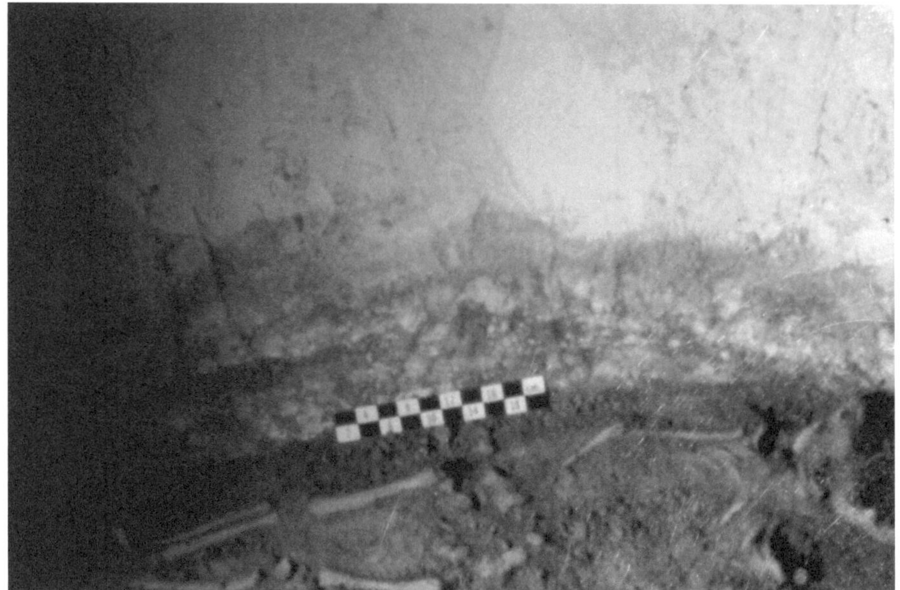

Tumba de infante en el túnel, Naj Tunich, 1981. Foto: James E. Brady. Child burial in the Tunnel, Naj Tunich, 1981. Photo: James E. Brady.

After we returned to Guatemala City, I wrote a letter to the Instituto de Antropología e Historia de Guatemala (IDAEH) offering to conduct a survey of the cave. To my surprise, my offer was accepted, and I received a grant from the Asociación Tikal to carry out the work. In the meantime, I was reading everything I could about caves, but there wasn't much. Nevertheless, I was becoming a cave archaeologist.

We spent a week camping in the mouth of the cave in June. I was accompanied by Miguel Orrego, an archaeologist from IDAEH, Vivian Broman de Morales, from the Asociación Tikal, Andrea Stone, a Fulbright scholar working on the inscriptions of Quiriguá, a site inspector from Dolores, and my wife, Sandy. It was on this trip that I got to know Naj Tunich, working long hours in the cave every day.

At night in my tent I had a recurring nightmare of being lost in the tunnels without my light. The dream was so intense and so frightening that it would wake me up. On the third night, however, I woke myself as soon as it started and found that I had rolled against the side of the tent creating the claustrophobic feeling that had set it off. I moved my sleeping bag, and the dream didn't return. Still, I had to confront the fact that there were some dark fears associated with this enterprise.

On that trip, I once again came face to face with the ancient Maya. In February, Mike had shown us the top of a small skull just below the powdery soil in the central tunnel, but not enough of it was exposed to know what it belonged to. In June we found that the back of the skull was pushed in. I cleared the soil off with a paint brush and found that it belonged to a child of five or six years of age. To prevent further damage, I decided to excavate the burial and recover the bones. During the hours of painstaking work, it was hard not to think about what had been done to this child. There were three unhealed holes in the skull which were clearly the cause of death. The body had then been thrown in a very shallow grave and covered with only a few centimeters of soil. This evidence did not lead to any happy conclusions.

At the end of our week, we packed up and prepared to return to Guatemala City. As we left the cave, everyone experienced a sense of euphoria at being back in the light. The air smelled wonderfully fresh. We all stopped and stood there and then asked each other if we had experienced the same thing. I have no doubt that it was a response to light deprivation, but the feeling was extremely intense. This same reaction could have been part of the Maya religious experience after prolonged vigils in a cave.

limitado. El hecho de que casi todas las inscripciones están en esta zona señala con precisión que sólo aquellos de las más altas esferas y sus escribas tenían acceso a ese espacio.

Después de nuestra primera etapa de trabajo, al revisar las fuentes nos sorprendió saber que Naj Tunich era la única cueva maya con entierros fúnebres. Esto sucedió más de veinte años antes de que yo descubriera otras tumbas en la cueva de Quen Santo en Huehuetenango, Guatemala. Investigaciones posteriores determinaron la existencia de un total de siete enterramientos en el balcón. Tres de ellos eran entierros sencillos en los que los cuerpos habían sido colocados en un hueco del muro con una pared de piedra que bloqueaba el acceso. La cerámica presente en todos los enterramientos provenía de un periodo anterior. Más tarde, en otras cuevas de la región, se descubrieron tumbas con ahuecamientos similares y sus accesos bloqueados fechados en los inicios del Preclásico tardío (400 a.C–250 d.C).[6] Las cuatro tumbas más grandes de mampostería pertenecen al periodo Clásico (250–900 d.C). En una de ellas encontramos una inscripción jeroglífica en refrencia a la toma del mandato real, lo que señalaba que ahí estaba enterrado un rey. Fue interesante descubrir frente a una de las tumbas que la tierra del piso era de un negro intenso, ahí, desenterramos varias vasijas rotas que se habían utilizado para quemar incienso. Al parecer, la tumba había sido un foco ritual importante. Así que mientras Naj Tunich era un centro de peregrinaje donde las personas acudían a presentar sus ofrendas, definitivamente el culto también tenía tintes políticos.

La investigación de las tumbas develó otra sorpresa: una estalagmita de veintidós centímetros de alto que había crecido sobre la base de un muro derrumbado. La estalagmita no pudo haberse formado antes de que la parte superior del muro fuera destruida. Las implicaciones eran claras: la historia antigua de Naj Tunich había tenido un final violento. En los códices mexicanos el símbolo de conquista es un templo en llamas con una flecha atravesándolo; algo similar aguardaba en estancias rituales importantes como las cuevas. Naj Tunich fue el primer sitio en el que se reconoció tal violencia, desde entonces se ha encontrado en otros lugares. Una vez más Naj Tunich ayudaba a rescribir nuestra comprensión sobre el uso maya de las cuevas.[7]

Naj Tunich ha sido un imán que me ha atraído en repetidas ocasiones. Entre 1988 y 1989 viví nuevamente en Guatemala y continué con las excavaciones. La temporada de 1988 fue importante porque George Veni, trabajando con Andrea Stone, descubrió una serie de pasajes en partes muy altas de la cueva. Veni hizo un mapa que mostraba parte de lo descubierto en ese año, pero una extensa zona ubicada tras un profundo descenso tuvo que esperar hasta 1989. Los nuevos pasajes develaron inscripciones adicionales, una de ellas de gran importancia. Las fechas en la inscripción de Naj Tunich pertenecen al calendario cíclico maya, el cual se conforma por periodos de cincuenta y dos años, y señalan un día específico. Milenios después, resulta imposible saber a cuál de los ciclos se hace referencia. Por fortuna, en las inscripciones entonces descubiertas había dos "números de distancia", los cuales indican al lector si ha de contar hacia delante o hacia atrás

[6] Sergio Garza, James E. Brady, and Christian Christensen, "Balam Na Cave 4: Implications for Understanding Preclassic Cave Mortuary Practices", *California Anthropologist* 28, no. 1 (2001): 15–21.

[7] James E. Brady y Pierre R. Colas, "'Nikte Mo' Scattered Fire in the Cave of K'ab Chante: Epigraphic and Archaeological Evidence for Cave Desecration in Ancient Maya Warfare", en *Stone Houses and Earth Lords: Maya Religion in the Cave Context*, ed. Keith M. Prufer y James E. Brady (Boulder, CO: University Press of Colorado, 2005), 149–66.

Because the cave was so large and complex, I returned again in 1982 to complete our survey. A very noteworthy change was the presence of two intact ceramic vessels set up on the first level of the balcony in front of a standing slab of stone that looked like a stela. These appeared to be ancient and may have been brought from another cave and set up here. The bowls were half filled with ashes from a recent burning. We were told that people from the neighboring communities came to Naj Tunich to conduct ceremonies, generally asking for rain and a good harvest. To me this was important because the Maya people had come to the cave and had immediately recognized it as special. After a millennium, the pilgrims had returned and reestablished Naj Tunich as a religious center.

After the 1982 season, I left Guatemala to begin a doctoral program at the University of California in Los Angeles, and to prepare a dissertation on Naj Tunich. It was during this period that my understanding of the site began to take shape. A *National Geographic* story published in August 1981 had proposed that Naj Tunich dated to the Late Classic period (600–900 AD) based on the inscriptions and a misidentification of the ceramics.[3] Our excavations showed that the utilization of the cave began centuries before the common era and that the balcony was completed in the first century AD. The wonderful corpus of inscriptions, many of which date to the eighth century, are therefore associated with the final years before the onset of the Maya collapse. Naj Tunich's fame as a pilgrimage center, however, was established during the first three centuries of the Christian era.[4] Most pilgrims never got to climb onto the balcony. The broad alluvial floor in the entrance appears to have more than a meter of accumulated deposits and was the site where the majority of people would have burned their incense and made their offerings. The balcony was reserved for important individuals. The modifications to the balcony were extensive enough to suggest that the labor for the construction must have been recruited by a ruling center. The political elites of that center controlled religious performances on the balcony and were undoubtedly the featured performers.[5] Access to the three and a half kilometers of tunnels that are reached from the upper level of the balcony were even more restricted. The amount of ceramics and artifacts drops dramatically in the tunnel, suggesting that considerably fewer people were allowed to pass into the farthest reaches of the cave. The fact that almost all the inscriptions are in this area says forcefully that only the highest elites and their scribes had access to it.

After our first season of work, our research into the literature surprised us when we learned that Naj Tunich was the only known Maya cave with tomb burials. It would be more than twenty years before I discovered another at Quen Santo in Huehuetenango, Guatemala. Further work determined that there had been seven burials in total on the balcony. Three of these were very simple arrangements where a body had been placed in an alcove in the cave wall and the entrance was then closed with a stone wall. The ceramics in all of these were from an earlier period, and similar blocked alcoves in other caves in the area were later found to date to the early part of the Late Preclassic period (400 BC–250 AD).[6] The four large masonry tombs all dated to the Classic period (250–900 AD). In one,

[3] George E. Stuart, "Maya Art Treasures Discovered in Cave," *National Geographic* 160, no. 2 (1981): 220–35.

[4] James E. Brady and Erin Sears, "Cuevas Peregrinaciones y Arqueología," *Los Investigadores de la Cultura Maya* 8, no. 2 (2000): 219–27.

[5] James E. Brady and Andrea J. Stone, "Naj Tunich: Entrance to the Maya Underworld," *Archaeology* 39, no. 6 (1986): 18–25.

[6] Sergio Garza, James E. Brady, and Christian Christensen, "Balam Na Cave 4: Implications for Understanding Preclassic Cave Mortuary Practices," *California Anthropologist* 28, no. 1 (2001): 15–21.

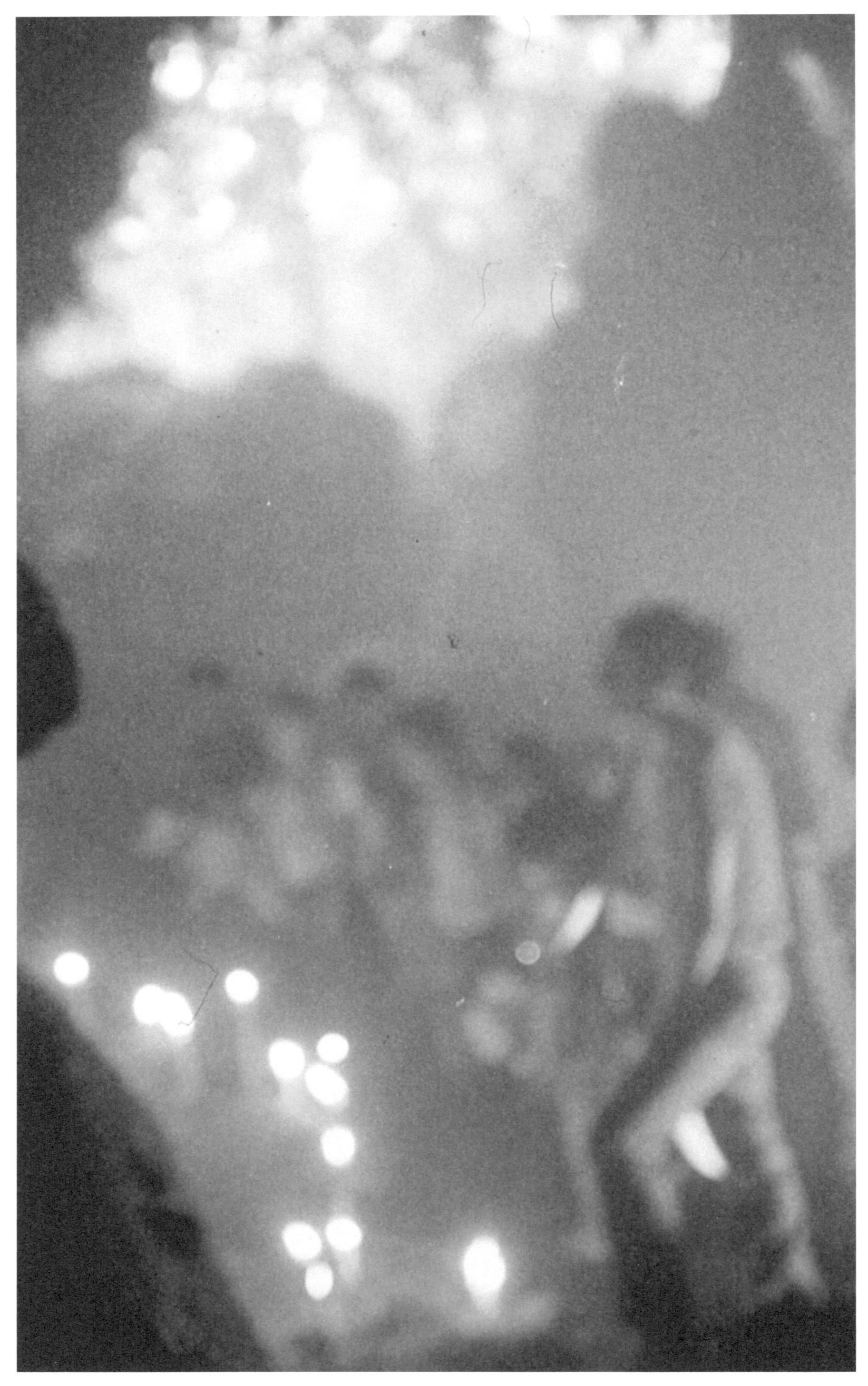

Peregrinos de la etnia maya q'eqchi', Naj Tunich, Día de la Santa Cruz (3 de mayo), 1988. Foto: James E. Brady. Q'eqchi' Maya pilgrims, Naj Tunich, Day of the Holy Cross (May 3), 1988. Photo: James E. Brady.

we found a hieroglyphic inscription that mentioned the taking of royal office, so it was clear that a king was buried there. Interestingly, in front of one of the tombs the soil was a dark black, and we unearthed a number of broken bowls that had been used for burning incense. It appears that the tomb was an important focus of ritual. Thus, while Naj Tunich was a pilgrimage center where people came to make offerings, the cult also had definite political overtones.

The investigation of the tombs provided another surprise in the form of a twenty-centimeter-high stalagmite growing on the base of a tumbled wall. The stalagmite could not have started growing until the upper part of the wall had been toppled. The implications were all too clear: Naj Tunich had met a violent end in antiquity. Just as the symbol for conquest in the Mexican codices is a picture of a burning temple with an arrow in it, a similar treatment awaited important ritual features like caves. Naj Tunich was the first site where such violence was recognized, but it has since been found elsewhere. Once again, Naj Tunich helped rewrite our understanding of Maya cave use.[7]

Naj Tunich has been a magnet that has drawn me back repeatedly. I returned to live in Guatemala and continue excavations again in 1988 and 1989. The 1988 season was important because George Veni, working with Andrea Stone, discovered a series of previously unknown passages located high in the cave walls. Veni mapped part of it in 1988, but a long section beyond a deep drop had to wait until 1989. The new passages yielded additional inscriptions, with one being especially important. The calendar dates in the inscription at Naj Tunich are all in the Calendar Round system, specifying a day in the fifty-two-year cycle. After a thousand years, it is often impossible to know which fifty-two-year cycle is being referenced. Fortunately, there were two "distance numbers" in the inscriptions. These instruct the reader to count forward or backward from a known period-ending date. The two dates initially recorded both referred to the day, 3 Ahau, 3 Mol in 741 AD. The distance number in the new passage referred to a period ending in 692 AD. Thus, we now knew that the inscriptions were painted over a much longer period than previously believed.

The 1988 and 1989 seasons were also important because we witnessed a large number of ceremonies during the two weeks around the Day of the Holy Cross (May 3). We learned a great deal about the cave and the pilgrimages that had been undertaken. One group of pilgrims had first journeyed from their village near Naj Tunich to the village in Alta Verapaz, where they formerly lived, to visit a cave there before going on to Esquipulas and ending the pilgrimage at Naj Tunich.

In August of 1989, word reached the Instituto de Antropología e Historia that something had happened to the paintings in the cave. No one had details, but that did not stop the newspapers from publishing stories daily accusing people of negligence. The Instituto asked me to investigate the matter in the midst of the rainy season. My wife and I made a quick trip to detail the extensive vandalism to the paintings. We raced home and spent most of the night preparing a report for a news conference the next morning. My wife gave the report, and during her presentation she was so overcome with grief that she broke down in tears.[8]

[7] James E. Brady and Pierre R. Colas, "'Nikte Mo' Scattered Fire in the Cave of K'ab Chante: Epigraphic and Archaeological Evidence for Cave Desecration in Ancient Maya Warfare," in *Stone Houses and Earth Lords: Maya Religion in the Cave Context*, ed. Keith M. Prufer and James E. Brady (Boulder, CO: University of Colorado Press, 2005), 149–66.

[8] James E. Brady: "Report on Recent Damage to the Inscriptions at Naj Tunich," *Mexicon* 12, no. 1 (1990): 5–6; James E. Brady. "New Vandalism at Naj Tunich Cave," *National Geographic Research and Exploration* 7, no. 1 (1991): 114–15.

a partir de la fecha reconocible como final de un periodo. Inicialmente ambas fechas registraban el día 3 Ahau, 3 Mol en 741 d.C. El número de distancia en el nuevo pasaje hacía referencia a un periodo que terminó en el año 692 d.C. Así supimos que las inscripciones se habían pintado durante un periodo mucho más antiguo del que anteriormente se creía.

Aquel par de años también fue relevante porque atestiguamos una gran cantidad de ceremonias en el transcurso de las dos semanas que anteceden al Día de la Santa Cruz, celebrado el 3 de mayo. Aprendimos mucho acerca de la cueva y de las peregrinaciones que se habían llevado a cabo. Un grupo de peregrinos de un poblado cercano había viajado primero al pueblo Alta Verapaz —donde había vivido— para visitar ahí una cueva antes de dirigirse a Esquipulas, culminando el peregrinaje en Naj Tunich.

En agosto de 1989 llegó una noticia al Instituto de Antropología e Historia, algo había pasado con las pinturas de la cueva. Nadie tenía detalles, lo que no impidió que los periódicos publicaran a diario historias en las que acusaban a diversas personas por negligencia. El instituto me pidió investigar el asunto en plena temporada de lluvias. Junto con mi esposa, hice un viaje presuroso para detallar los daños del vandalismo perpetrado. Regresamos a casa lo más pronto que pudimos y pasamos la mayor parte de la noche preparando el reporte para la conferencia de prensa que tendría lugar la mañana siguiente. Mi esposa presentó el reporte, durante su explicación estaba tan afligida por la desgracia que rompió en llanto.[8]

Las inscripciones que han dado fama a Naj Tunich son mucho más complejas de lo que habíamos considerado en un inicio. En 1998 realicé un estudio con imágenes multiespectrales en colaboración con Gene Ware de la Brigham Young University. Esperábamos reconstruir los fragmentos de dibujos mediante la toma de múltiples imágenes de un mismo dibujo y distintos tipos de rayos luminosos, incluyendo ultravioleta e infrarrojo. Posteriormente, sobreponíamos las imágenes en una computadora y verificábamos si habíamos capturado detalles invisibles a la mirada. El proceso no generó resultados porque la pintura había desaparecido por completo al desprenderse del muro. Sin embargo, logramos un gran descubrimiento en dos inscripciones. Conforme avanzamos hacia los rayos infrarrojos, una parte de la pintura empezó a desaparecer por haber sido retocada con un pigmento mineral. Ignorábamos que tal retoque hubiera sucedido. Aún desconocemos la razón por la que un artista pudo haber sentido la necesidad de "retocar" la obra de otro.[9]

En 2002, durante una visita de un solo día, nos encontramos con un nuevo pesar. Un año antes, el huracán Iris había arrasado con todos los árboles que rodeaban la cueva. Tuve que escalar sobre docenas de ellos caídos y fue necesario volver a trazar el sendero con el único propósito de llegar a la cueva. El dosel arbóreo ya no existía. Nada sobrepasaba la altura de seis metros. Me pregunté cuál sería el impacto a largo plazo. Obtuve mi respuesta en 2006 cuando pasé varios días en la cueva filmando un programa para Discovery Channel. Al interior el aire no era fresco, lo que indicaba que los pasajes debían estar

[8] James E. Brady, "Report on Recent Damage to the Inscriptions at Naj Tunich", *Mexicon* 12, no. 1 (1990): 5–6; James E. Brady, "New Vandalism at Naj Tunich Cave", *National Geographic Research and Exploration* 7, no. 1 (1991): 114–15.

[9] Gene A. Ware, Douglas M. Chabries, Richard W. Christiansen, James E. Brady y Curtis E. Martin, "Multispectral Analysis of Ancient Maya Pigments: Implications for the Naj Tunich Corpus", *Proceedings of the 2000 International Geoscience and Remote Sensing Symposium* (Piscataway, NJ: Institute of Electrical and Electronics Engineers, 2000), VI: 2489–91.

El vandalismo de Naj Tunich

☐ **Se comprobó que manos humanas dañaron severamente las pinturas rupestres de las cuevas de Poptún, Petén**

• Por Carlos García Urrea.- El acto vandálico que dañó unas 23 de 90 pinturas rupestres de las cuevas de Naj Tunich, en Poptún, Petén, ha provocado una tremenda conmoción, no sólo en el mundo de la arqueología, sino también de la ciudadanía guatemalteca.

Naj Tunich, aunque bastante visitado por el turismo, principalmente extranjero, no es conocido del guatemalteco, como tampoco lo son los importantes sitios arqueológicos mayas que abundan por todo el territorio del departamento de Petén.

Pero ahora Naj Tunich ha cobrado una tristemente célebre fama, por los daños ocasionados a sus pinturas (en su mayor parte bandas glíficas y figuras humanas). Y esto, se supone, ocurrió entre los días 19 y 20 de agosto pasado. Pero sólo se supo cuando la prensa (entre ellas diario El Gráfico) lo hizo público.

Naj Tunich es un descubrimiento bastante nuevo. Data del año de 1980 cuando fue localizada la cueva por unos campesinos. Pero su investigación no se inició sino hasta 1981 por los esposos James Brady y Sandra Villagrán de Brady, quienes, al igual que Andrea Stone, han registrado y catalogado todas las figuras.

Estas cuevas están localizadas al sureste de Petén, a sólo 29 kilómetros del municipio de Poptún, y casi colindante con la frontera de Belice. Está distante 410 kilómetros de la ciudad capital, viajando hacia el norte por Río Dulce, y unos 100 kilómetros de Flores, viajando hacia el sur.

Las cuevas de Naj Tunich tienen 2.6 kilómetros de extensión, con pasillos de un ancho promedio de 15 metros. Contienen una muestra rupestre de unos 90 dibujos, que representan figuras humanas, algunos animales y unos 500 glifos agrupados en bandas.

Muchos de ellos están asociados a las figuras. Otros son independientes.

☐ Una cueva ritual

Los esposos James y Sandra Brady en su ponencia presentada al II simposio de arqueología, en 1988, sostienen que la primera función de la cueva de Naj Tunich fue ritual y no habitacional.

Afirman que sólo se usan cuevas por largos períodos en áreas de extremo frío. Y a este respecto, Naj Tunich no se presta para habitar.

Es posible, dicen los Brady, que un número pequeño de personas habitaran en la cueva por poco tiempo, pero probablemente como parte de alguna actividad ritual.

Andrea Stone, por su parte, en su ponencia del mismo simposio, dice que la importancia de la cueva de Naj Tunich se basa en su rica arqueología que incluye una colección única de arte rupestre, producida por los mayas en el clásico tardío (750 años DC).

Añade que la colección de pinturas es excepcional por su naturalismo y la cantidad de escritura jeroglífica que podría proveer información importante sobre su contexto y contenido.

Desafortunadamente, reconoce Andrea Stone, su condición física varía considerablemente de casi perfecta a muy pobre. Las pinturas que están bien preservadas muestran una sensibilidad estética de alta calidad.

Quizás, estima, más importante es su potencial para comunicarnos información sobre el significado y la función del arte prehistórico en las cuevas. Por lo tanto, la contribución de las pinturas de Naj Tunich al conocimiento científico y cultural es verdaderamente global.

Según Andrea Stone, las pinturas son el componente distintivo de este cuerpo de arte y presentan 35 textos jeroglíficos, 18 caras o cabezas humanas, y 44 figuras humanas.

☐ Las figuras eróticas

Para el profano, más que para el científico, lo que más llama la atención en las pinturas rupestres de Naj Tunich son las figuras eróticas. Sandra de Brady (comunicación personal) sostiene que sólo hay una figura erótica.

Andrea Stone la califica como "la pintura más provocativa". Se representa a un hombre con una erección del pene junto a una figura femenina. Sostiene que la pareja refleja un tema bien conocido en el arte maya, el de un hombre anciano (el dios N) al lado de una mujer joven.

Pero también se discute si la figura femenina puede ser un hombre personificando una mujer por la falta de pechos. Pero Andrea Stone afirma que la larga trenza es un signo convencional de mujeres en el arte maya.

También hay otras figuras fálicas sometidas a discusión. Por ejemplo Brady sostiene que el hombre desnudo no se masturba como se cree, sino que está en un auto-sacrificio. Esto era acostumbrado por los mayas, según explicaciones de Rolando Rubio, del museo Popol Vuh, en sus cursos de iconografía.

☐ Severos daños

Aunque los daños ocasionados a los dibujos rupestres fueron muy severos, Sandra Brady afirmó a este reportero que ninguna de esas figuras fueron dañadas.

Ella informó, con lágrimas en los ojos y la voz cortada por sollozos, que de los 23 dibujos dañados, 19 fueron borrados parcialmente con la mano (hay que considerar que son pinturas), 2 fueron rayados con un objeto punzante; una banda glífica fue cubierta con lodo arcilloso, glifo por glifo de la banda de 16; y uno más fue perforado por una pedrada que le hizo 2 agujeros.

☐ Sólo una mente enferma

La licenciada Marta Regina de Fahsen, viceministra de Cultura, quien reveló el resultado de la investigación del vandalismo en una conferencia de prensa, calificó esta barbarie como producto de una mente enferma.

La comparó con la demencia de quien dañó la Piedad de Miguel Angel en Roma y la de quien dañó una pintura de Rembrandt, en Amsterdam, Holanda.

Se determinó, afirmó, que el daño fue producido en forma deliberada por manos humanas. Y prometió que los responsables serán descubiertos y castigados como corresponde, porque no puede quedar sin correctivo y castigo esta fechoría cuyo fin no ha sido otro que satisfacer el instinto vil de la destrucción.

☐ ¿Cómo?

La pregunta es ¿cómo fue posible este vandalismo? Las cuevas de Naj Tunich fueron clausuradas al público el 16 de diciembre del año pasado, porque la afluencia numerosa de turistas estaba causando mucho daño a las pinturas. El público alteraba el ambiente natural y afectaba seriamente los dibujos.

Las cuevas estaban a puerta cerrada, bajo vigilancia permanente. Y ésta se abría solamente con autorización, para fines de estudio.

Pero un día el guardián tuvo que ir por sus alimentos y a cobrar su salario.

Se supone que fue entonces cuando alguien —o varias personas— penetraron y causaron los daños. Y se cree que tienen que haber sido conocedores muy bien de las cuevas y del sistema de vigilancia, para aprovechar el momento oportuno y dañar, muy detenidamente, figuras escogidas.

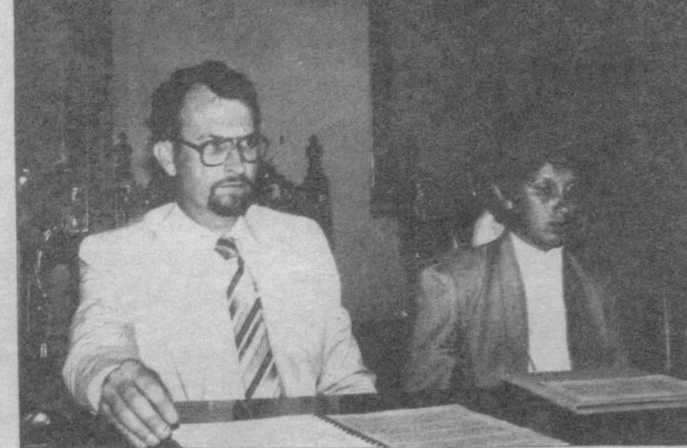

☐ **ESTA BANDA** de 16 glifos, que se inicia con el glifo introductor, fue dañada irremediablemente. Con mucha paciencia los vándalos mancharon con lodo arcilloso glifo por glifo. No se pueden limpiar, porque son pinturas, no talladas ni grafitis.

☐ **LOS ESPOSOS** James Brady y Sandra Villagrán de Brady han dedicado muchos años a la investigación y a los estudios de las cuevas de Naj Tunich, en Poptún Petén. Tienen un registro y catálogo de los 90 dibujos y los 500 glifos. Ella lloró cuando dio a conocer los daños ocasionados a 25 de las pinturas. (Foto de Luis García).

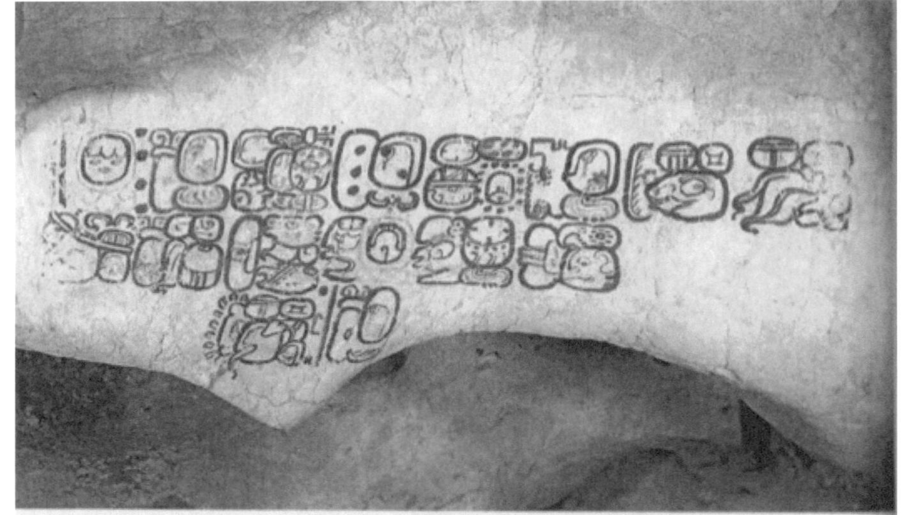

Dibujo 82, Naj Tunich, 1988. Foto: Chip y Jennifer Clark. Cortesía de Jennifer Clark. Drawing 82, Naj Tunich, 1988. Photo: Chip and Jennifer Clark. Courtesy of Jennifer Clark.

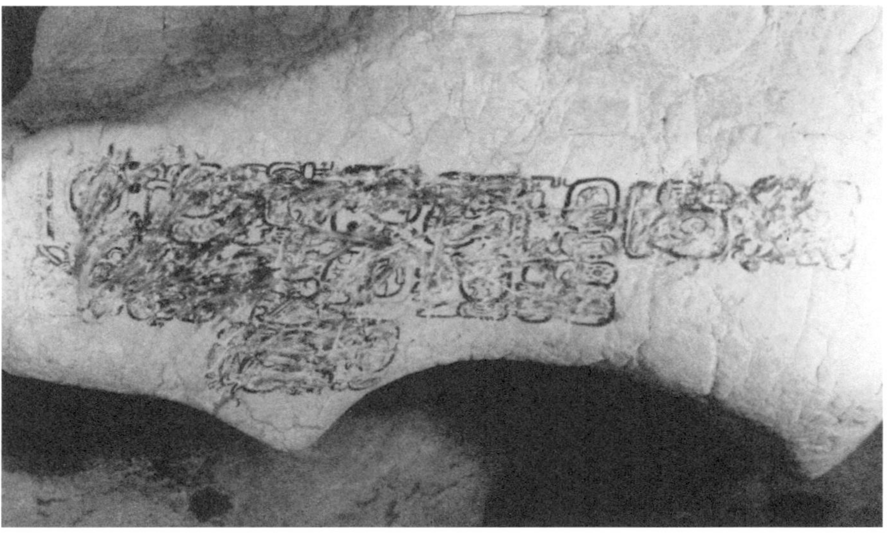

Dibujo 82, secuelas del vandalismo de 1989, Naj Tunich, 2018. Foto: Megan O'Neil. Drawing 82, aftermath of 1989 vandalism, Naj Tunich, 2018. Photo: Megan O'Neil.

bloqueados, llenos de lodo. Lo que resultó más inquietante fue ver la enorme cantidad de polvo blanco al pie de los muros, que evidenciaba su deterioro. Eso significaba que conforme los muros se convertían en polvo, la pintura se desintegraba con ellos.

Mi visita más reciente tuvo lugar en el marco de este proyecto. Hacía una década que no entraba a la cueva así que estaba deseoso de verla nuevamente. Cuando llegamos, dejé al grupo preparándose y me senté en la gran entrada. Amé ese momento. Después de recorrer el balcón entramos al sistema de túneles. El aire nuevamente era fresco y la cantidad de polvo blanco en el suelo era menor. El bosque había crecido de nuevo y los antiguos drenajes naturales se habían restablecido. Fue tranquilizador. Naj Tunich se había sanado.

Entonces sucedió. Me resultó tremendamente difícil escalar para salir de la cueva. Lo había hecho durante más de treinta y cinco años, por lo que no estaba preparado para enfrentar un problema. Cuando finalmente recordé cómo lo había logrado tantas veces y pude salir, estaba agotado, y todavía tenía que subir por la colina hasta la camioneta. Los días subsiguientes tuve un mejor desempeño, pero no podía negar el hecho de que me estaba aproximando a los setenta años y probablemente esa será mi última visita a la cueva que ha sido tan significativa a lo largo de mi carrera. Más que sentirme triste, estaba agradecido por haber tenido una última oportunidad.

The inscriptions that have made Naj Tunich famous are actually far more complex than we had ever appreciated. In 1998, I conducted a multispectral imaging project with Gene Ware of Brigham Young University. We hoped that we could reconstruct fragmentary drawings by taking multiple images of the same drawing using light from different parts of the spectrum, including ultraviolet and infrared. We could then overlay these on a computer to see if we had captured details not visible to the naked eye. This did not work because the paint was completely gone when it flaked off the wall. However, we did make a great discovery on two inscriptions. As we moved toward the infrared, part of the painting began to disappear because it had been retouched with a mineral pigment. We had no idea that such repainting had gone on. We still don't know why an artist would feel compelled to "touch up" another artist's work.[9]

A one-day visit in 2002 brought another heartbreak. Hurricane Iris had hit the year before and knocked over or snapped off every tree in the forest surrounding the cave. I had to climb over dozens of downed trees, and the trail had been reworked just to allow access to the cave. More to the point, the canopy was simply gone. Nothing stood higher than about twenty feet. I wondered what the long-term impact would be. I got my answer in 2006 when we spent several days in the cave filming a show for the Discovery Channel. The air was not fresh, indicating that passages had probably been blocked by mud. More ominous, I had never seen so much white powder on the ground along the cave walls. The powder was a result of the walls deteriorating. This was especially disturbing because as the wall turned to powder and fell it took the paint with it.

My most recent visit came in relation to the present project. I had not been to the cave in a decade, so I was eager to see it again. When we arrived, I left the group to set up and sat for a time in the great entrance chamber. I loved it. After a tour of the balcony, we entered the tunnel system. The air was fresh again, and there was less powder on the floor. The forest had regrown and reestablished the old drainage patterns. That was reassuring. Naj Tunich had healed itself.

And then it happened. I had an incredibly difficult time climbing out of the cave. I had done this for more than thirty-five years, so I was unprepared for a problem. When I finally remembered how I had done it previously and extricated myself, I was exhausted, and I still had to climb the hill to the vehicle. I did better in the succeeding days, but there was no escaping the fact that this, as I was approaching seventy, was probably my final visit to the cave which has meant so much to me over my career. Rather than being sad, I was grateful for having had this last opportunity.

[9] Gene A. Ware, Douglas M. Chabries, Richard W. Christiansen, James E. Brady, and Curtis E. Martin, "Multispectral Analysis of Ancient Maya Pigments: Implications for the Naj Tunich Corpus," *Proceedings of the 2000 International Geoscience and Remote Sensing Symposium* (Piscataway, NJ: Institute of Electrical and Electronics Engineers, 2000), VI: 2489–91.

Everything Disappears, Everything but Traces
SANDRA ROZENTAL

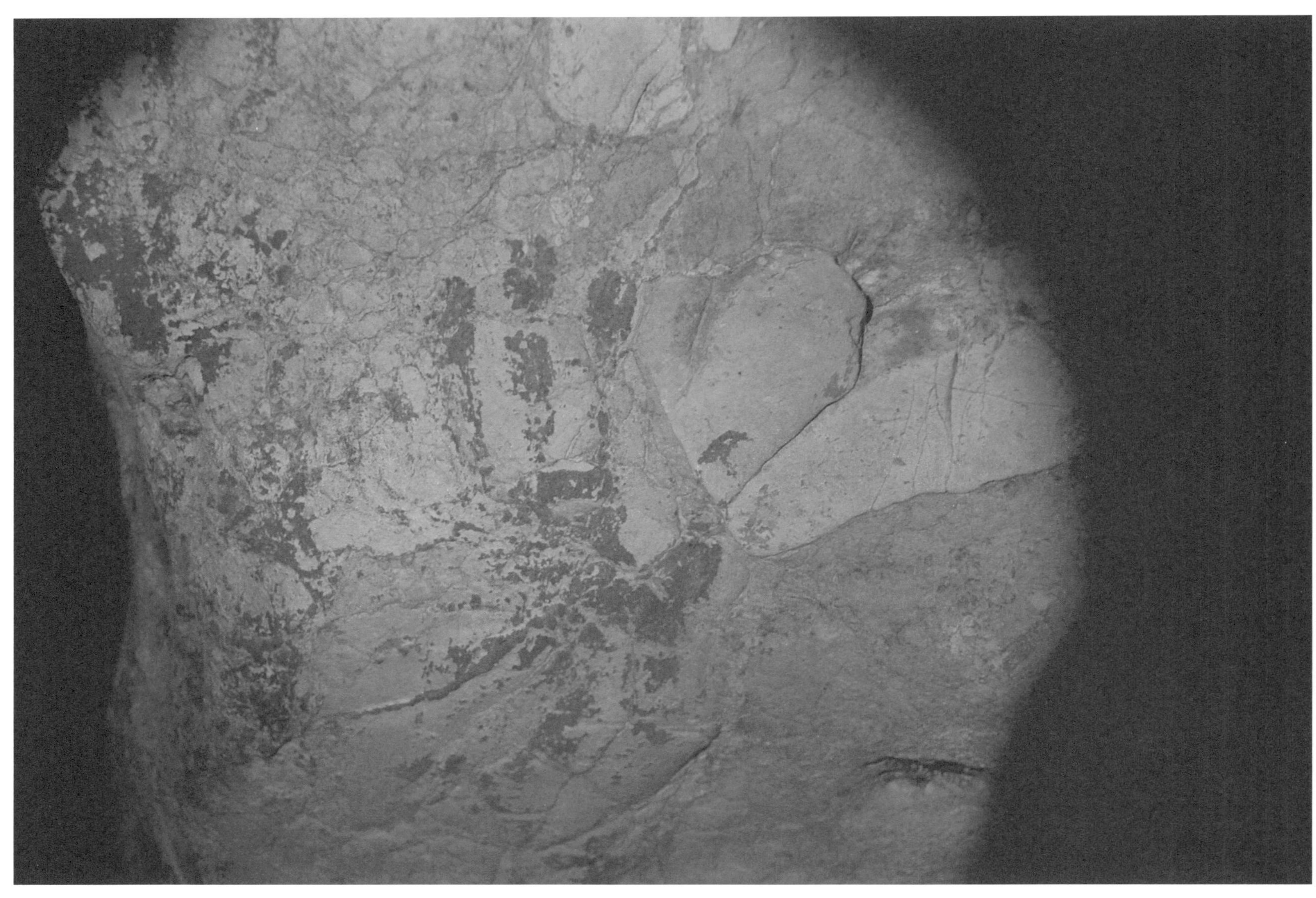

Huella de mano con lodo (detalle de Dibujo 86), Naj Tunich, 2018. Foto: **Megan O'Neil.** Handprint in mud (detail of Drawing 86), Naj Tunich, 2018. Photo: Megan O'Neil.

Todo desaparece, menos las huellas

SANDRA ROZENTAL

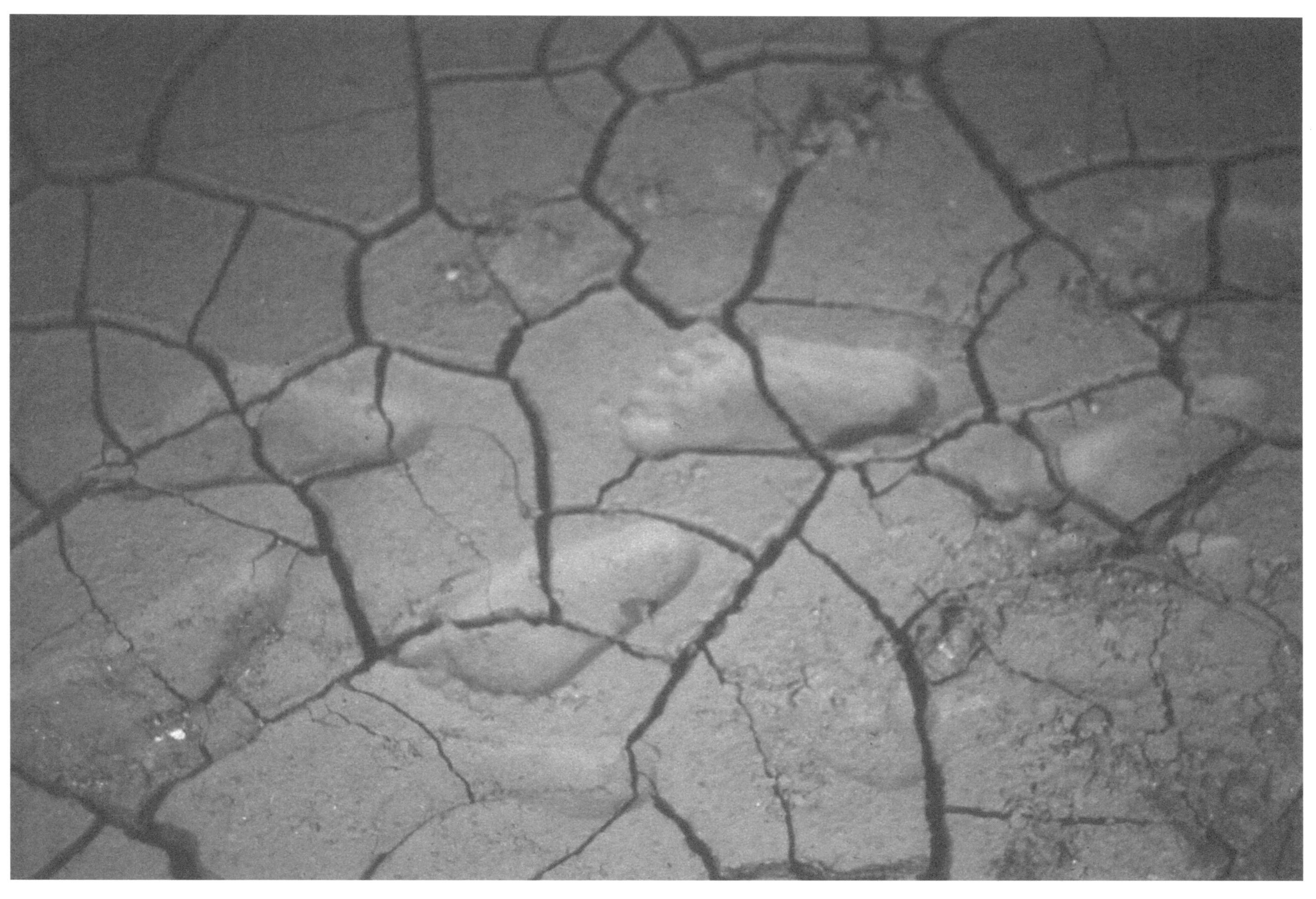

Huellas de pies, Naj Tunich, 1981.
Foto: James E. Brady. Footprints,
Naj Tunich, 1981. Photo: James E. Brady.

In the early 1980s news of the discovery of the cave of Naj Tunich and the paintings inside it traveled around the world, enabling a global public to enter its erstwhile remote and secret depths.[1] The event was narrated in a celebratory way: science—archaeology, to be specific—had come to illuminate a dark, unknown subterranean world. The cave became a portal to the ancient past, a window through which to descry aspects of the ritual life of the Maya who had inhabited the Petén rain forest hundreds of years ago.[2] The murals, as well as the remnants of materials left behind in the cave—bits of masonry, potsherds, offerings, and skeletons—would enable archaeologists to reconstruct the ways this space, which had connected the world of men to that of divine beings, had been used.

Anecdotes about the discovery also inscribed it within the sphere of revelation. Evidence shows that the cave had been a key pilgrimage site for centuries but was later abandoned and forgotten until 1979, when Emilio Pop, a peasant who owned a nearby farm, and his son, Bernabé, came upon it by accident while out hunting with their dogs. The latter had chased some *coches de monte*, peccaries native to the region, into the cavern. In pursuing their quarry, they discovered the enormous mouth of the cave, with its breathtaking height and row upon row of stunning stalactites and stalagmites. They spent some time walking within the cave and eventually noticed the drawings, skeletons, and offerings, but decided not to tell anyone about their discovery. Eventually they shared the secret with a friend and chicle harvester from the area, Ricardo Jacinto Palencia, who in turn told Mike Devine, an American who owned the Finca Ixobel hotel near the town of Poptún. According to Devine's wife, Carol, they visited the cave with Emilio Pop and took photographs of the paintings. Shortly thereafter, they alerted the Guatemalan authorities, who then sent archaeologists to investigate the site.[3] In 1983, the cave and a small surrounding area became a national park. Naj Tunich thus ceased to be a hidden place, erased from history, becoming first part of Guatemala's official national heritage and eventually part of the heritage of humanity, as declared by UNESCO in 2012.

This change turned Naj Tunich into a magnet. A cave that had once been an important space for the pre-Hispanic Maya was now reanimated as a pilgrimage site, despite the difficulty of reaching it. While some visited in order to make offerings, as Maya had done in antiquity, tourists also began to arrive from all over Guatemala and around the world, stopping at Finca Ixobel on their way to see the ruins of Tikal. There, the Devines offered guided visits to what they called the "cave of inscriptions," alluding to a name shared by temples at Tikal and Palenque. There were also specialists—speleologists, epigraphers, and archaeologists—who came to do fieldwork and decipher the cave's mysteries.

Nevertheless, the cave has been closed to the public since 1988 as a result of the damage that the paintings had begun to suffer from changes in temperature and humidity brought about by visitors' breathing and perspiration. As in Lascaux and Altamira, a replica of the cave was opened for tourists in 2007. Only the majestic entrance to the original cave remains open. Maya from different parts of Guatemala go there several times a year to carry out ceremonies at which they request and give thanks for good harvests. A locked iron gate limits access to the rest of the cave. Access is only granted to archaeologists and specialists with research aims by means of a permit given by the Guatemalan General Directorate of Cultural and Natural Heritage and the Institute of Anthropology and History.

[1] Haroldo Rodas, "Gruta de los 'glifos mayas' hallan en el noreste del Petén," *Prensa libre* xxx, no. 8856 (August 30, 1980): 2; George E. Stuart, "Maya Art Treasures Discovered in Cave," *National Geographic* 160, no. 2 (1981): 220–235.

[2] James E. Brady and Andrea J. Stone, "Naj Tunich: Entrance to the Maya Underworld," *Archaeology* 39, no. 6 (1986): 18–25; Andrea J. Stone, "Recent Discoveries from Naj Tunich, *Mexicon* 4, no. 5/6 (1982): 93–99; Andrea J. Stone, *Images from the Underworld: Naj Tunich and the Tradition of Maya Cave Painting* (Austin: University of Texas Press, 2010).

[3] Carol Devine, interview with Pablo Vargas Lugo, March 11, 2018. I thank Pablo for sharing his notes from the interviews referenced in this essay.

A principios de los años ochenta la noticia del hallazgo de la cueva de Naj Tunich y de las pinturas que en ella se encontraron dio la vuelta al mundo, con lo cual se permitió a un público global la entrada a profundidades hasta entonces remotas y secretas.[1] La narración del acontecimiento fue celebratoria: la ciencia —en este caso la arqueología— iluminaría un mundo subterráneo, oscuro y desconocido. La cueva se volvería un portal al pasado antiguo, una ventana para vislumbrar aspectos de la vida ritual de los mayas que habitaron en el Petén hace cientos de años.[2] Los murales, pero también los vestigios materiales —restos de mampostería, tepalcates, objetos de ofrendas y esqueletos— permitirían reconstruir los usos de este espacio que conectaba el mundo de los hombres con el de los seres divinos.

Las anécdotas del hallazgo se inscribieron también en el ámbito de la revelación. La evidencia muestra que la cueva fue utilizada durante siglos como un sitio clave de peregrinación, pero posteriormente fue abandonada y olvidada hasta 1979, cuando Emilio Pop, un campesino que tenía una finca cercana, y su hijo Bernabé dieron con ella por accidente mientras iban de cacería con sus perros, los cuales perseguían unos *coches de monte*, pecaríes de la zona, que se escondieron en la gruta. Al entrar en búsqueda de las presas, descubrieron la enorme boca de la cueva con su majestuosa altura y un desdoble de estalactitas y estalagmitas sorprendente. Durante un tiempo recorrieron la cueva y poco a poco notaron los dibujos, los esqueletos y los objetos de las ofrendas, pero decidieron no contar a nadie lo que habían encontrado. Le confesaron el secreto a un amigo chiclero de la zona, Ricardo Jacinto Palencia, quien a su vez se lo contó a Mike Devine, un estadounidense dueño de la Finca Ixobel, cercana al pueblo de Poptún. Según narra Carol, la esposa de Devine, visitaron juntos la cueva con Emilio Pop y tomaron fotografías de las pinturas. Poco después, alertaron a las autoridades guatemaltecas, que enviaron a arqueólogos a investigar el sitio.[3] En 1983, la cueva y una pequeña área circundante fueron declaradas Parque Nacional. Así, Naj Tunich dejó de ser un lugar escondido, borrado por la historia; se volvió patrimonio nacional de Guatemala y a partir de 2012 fue declarado patrimonio de la humanidad por la Unesco.

Este cambio provocó que Naj Tunich se convirtiera en un imán. La cueva que fue un espacio importante para los mayas prehispánicos se reanimó como un lugar de peregrinación a pesar de su difícil acceso. Mientras algunos la visitaban para realizar ofrendas, tal como lo hicieron los mayas en la antigüedad, también comenzaron a llegar turistas de toda Guatemala y de muchos países del mundo, quienes hacían una parada en el camino hacia las ruinas de Tikal en la Finca Ixobel. Ahí, los Devine ofrecían visitas guiadas a la llamada por ellos "cueva de las inscripciones", en alusión al nombre compartido por los templos de Tikal y Palenque. Llegaron también especialistas —espeleólogos, epigrafistas y arqueólogos— para hacer trabajo de campo y así descifrar sus misterios.

Sin embargo, desde 1988, la cueva está cerrada al público debido al daño que comenzaron a sufrir las pinturas a causa de los cambios de temperatura y a la humedad ocasionados por la respiración y el sudor de los visitantes. Como en Lascaux y en Altamira, en 2007 se inauguró una réplica de la cueva con fines turísticos. Únicamente permanece abierta la majestuosa entrada de la cueva original; ahí acuden mayas de diferentes regiones de Guatemala varias veces al año, para realizar ceremonias en las que piden y agradecen las buenas cosechas. Una reja de hierro cerrada con llave limita el acceso al resto de la cueva. Solamente se permite el acceso a arqueólogos y especialistas con fines de investigación, mediante un permiso otorgado por la Dirección General de Patrimonio Cultural y Natural de Guatemala y el Instituto de Antropología e Historia.

[1] Haroldo Rodas, "Gruta de los 'Glifos Mayas' hallan en el noreste del Petén", *Prensa Libre* xxx, no. 8856 (30 de agosto, 1980): 2; George E. Stuart, "Maya Art Treasures Discovered in Cave", *National Geographic* 160, no. 2 (1981): 220–35.

[2] James E. Brady y Andrea J. Stone, "Naj Tunich: Entrance to the Maya Underworld", *Archaeology* 39, no. 6 (1986): 18–25; Andrea J. Stone, "Recent Discoveries from Naj Tunich", *Mexicon* 4, no. 5/6 (1982): 93–99; Andrea J. Stone, *Images from the Underworld: Naj Tunich and the Tradition of Maya Cave Painting* (Austin: University of Texas Press, 2010).

[3] Carol Devine, entrevista con Pablo Vargas Lugo, 11 de marzo, 2018. Agradezco a Pablo por compartir conmigo sus notas de las entrevistas citadas en este ensayo.

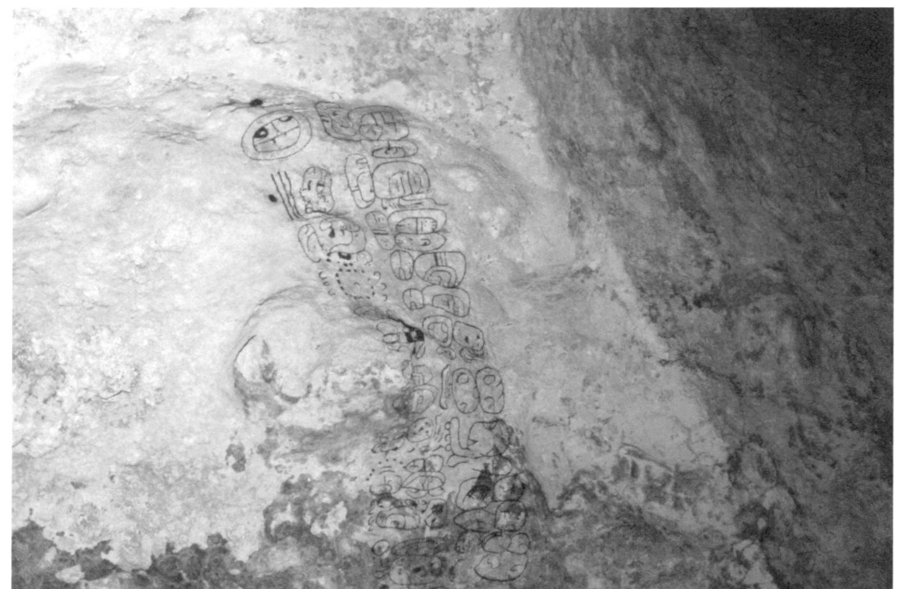

Dibujo 29, réplica de Naj Tunich, 2018. Foto: Pablo Vargas Lugo. Drawing 29, replica of Naj Tunich, 2018. Photo: Pablo Vargas Lugo.

Caves are among anthropology's most cherished objects of study given the wealth of beliefs and practices that are associated with them around the world. In Latin America particularly, such spaces are understood as thresholds where the limits between the world of the living and the underworld, between the divine and the profane, and between good and evil are all blurred. As such, caves tend to be considered sacred and safeguarded spaces. Entering, remaining within, and extracting materials from their cavities are strictly overseen and restricted, oftentimes, it is believed, by supernatural forces and beings. The most documented examples of the manifestation of these beliefs are the subterranean passages linked to the extraction of minerals, where miners deposit offerings and leave payments in exchange for precious metals and stones.

In their work on the tin mines in Bolivia, the anthropologists June Nash[4] and Michael Taussig[5] wrote about the famous figure of Tío, a demonic deity, thirsty for blood and riches, who asks for offerings and sacrifices of llamas and fat in exchange for minerals extracted from the earth. Figures like Tío are at the center of propitiatory rituals in many parts of the continent. The caves in Guatemala also have jealous guardians: *sisimites* or *itacayos*, which are half-human, half-simian giants who are known in the region as cunning, trickster entities that kidnap women from villages and take them to caves to impregnate them. Their feet are backwards, so that their footprints deceive those who attempt to track them. The inhabitants of Poptún and San Luis, the towns closest to Naj Tunich, are afraid to visit the caves because tracks and markings made by large claws—surely belonging to a *sisimite*—are rumored to have been seen in the area.[6]

Although scientists have attempted to convince the local public that there are no supernatural beings at Naj Tunich and that human hands made the marks there during pre-Hispanic times, their research has also revived the powers of the cave. A common irony of science is that its iconoclastic efforts end up generating fetishes and animating objects and spaces: in this way archaeologists and specialists from related fields have inadvertently contributed to the cave's perceived power as a portal between worlds that requires a certain ritual labor in order to satisfy its guardians' thirst. In the absence of these rituals, the cave has become active, and things, marks, inscriptions, even people themselves have begun to disappear.

Indeed, since their discovery and revelation at the hands of science, the contents of Naj Tunich have been disappearing little by little. At first objects were lost: jade pieces, bones, and baked clay figurines that were part of offerings and burials have been looted, probably since before pre-Hispanic times, but especially since the cave was exposed by science in the 1980s. During that same era, a collection of ceramic fragments was lost in the storehouses of Guatemala's Museo Nacional de Arqueología y Etnología. Later, many of the paintings began to

[4] June Nash, *We Eat the Mines and the Mines Eat Us: Dependency and Exploitation in Bolivian Tin Mines* (New York: Columbia University Press, 1980).

[5] Michael Taussig, *The Devil and Commodity Fetishism in South America* (Chapel Hill: University of North Carolina Press, 1980).

[6] Jorge Antonio Jacinto Paredes, interview with Pablo Vargas Lugo, March 12, 2018.

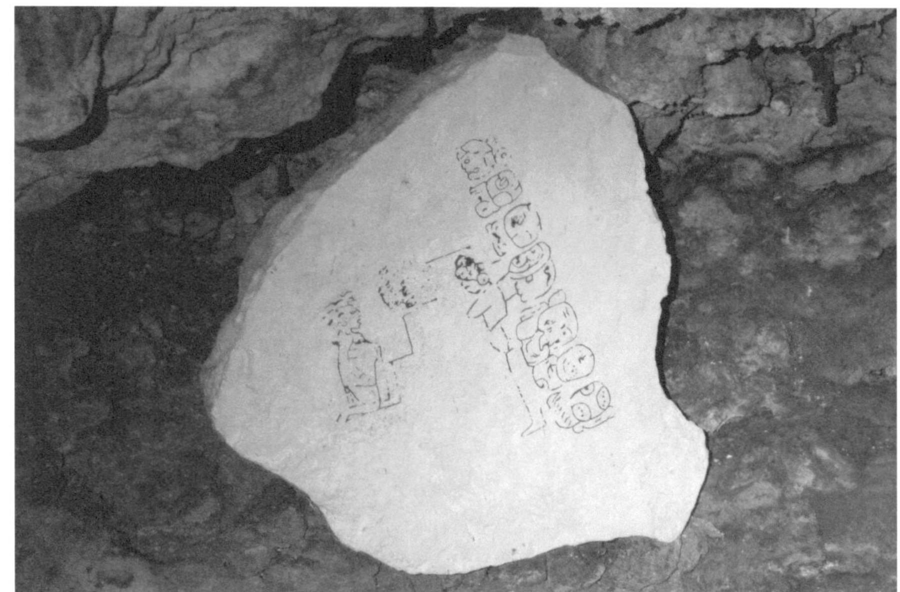

Dibujo 51, réplica de Naj Tunich, 2018.
Foto: Pablo Vargas Lugo. Drawing 51,
replica of Naj Tunich, 2018. Photo: Pablo
Vargas Lugo.

Las cuevas han sido objetos de estudio predilectos de la antropología,
dada la riqueza de creencias y de prácticas que existen en torno a ellas en diferentes partes del mundo. En América Latina, en especial, estos espacios son conocidos como umbrales donde se desdibujan los límites entre el mundo de los vivos
y el inframundo, entre lo divino y lo profano y entre el bien y el mal. Como tales,
las cuevas suelen ser espacios sagrados y resguardados. El ingreso, la permanen-
cia y la extracción de materiales de sus oquedades están estrechamente vigilados
y restringidos, muchas veces por fuerzas y seres sobrenaturales. Los ejemplos
más documentados de la manifestación de estas creencias son las cavidades subterráneas ligadas a la extracción de minerales, donde los mineros depositan ofrendas
y realizan pagos a cambio de metales y piedras valiosas.

En sus trabajos sobre las minas de estaño en Bolivia, los antropólogos
June Nash[4] y Michael Taussig[5] escribieron sobre la famosa figura del Tío, una
deidad demonio, sedienta de sangre y de riqueza que pide ofrendas y sacrificios
de llamas y grasa a cambio del mineral extraído de la tierra. Figuras como ésta son
el centro de rituales propiciatorios en muchas partes del continente. Las cuevas
de Guatemala también cuentan con guardianes celosos: los sisimites o itacayos,
que son gigantes mitad mono, mitad humano; seres conocidos en la región como
entes escurridizos y tramposos que roban mujeres de los pueblos y las llevan a
las cuevas para preñarlas. Tienen, además, los pies al revés, para que sus huellas
engañen a quienes intentan rastrear sus pasos. Los habitantes de Poptún y de San
Luis, los pueblos más cercanos a Naj Tunich, temen visitar las cuevas porque se
rumora que en ellas hay huellas y marcas de garras de grandes dimensiones segu-
ramente pertenecientes a sisimites.[6]

Si bien los científicos han intentado convencer a los pobladores de que
no hay seres sobrenaturales en Naj Tunich y que las huellas son marcas hechas
por manos humanas en tiempos prehispánicos, sus investigaciones también han
reavivado los poderes de la cueva. Un desliz común de la ciencia es que en sus
intentos iconoclastas genera fetiches y anima objetos y espacios: así, la arqueología
y los especialistas han propiciado el poder de la cueva como un portal entre mun-
dos que requiere de cierto trabajo ritual para satisfacer la sed de sus guardianes.
Ante la ausencia de esos rituales, la cueva se ha activado y en ella las cosas,
marcas, inscripciones, incluso la misma gente, desaparecen.

En efecto, a partir de su hallazgo y revelación en manos de la ciencia,
los contenidos de Naj Tunich han desaparecido poco a poco. Primero se perdieron
los objetos: jades, huesos y figuras de barro cocido que eran parte de ofrendas
y entierros fueron saqueados, probablemente desde tiempos prehispánicos, pero
sobre todo desde que la cueva fue expuesta por la ciencia en los años ochenta.
En esa misma época, una colección de fragmentos de cerámica desapareció de las
bodegas del Museo Nacional de Arqueología y Etnología de Guatemala. Más tarde,
comenzaron a desvanecerse también muchas de las pinturas. Al estar hechas con

[4] June C. Nash, *We Eat the Mines and the Mines Eat Us: Dependency and Exploitation in Bolivian Tin Mines* (Nueva York: Columbia University Press, 1980).

[5] Michael Taussig, *The Devil and Commodity Fetishism in South America* (Chapel Hill: University of North Carolina Press, 1980).

[6] Jorge Antonio Jacinto Paredes, entrevista con Pablo Vargas Lugo, 12 de marzo, 2018.

disappear, too. Made from charcoal and other organic pigments, they are quite fragile and easy to erase: touching them at all can result in an irremediable destruction. They were initially damaged through acts of neglect and carelessness, but there have also been cases of vandalism. The most notorious of these occurred in 1989 when someone entered the cave and destroyed twenty-three of the more than ninety paintings, throwing soil on them and smearing the brushstrokes. Unlike the previous incidents of vandalism at Naj Tunich, in which the goal had been to loot objects or to steal pieces of the murals (in 1981 someone had attempted to saw off part of a stalagmite that bears drawing 51), in this case the perpetrators sought destruction in its own right. The responsible party or parties were never found, but it is said that it could have been a disgruntled guard or perhaps a group of religious fanatics, given that the Guatemalan press had publicly acknowledged that the paintings contained erotic themes. According to the archaeologist James Brady, it is likely that the people who destroyed the drawings did not know the cave well, since they only vandalized the first panel of the northern and western parts.[7] Unfortunately, that was where the most important drawings and inscriptions were found. Now only photographs remain of many of them.

[7] James E. Brady, "New Vandalism at Naj Tunich Cave," *National Geographic Research and Exploration* 7, no. 1 (1991): 114–15.

Natural features of Naj Tunich have also changed since the cave was rediscovered. In recent years, hurricanes and high-intensity tropical storms tore down many of the trees in the area, rerouting the course of whole bodies of water. As a result of this and other changes, a stream and a pond have disappeared. Visitors used to have to get their feet wet in order to see the murals, but there is no longer any water in the cave. Along with these natural phenomena, slash-and-burn deforestation for the purposes of agriculture and the creation of pasture for the growing business of livestock in the Petén might have caused temperature and humidity changes within the cave, making conditions ripe for a new villain to invade its walls. The inhabitants of the area say that a fungus or a kind of mold now grows on the stone surfaces, causing the paintings to deteriorate.

No one has a perfect explanation for the set of circumstances that have caused the disappearance of paintings and objects in a heritage zone that is protected, sheltered, and watched over by guards, nor is it clear who was responsible for the vandalism and destruction they have suffered. Some of the people who first knew of the cave, documented the paintings and the objects that lie within it, and could perhaps help to explain their fate, have in turn disappeared. Mike Devine was murdered in 1990. A few years later, Bernabé Pop died tragically, and in 2014, Andrea Stone, author of the most comprehensive study of Naj Tunich thus far, also passed away. Perhaps, as they say, those who enter caves must make a pact with their guardians, giving their lives in exchange for access to the bowels of the Earth.

Naj Tunich figures as a threshold, an interface, which in its most recent life as a heritage site and window onto the Maya world never allows one to penetrate fully into its depths. What remains are the traces and marks that we leave upon the residues of the past. As Demetrio Ixcopal Dubón, one of the guards at the cave, explains, "Traces can't be erased. In there, our traces last forever. A mark in the dirt can be seen a hundred, even two hundred years later. You can't go in there without others becoming aware of it."[8] Indeed, like a rug made out of sand exposed to the elements, our access to the past is constantly eroding. It disappears in the process of being marked indelibly by our footsteps and even by our breath, starting with the moment we begin constructing it or the moment we imagine we have discovered it.

[8] Demetrio Ixcopal Dubón, interview with Pablo Vargas Lugo, March 12, 2018.

carbón y pigmentos orgánicos son muy frágiles y fáciles de borrar: cualquier roce puede resultar en una destrucción sin remedio. Al inicio se lastimaron por actos de descuido e imprudencia. Sin embargo, también hubo casos de vandalismo. El más notorio ocurrió en 1989 cuando alguien entró a la cueva y destruyó veintitrés de las más de noventa pinturas, les tiró lodo y embadurnó sus trazos. A diferencia de incidentes previos de vandalismo en Naj Tunich, en los cuales el propósito había sido saquear objetos o robar pedazos de los murales (en 1981 alguien intentó separar con una sierra un fragmento de una columna de estalagmita donde se encuentra el dibujo 51), en este caso los perpetradores buscaban la destrucción por sí misma. Nunca se encontró al o a los responsables, pero se dice que pudo haber sido un guardia descontento o quizás un grupo religioso, dado que la prensa guatemalteca había difundido que las pinturas tenían temas eróticos. Según el arqueólogo James Brady, es probable que las personas que destruyeron los dibujos no conocieran bien la cueva puesto que sólo vandalizaron el primer panel de la parte norte y la parte poniente.[7] Por desgracia allí se encontraban los dibujos y las inscripciones más importantes, de muchos de ellos sólo quedan fotografías.

Desde el descubrimiento de Naj Tunich también se han alterado elementos naturales. En los últimos años, huracanes y tormentas tropicales de gran intensidad derribaron una gran cantidad de árboles en la región y desviaron el flujo de los cuerpos de agua. Como consecuencia de éste y otros cambios, han desaparecido un riachuelo y un estanque. Antes, para ver los murales, había que mojarse los pies, pero ahora ya no hay agua en la cueva. Junto con estos fenómenos naturales, la tala de árboles por prácticas de roza, tumba y quema para facilitar la siembra y el creciente negocio de la ganadería en el Petén podría haber provocado cambios de temperatura y de humedad en el interior de la cueva, propiciando que un nuevo villano invada sus paredes. Los habitantes de la zona dicen que se trata de un hongo o de un tipo de musgo que crece sobre la superficie de la piedra y deteriora las pinturas.

Nadie puede explicar con exactitud la conjunción de circunstancias que han hecho que las pinturas y los objetos en una zona patrimonial protegida, resguardada y vigilada estén desapareciendo, ni quiénes han sido los responsables del vandalismo y la destrucción que han sufrido. Algunas de las personas que conocieron primero la cueva y documentaron las pinturas y los objetos que en ella yacían y quienes quizá podrían ayudar a explicar su destino, a su vez han desaparecido. Mike Devine fue asesinado en 1990; años más tarde, Bernabé Pop murió trágicamente; y en 2014 falleció Andrea Stone, autora del estudio más completo sobre Naj Tunich publicado hasta la fecha. Quizá como dicen, las personas que entran a las cuevas deben hacer un pacto con sus guardianes, dando su vida a cambio del acceso a las profundidades de la tierra.

Naj Tunich figura como un umbral, una interfaz, que en su más reciente vida como sitio patrimonial y ventana al mundo maya nunca deja del todo que se penetre en sus entrañas. Las que sí permanecen son las huellas y las marcas que dejamos sobre los residuos del pasado. Como explica Demetrio Ixcopal Dubón, uno de los guardias de la cueva: "Las huellas son imborrables, ahí dentro son eternas las huellas de nosotros, se ve la marca de la suela aunque pasen 100 o 200 años, no se puede entrar sin que nadie se dé cuenta".[8] En efecto, nuestro acceso al pasado, como un tapete de polvo expuesto a la intemperie, está en constante erosión, desaparece marcado indeleblemente por nuestro paso y hasta por nuestro aliento, desde que lo construimos o desde que imaginamos que lo hemos descubierto.

[7] James E. Brady, "New Vandalism at Naj Tunich Cave", *National Geographic Research and Exploration* 7, no. 1 (1991): 114–115.

[8] Demetrio Ixcopal Dubón, entrevista con Pablo Vargas Lugo, 12 de marzo, 2018.

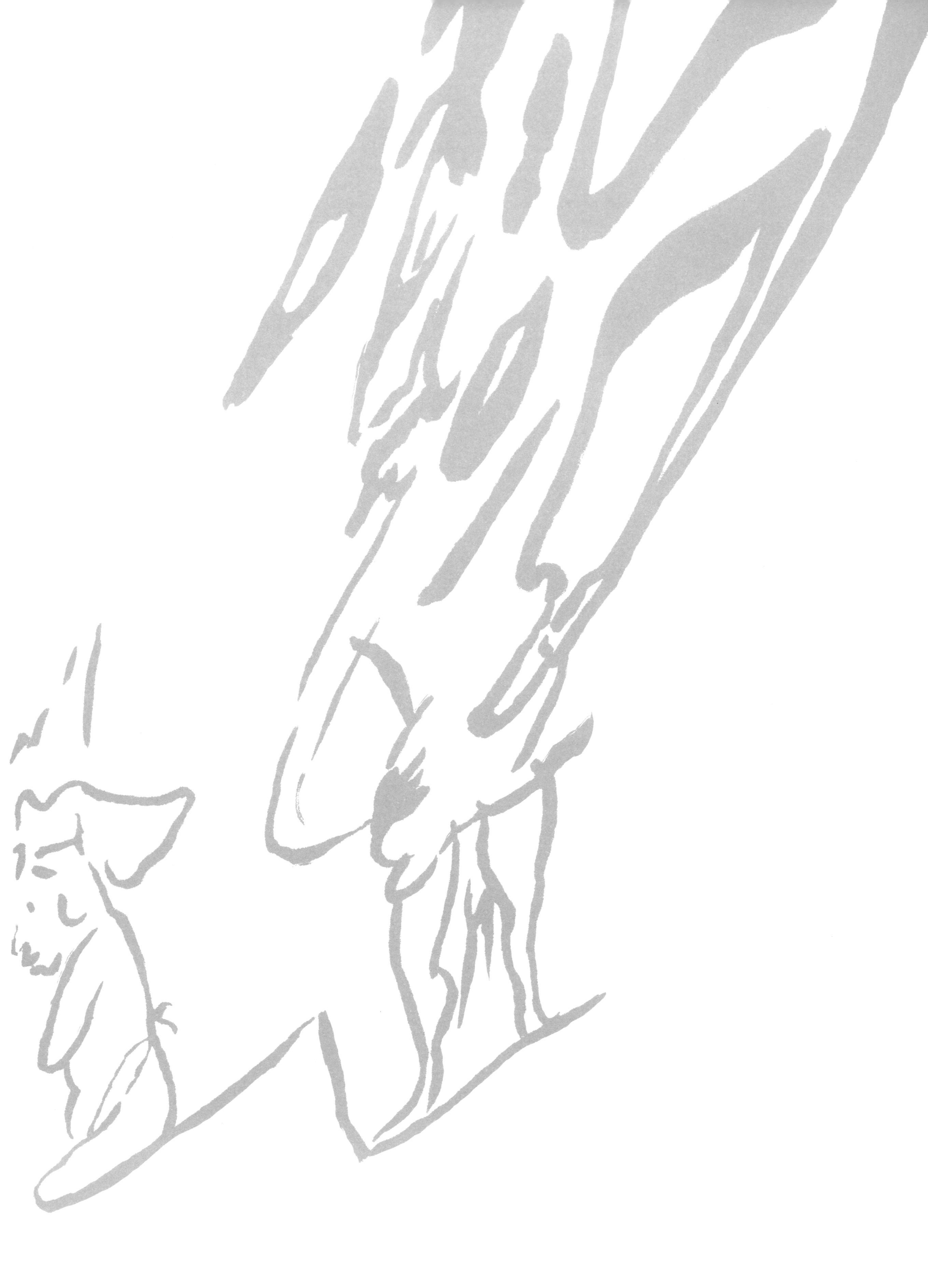

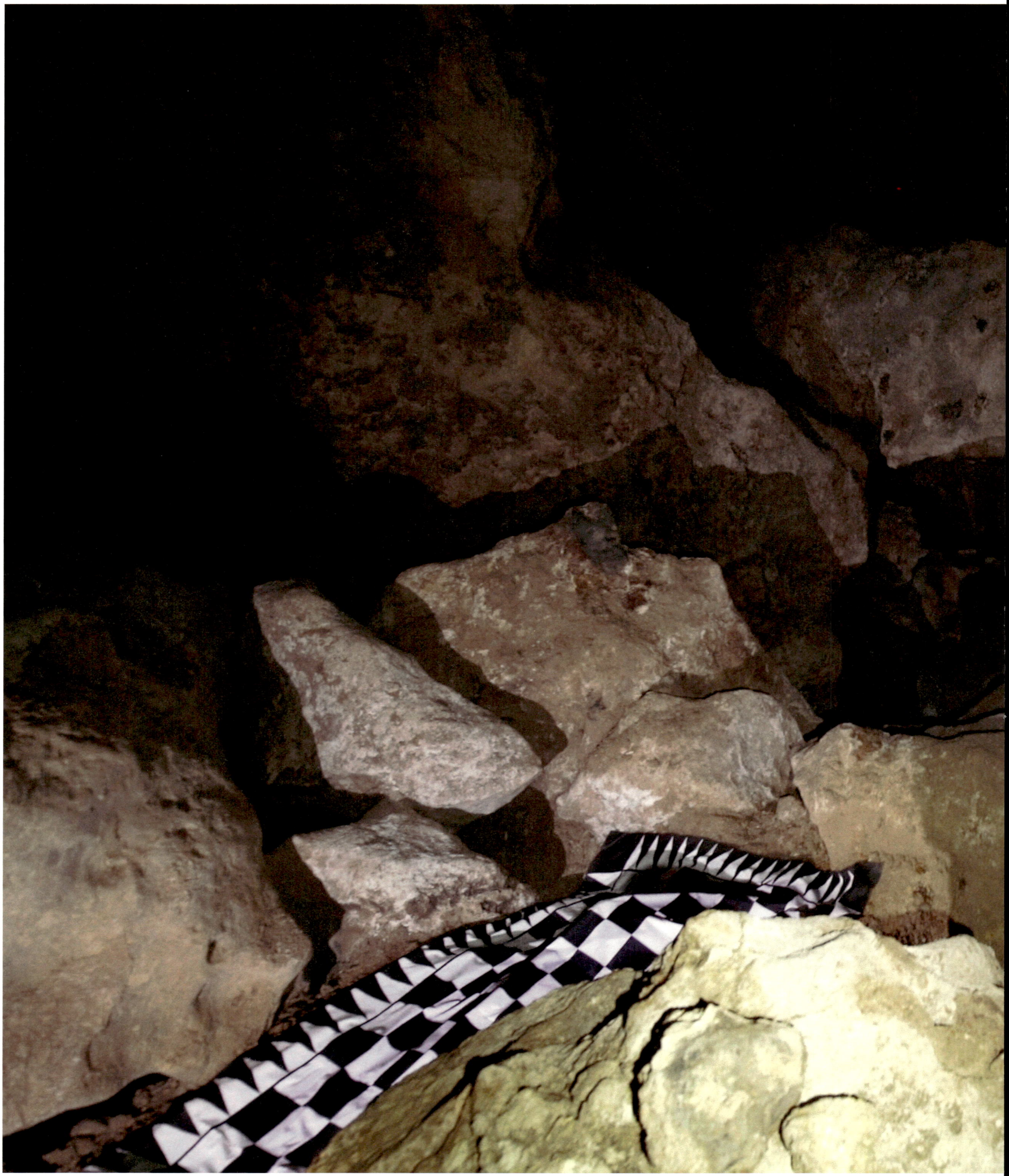

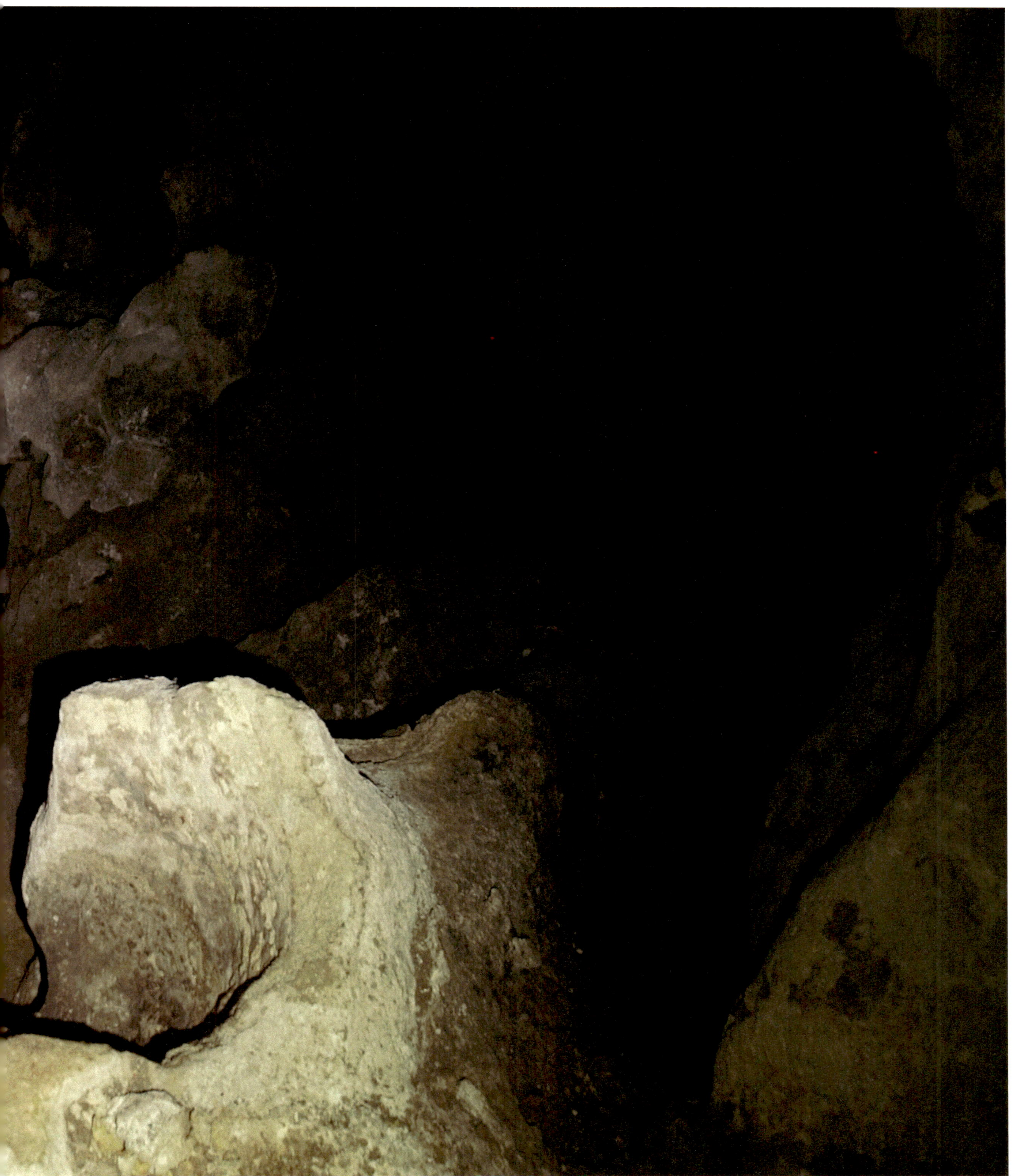

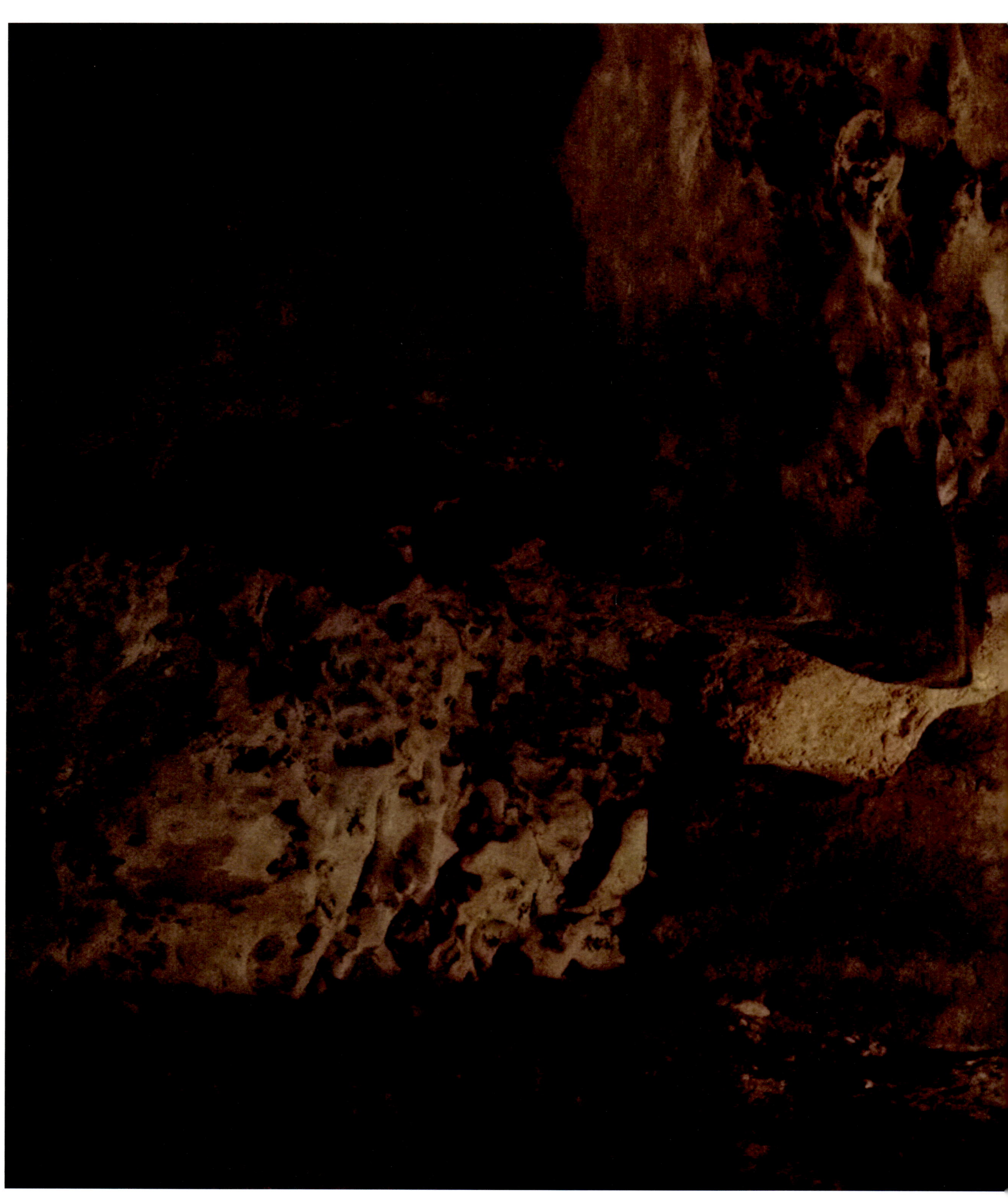

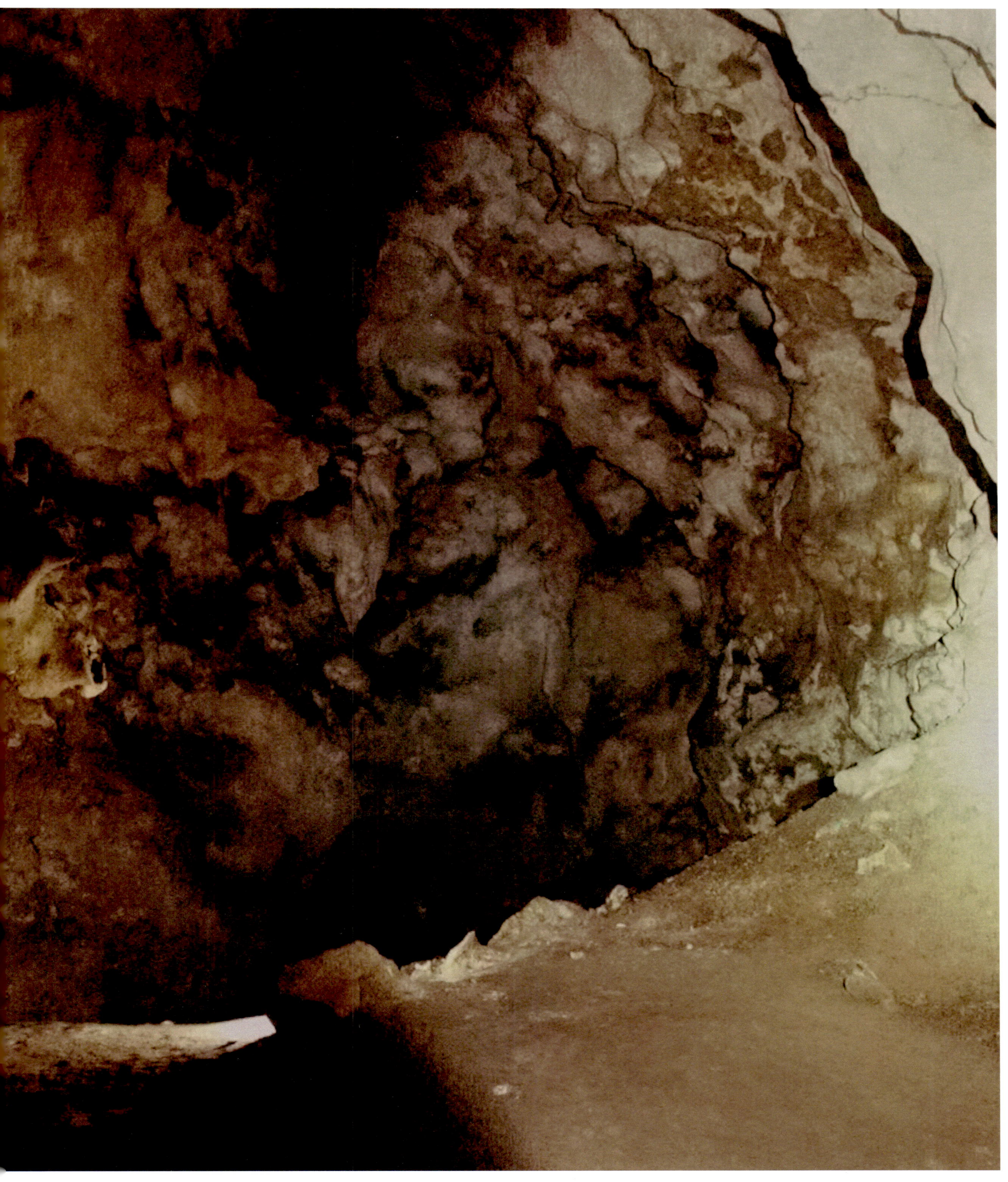

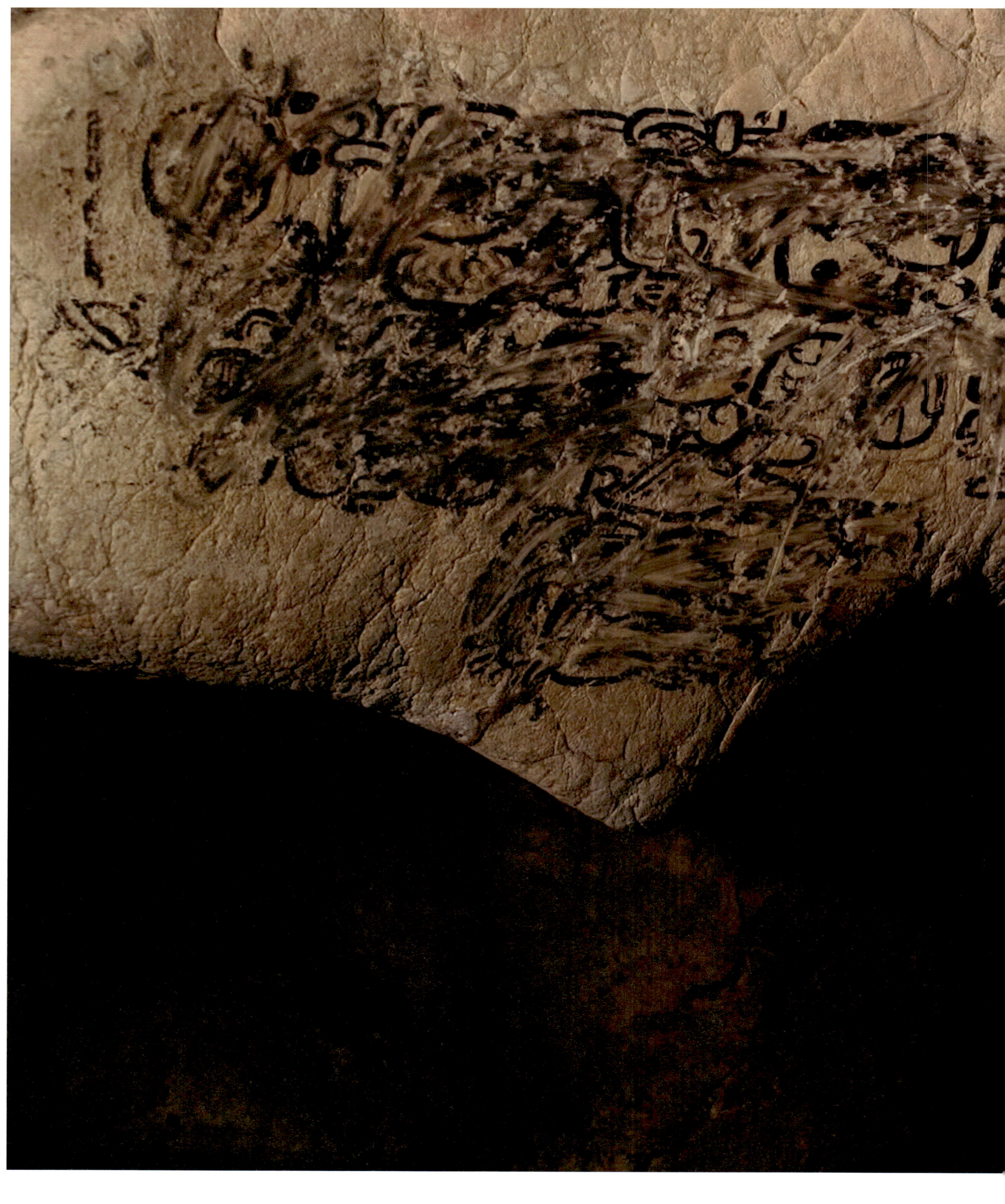

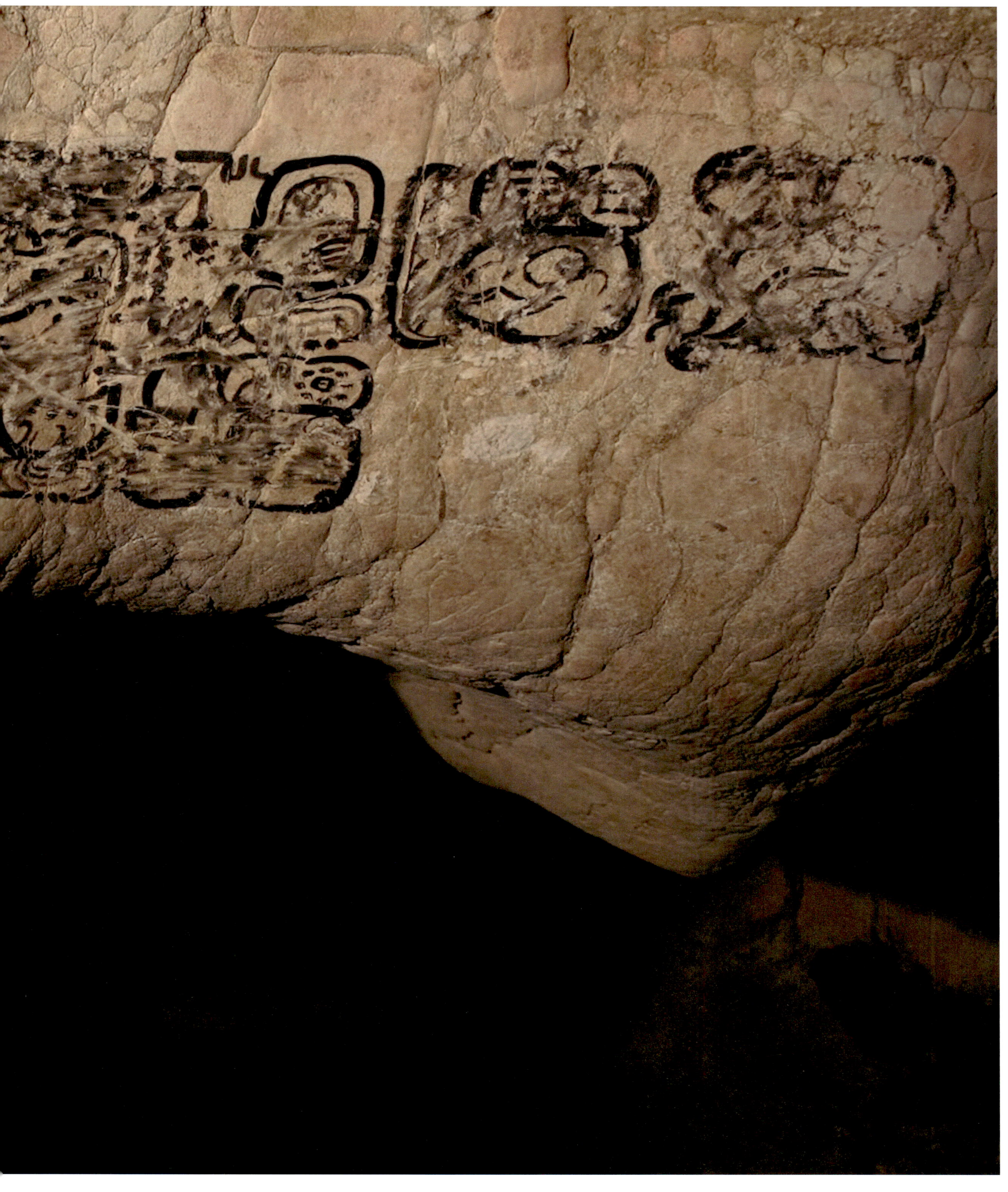

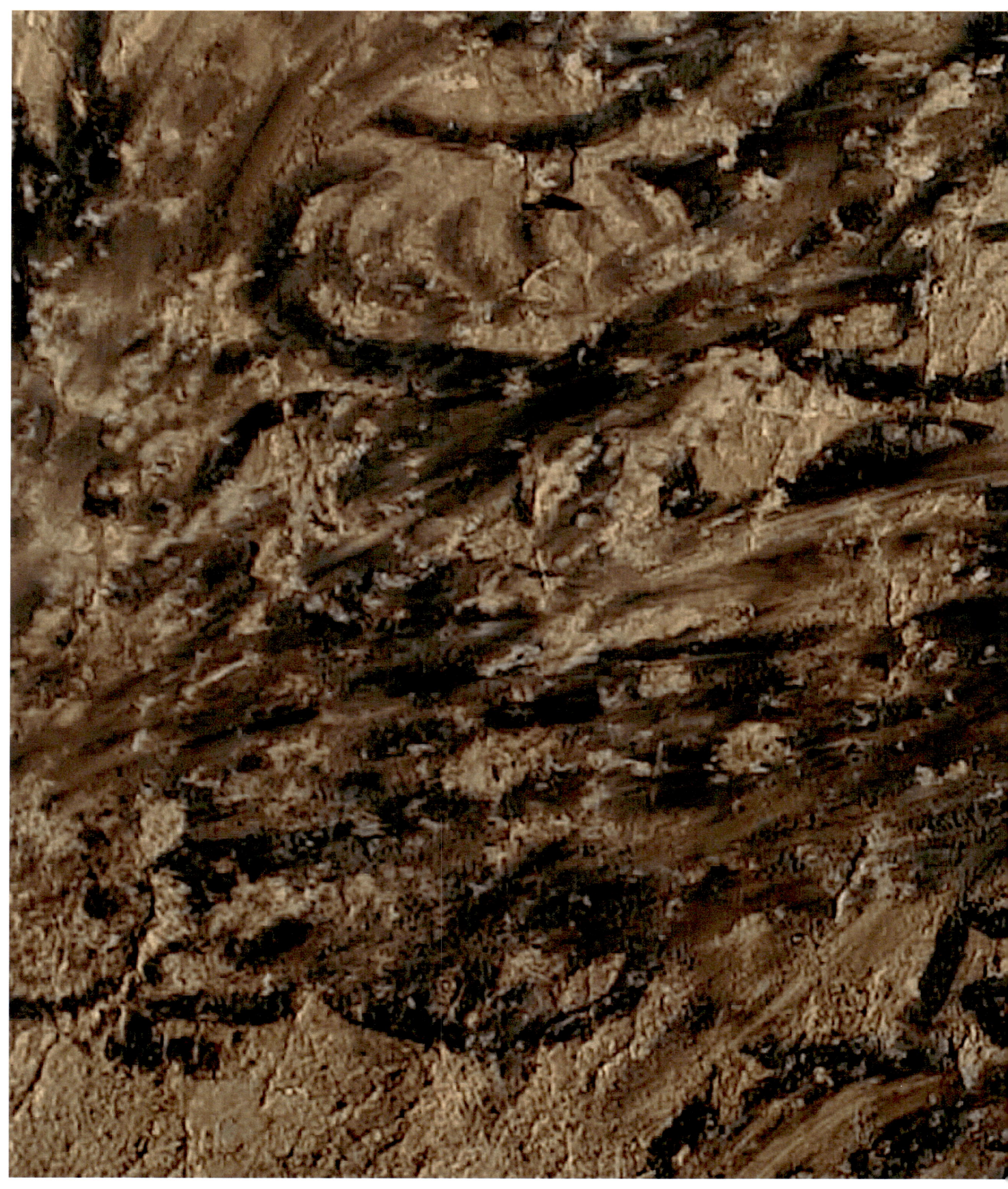

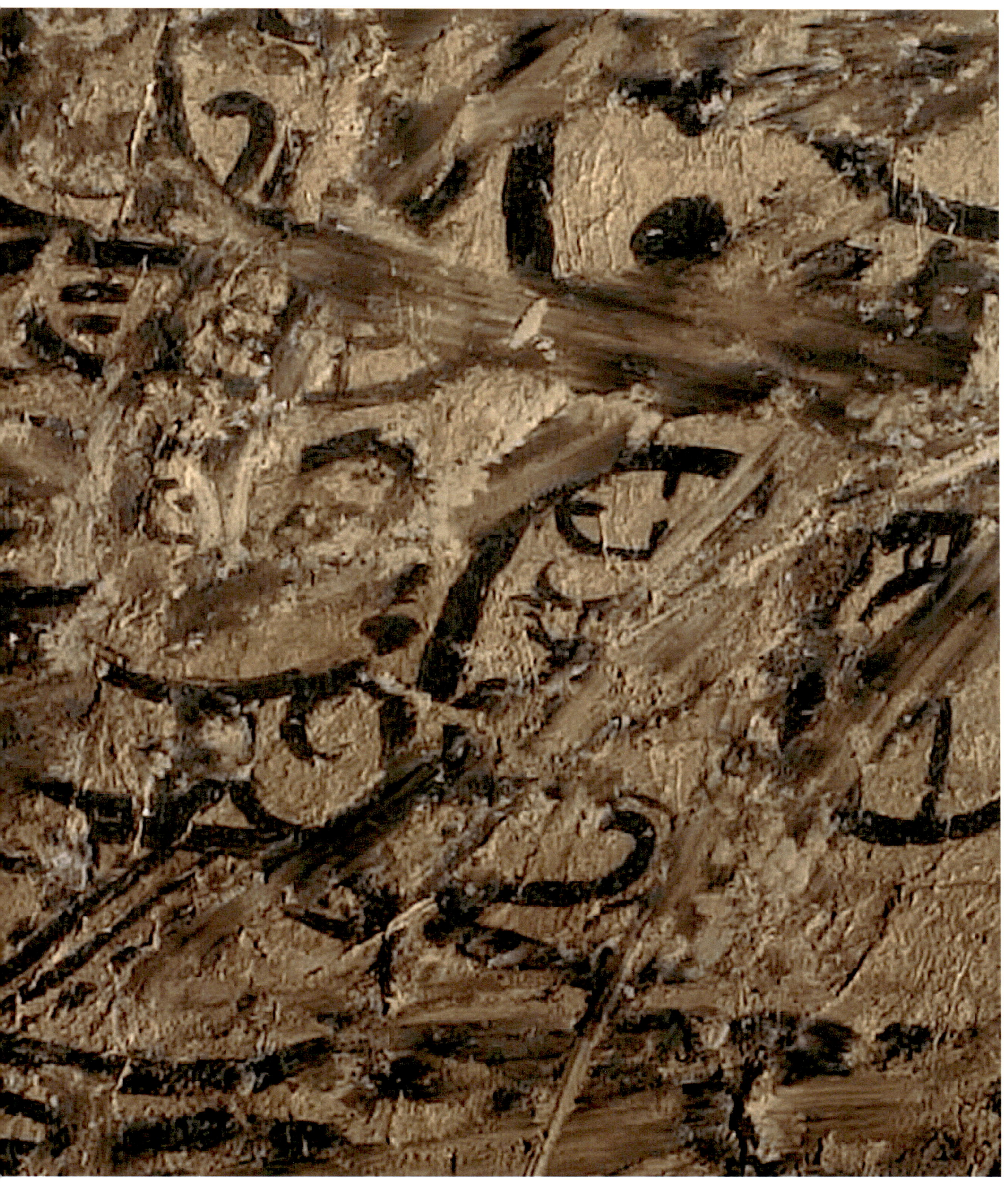

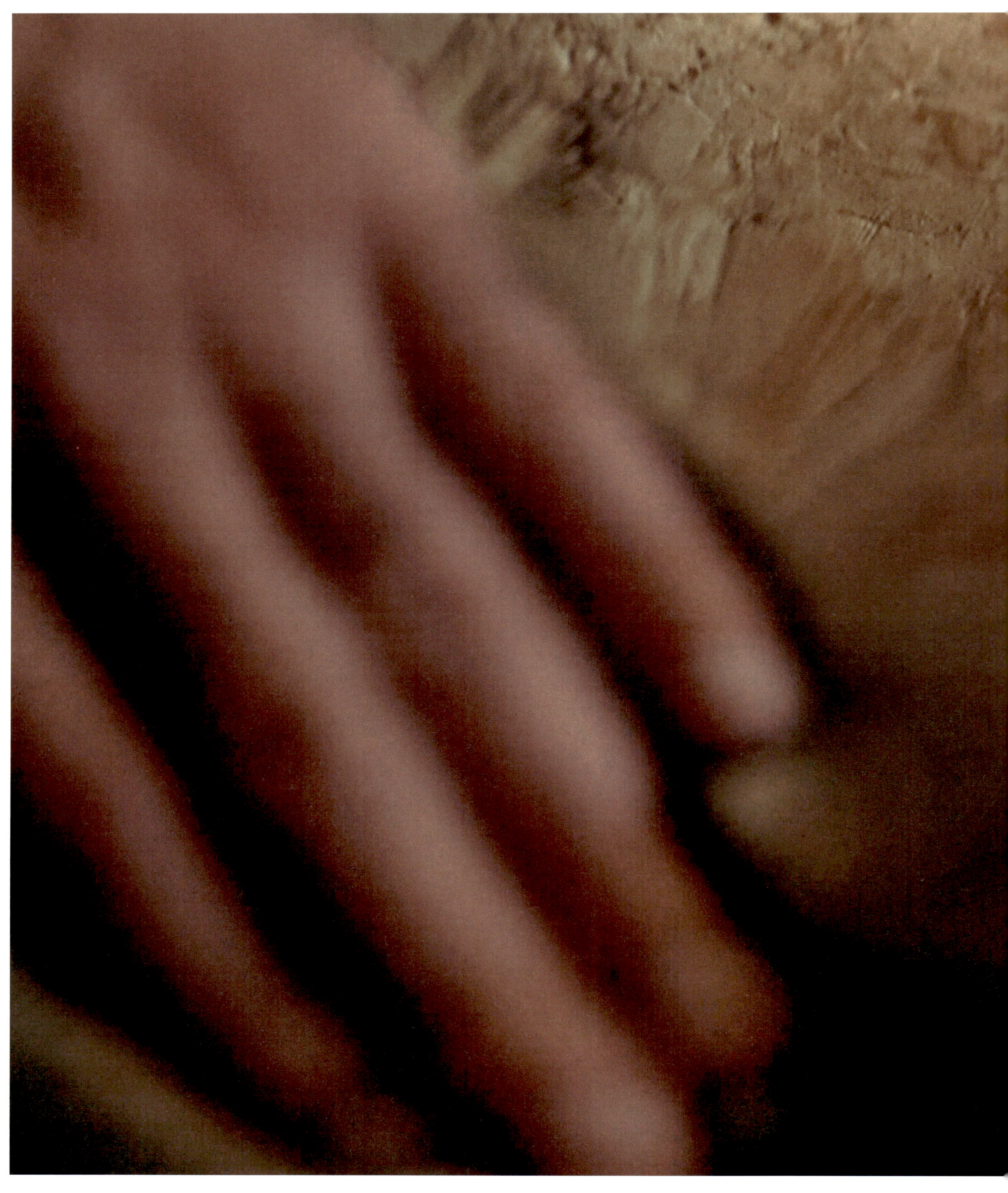

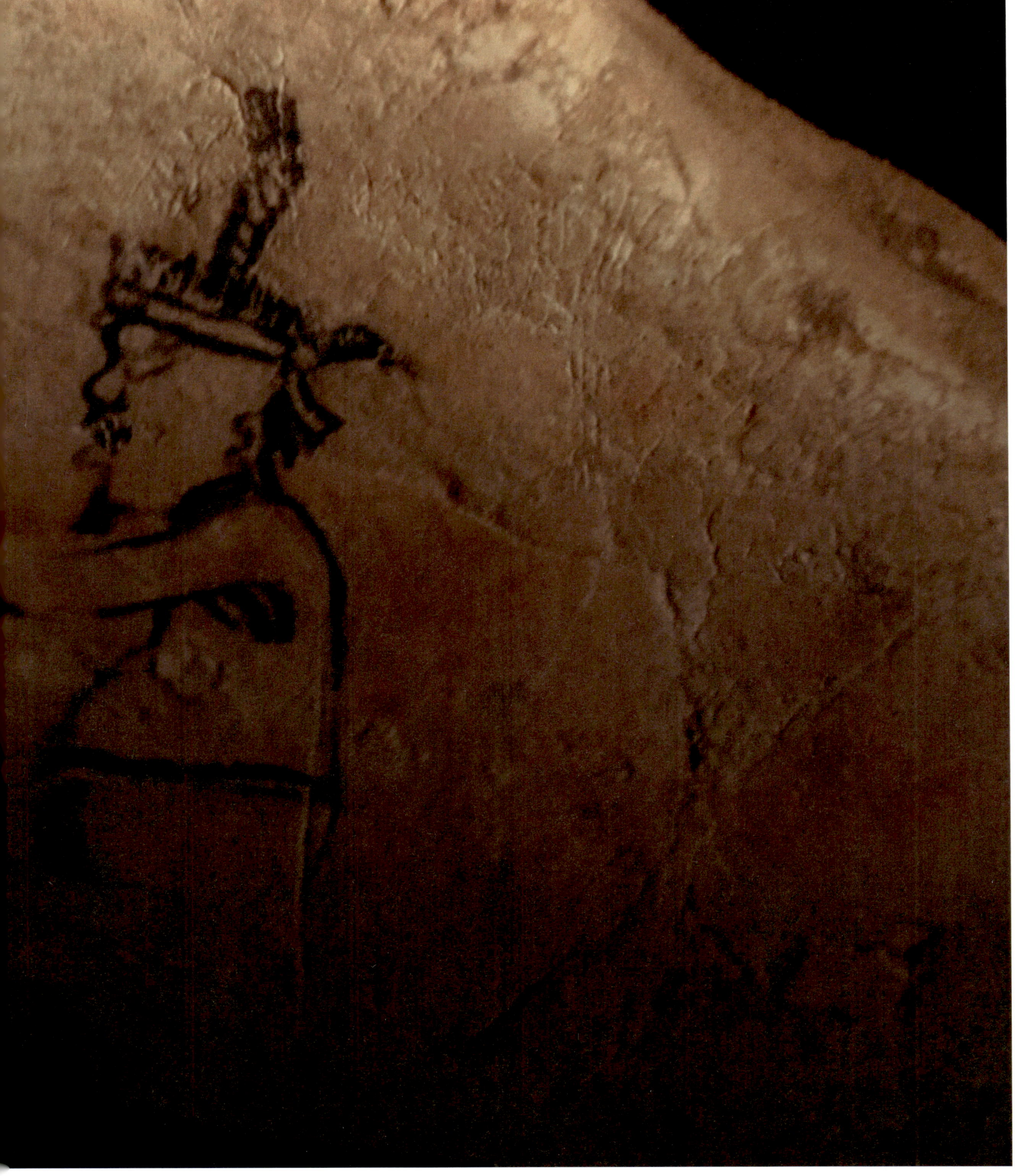

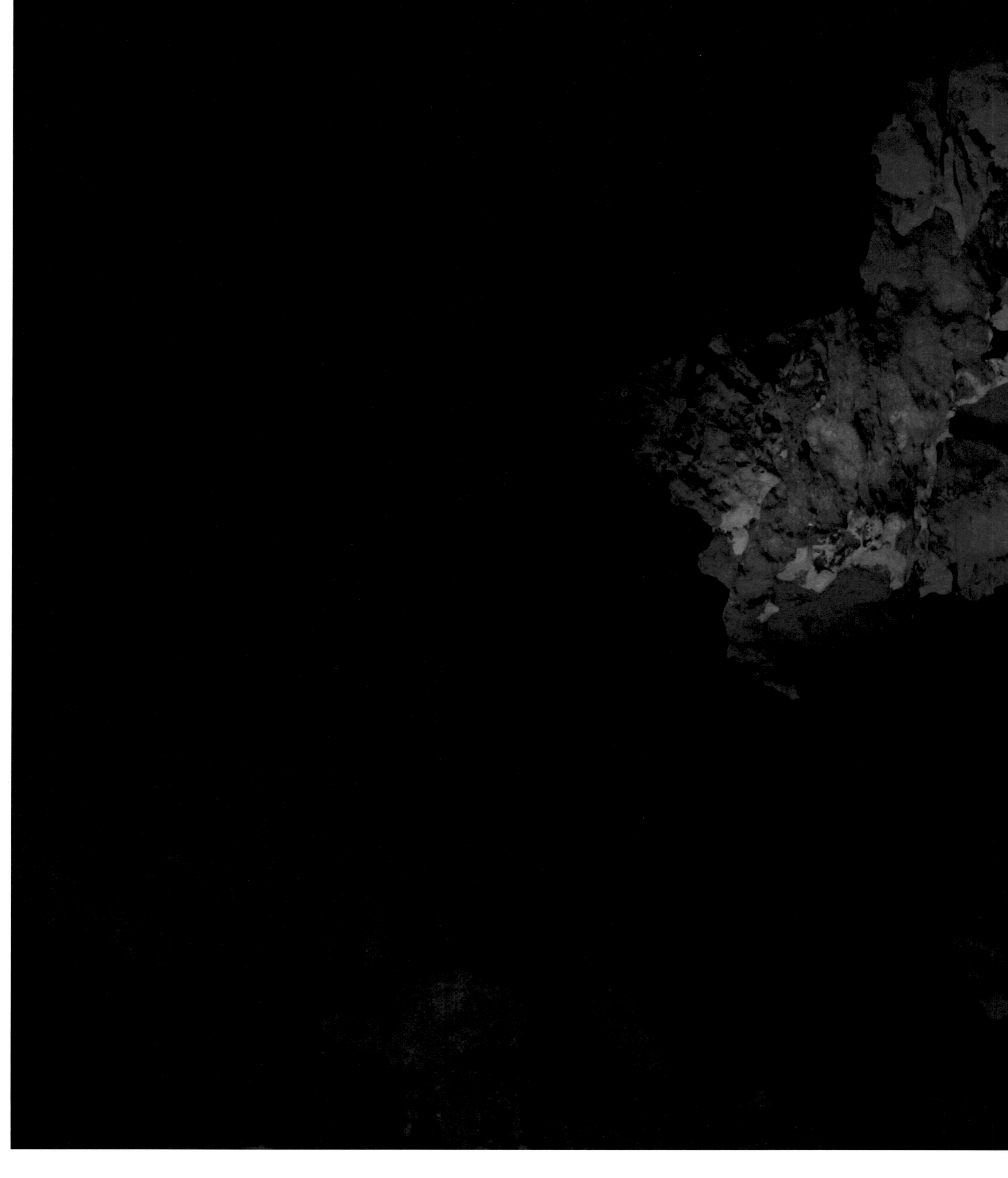

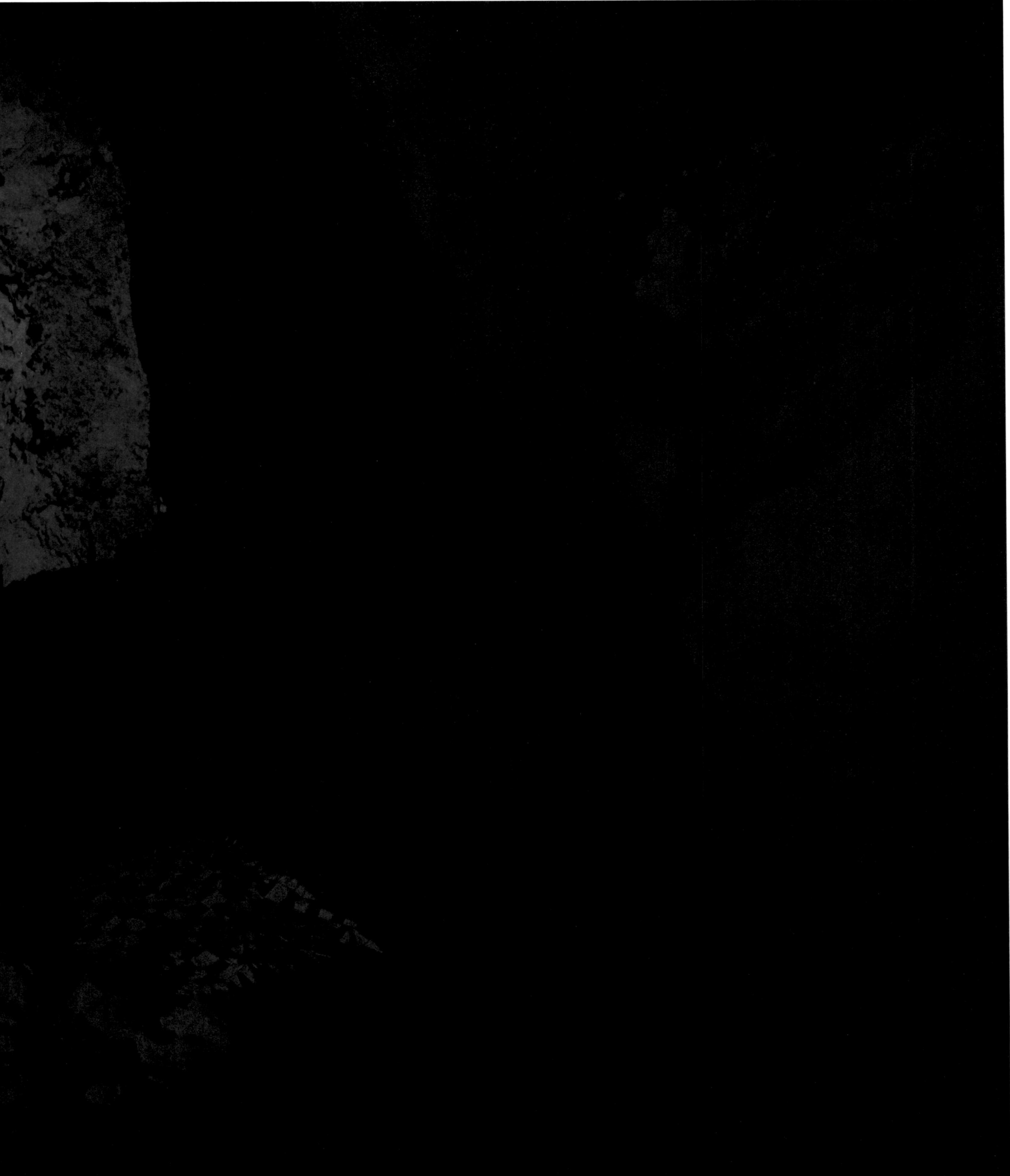

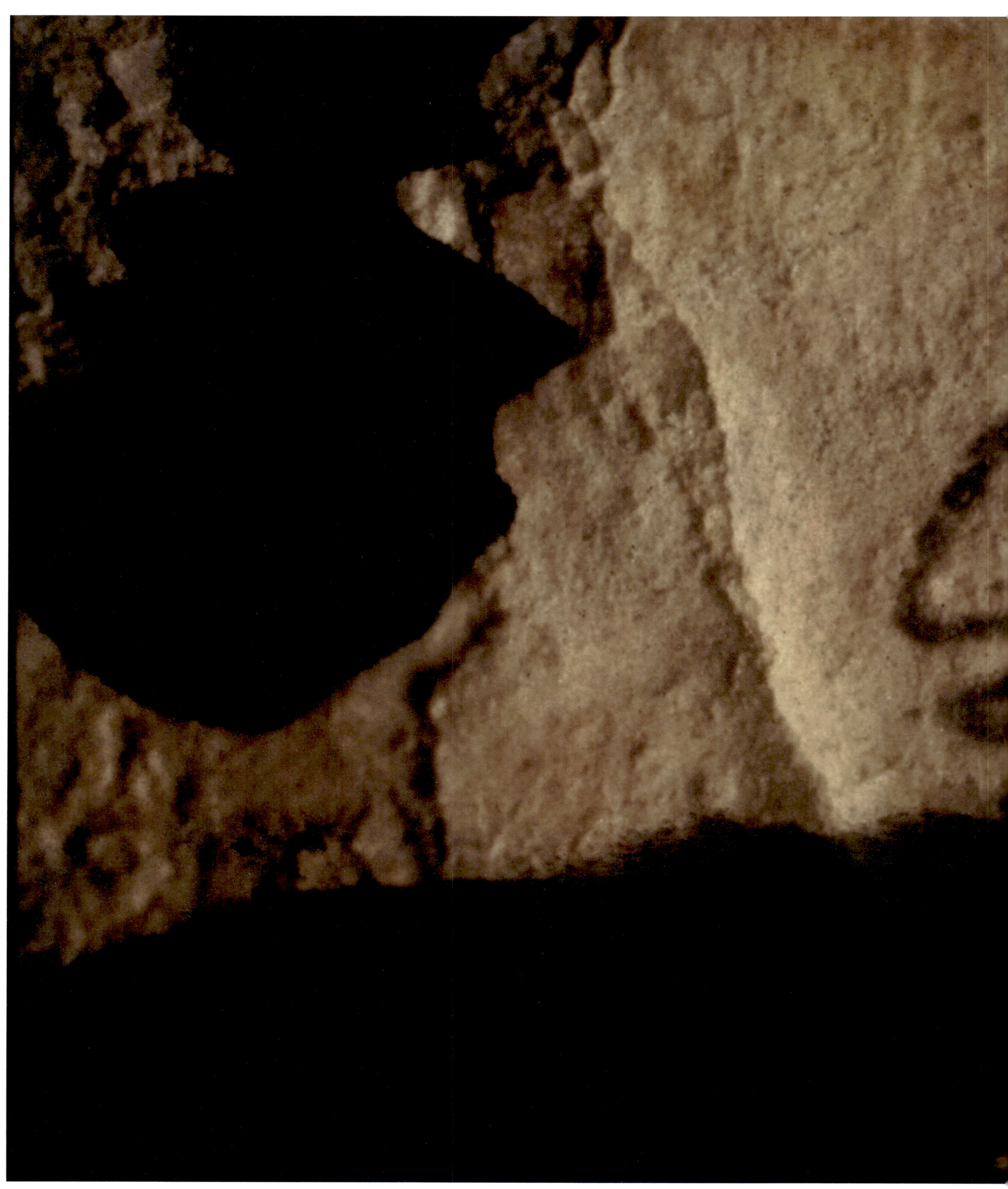

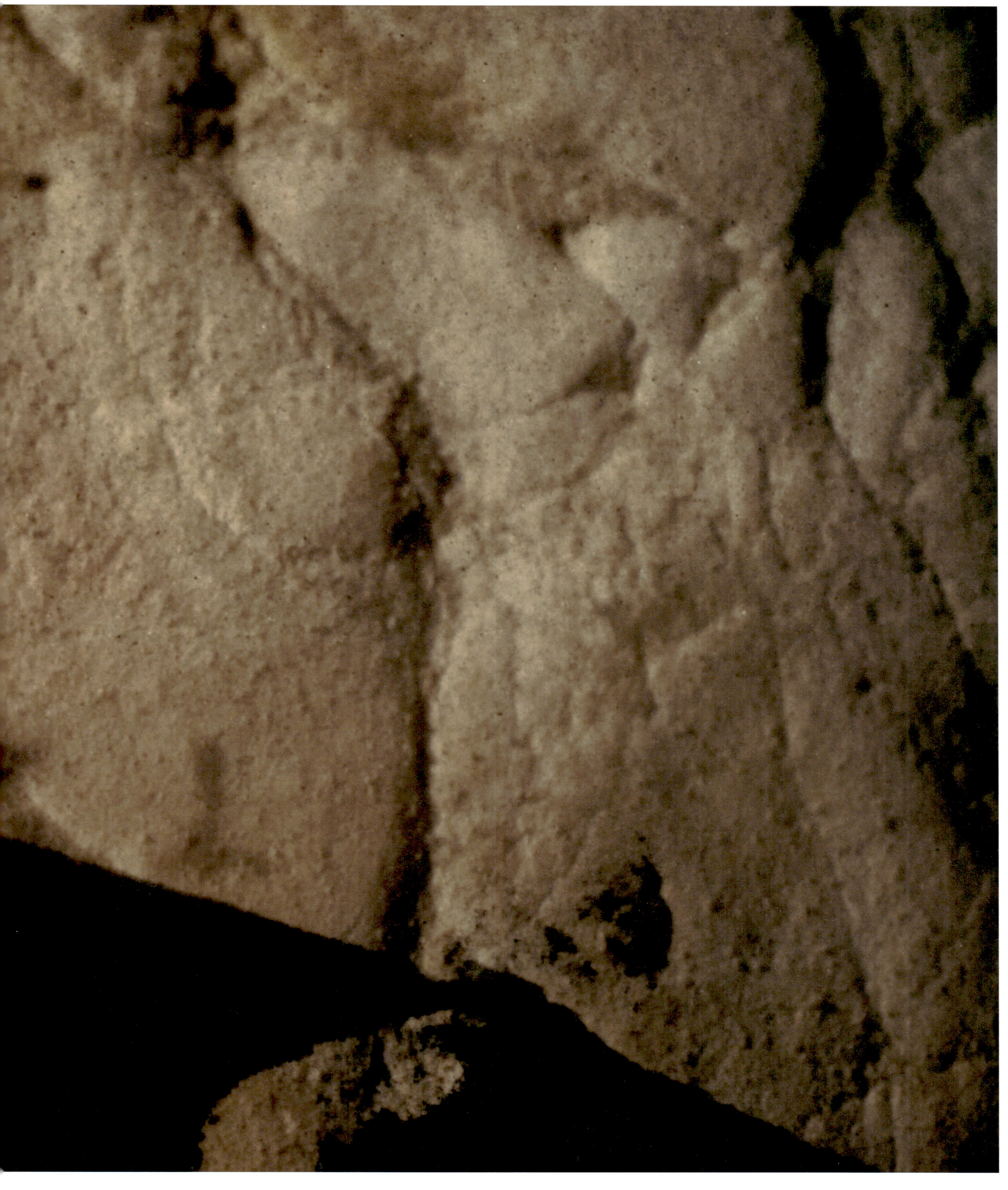

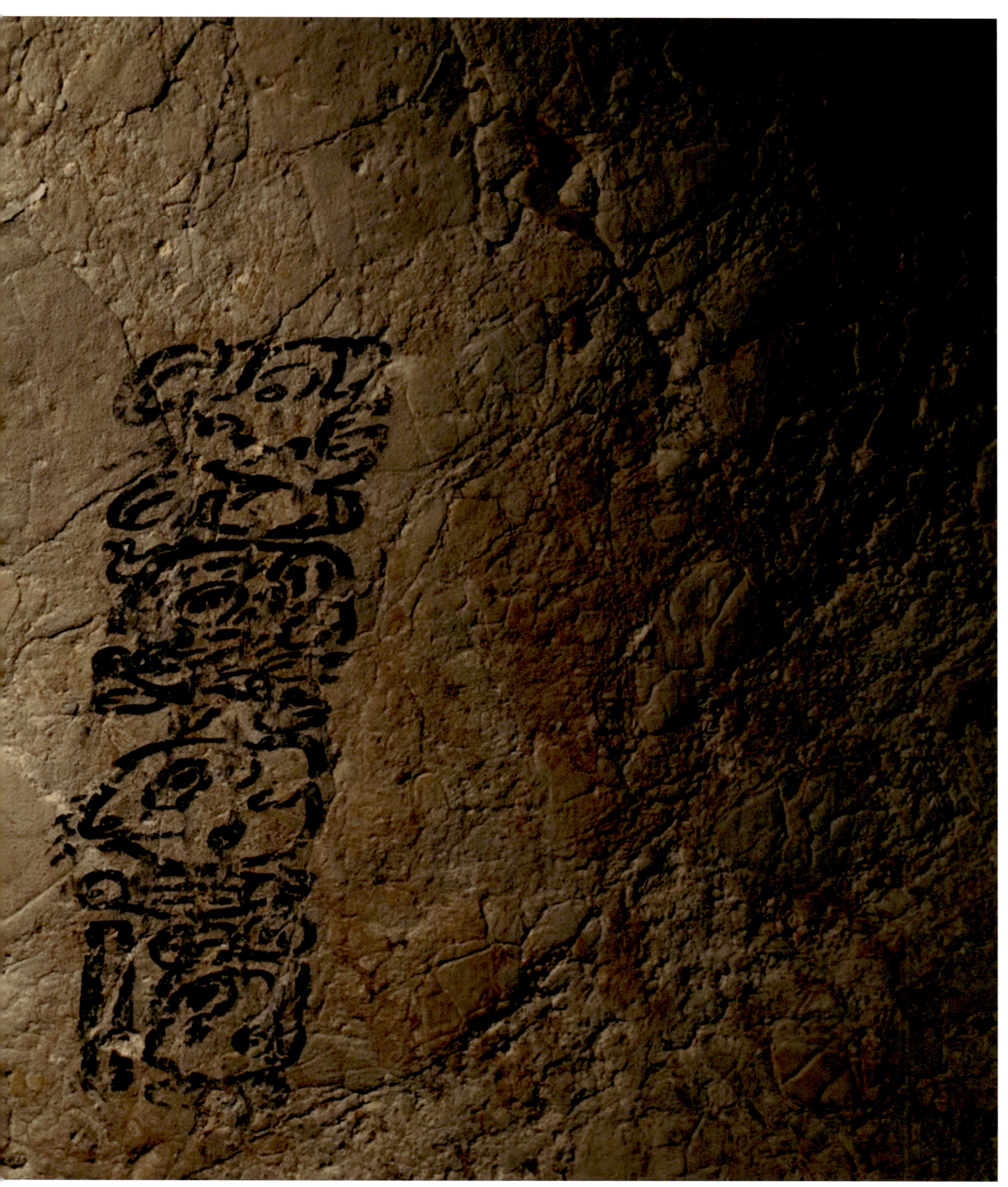

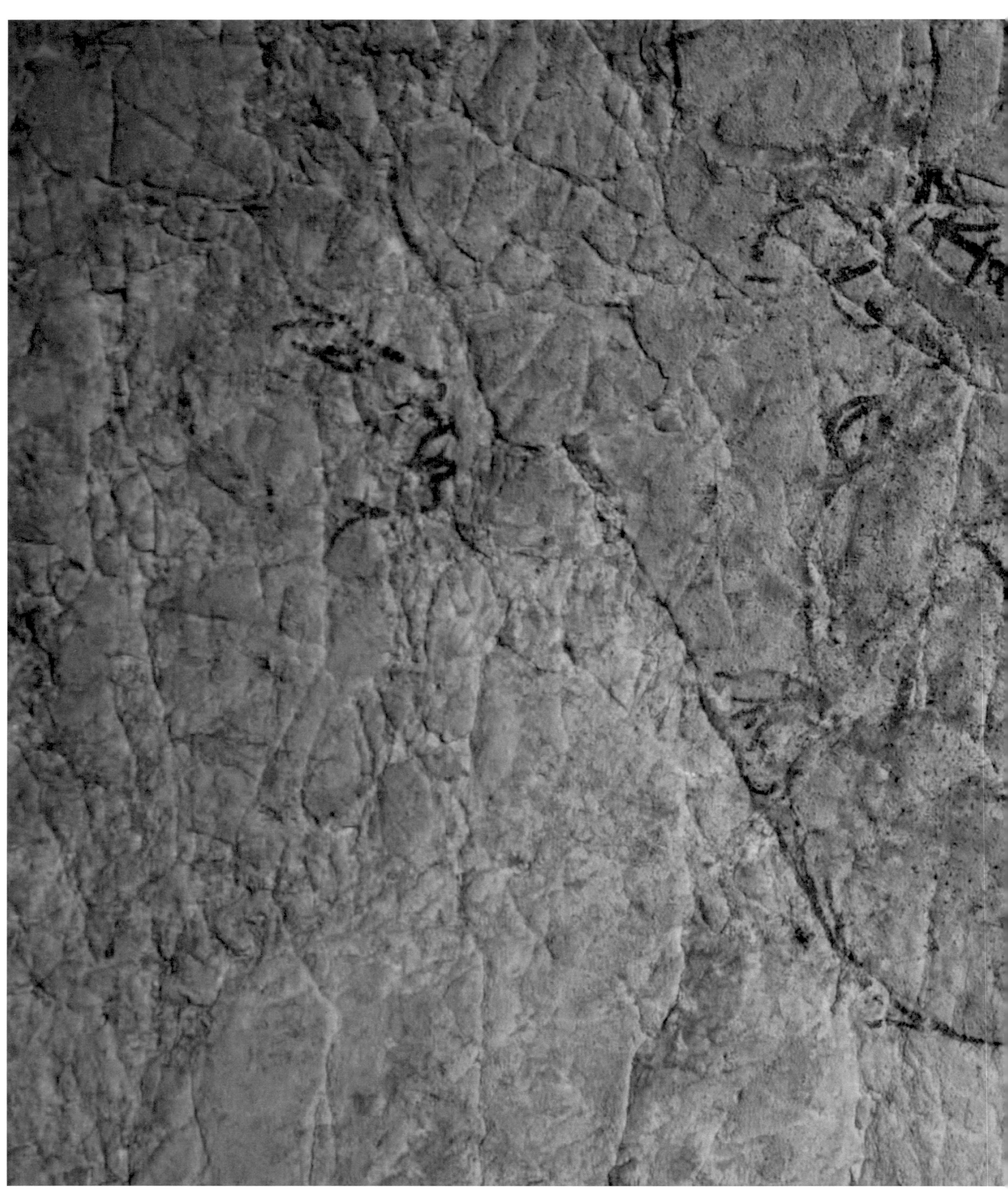

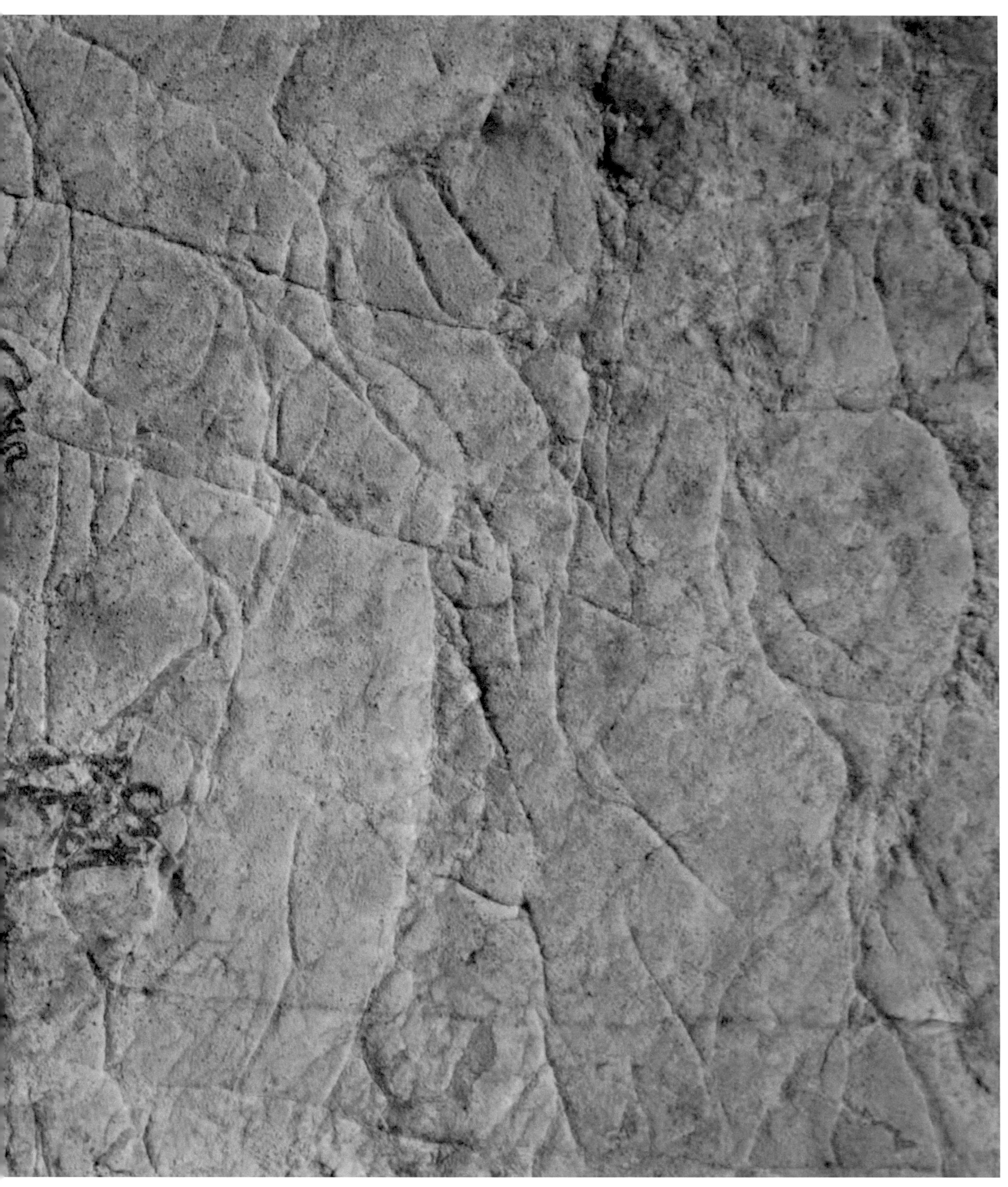

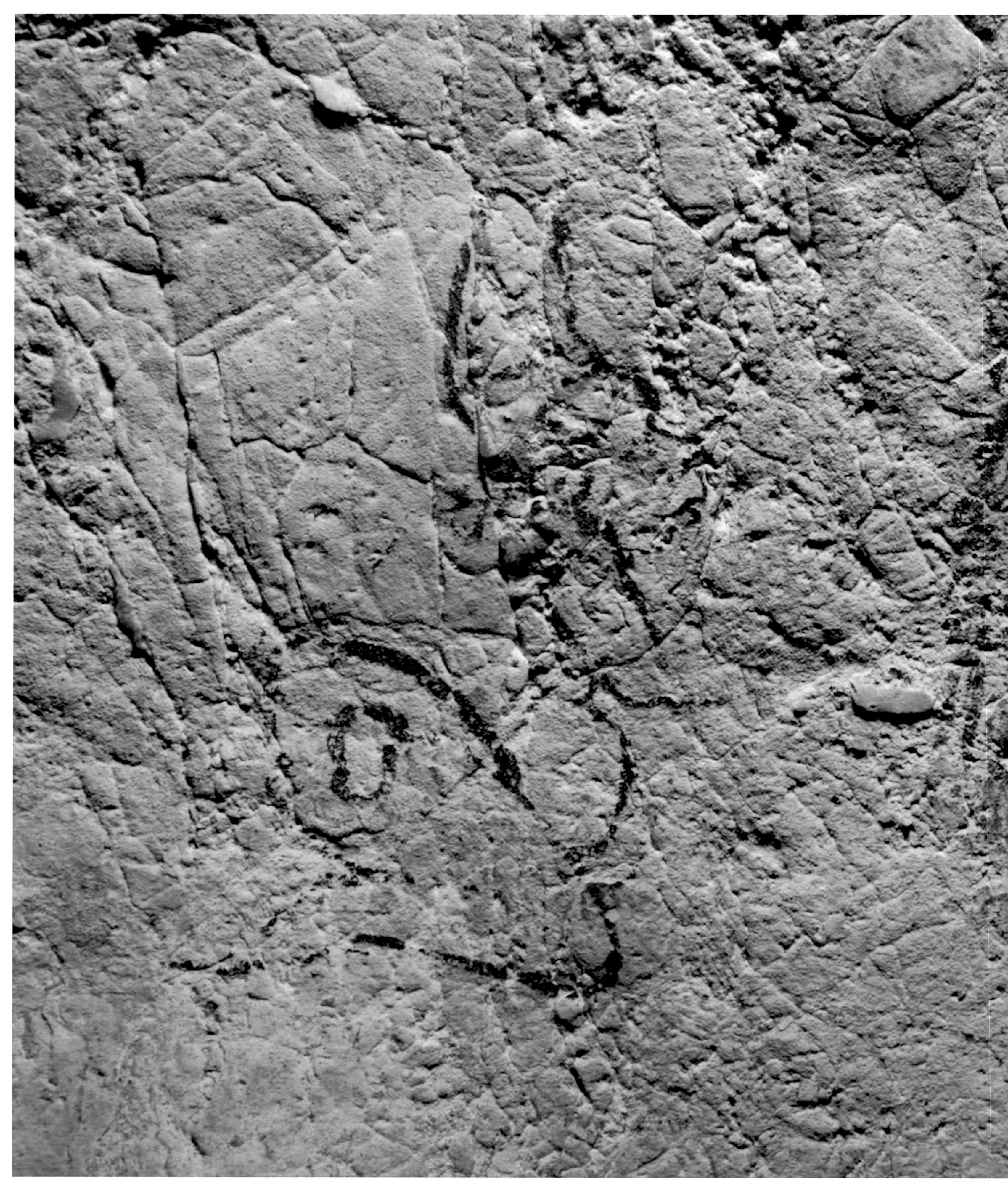

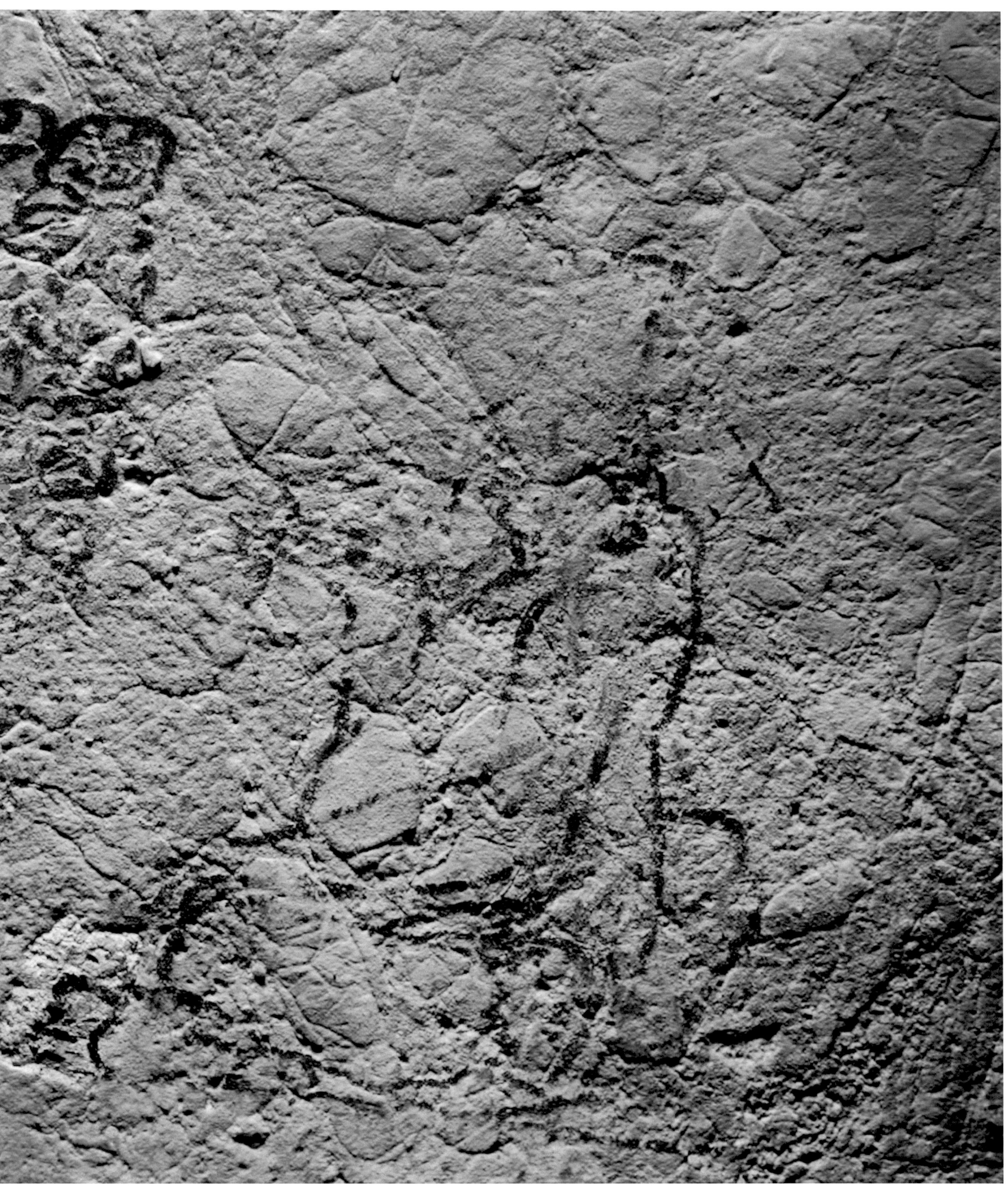

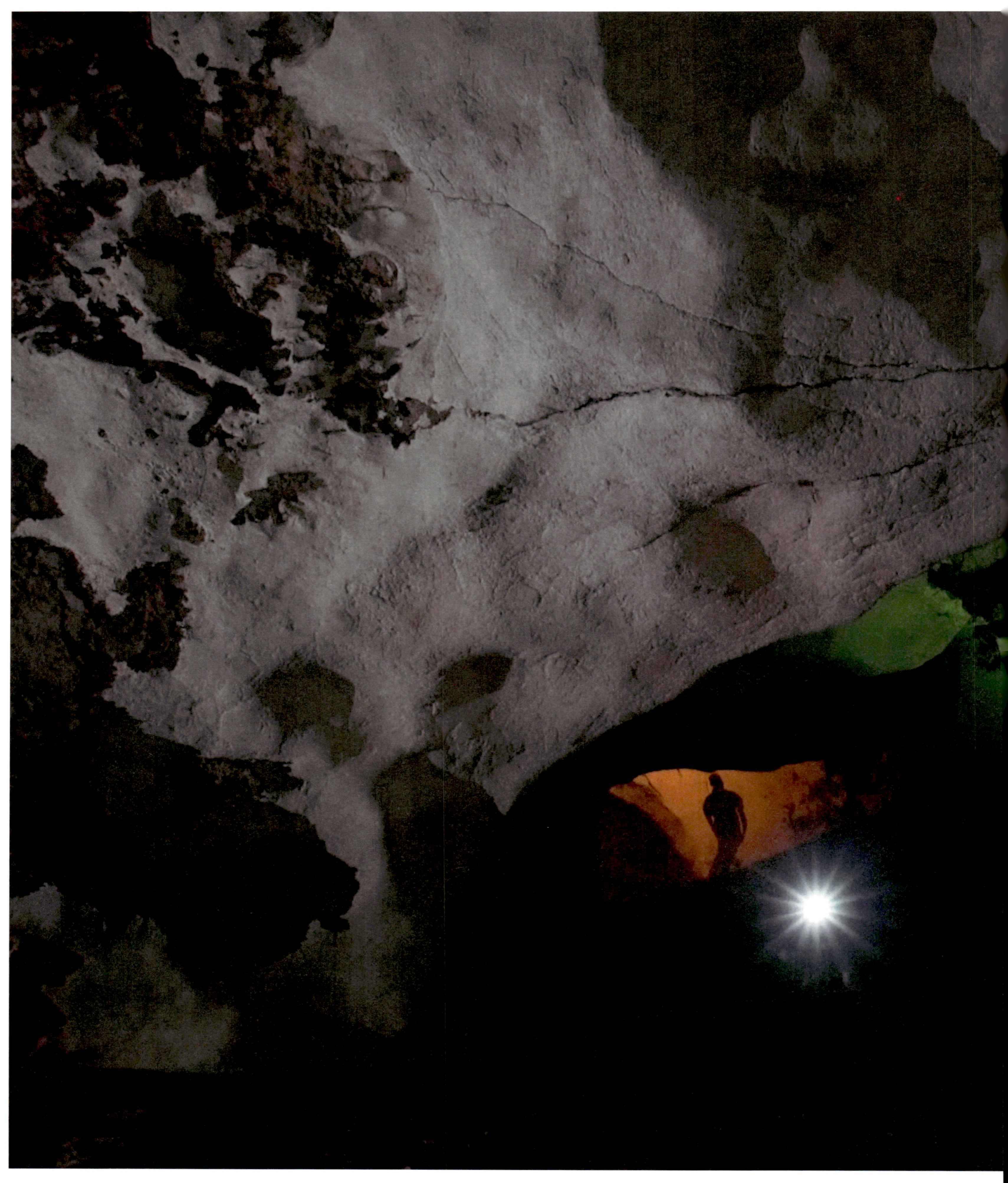

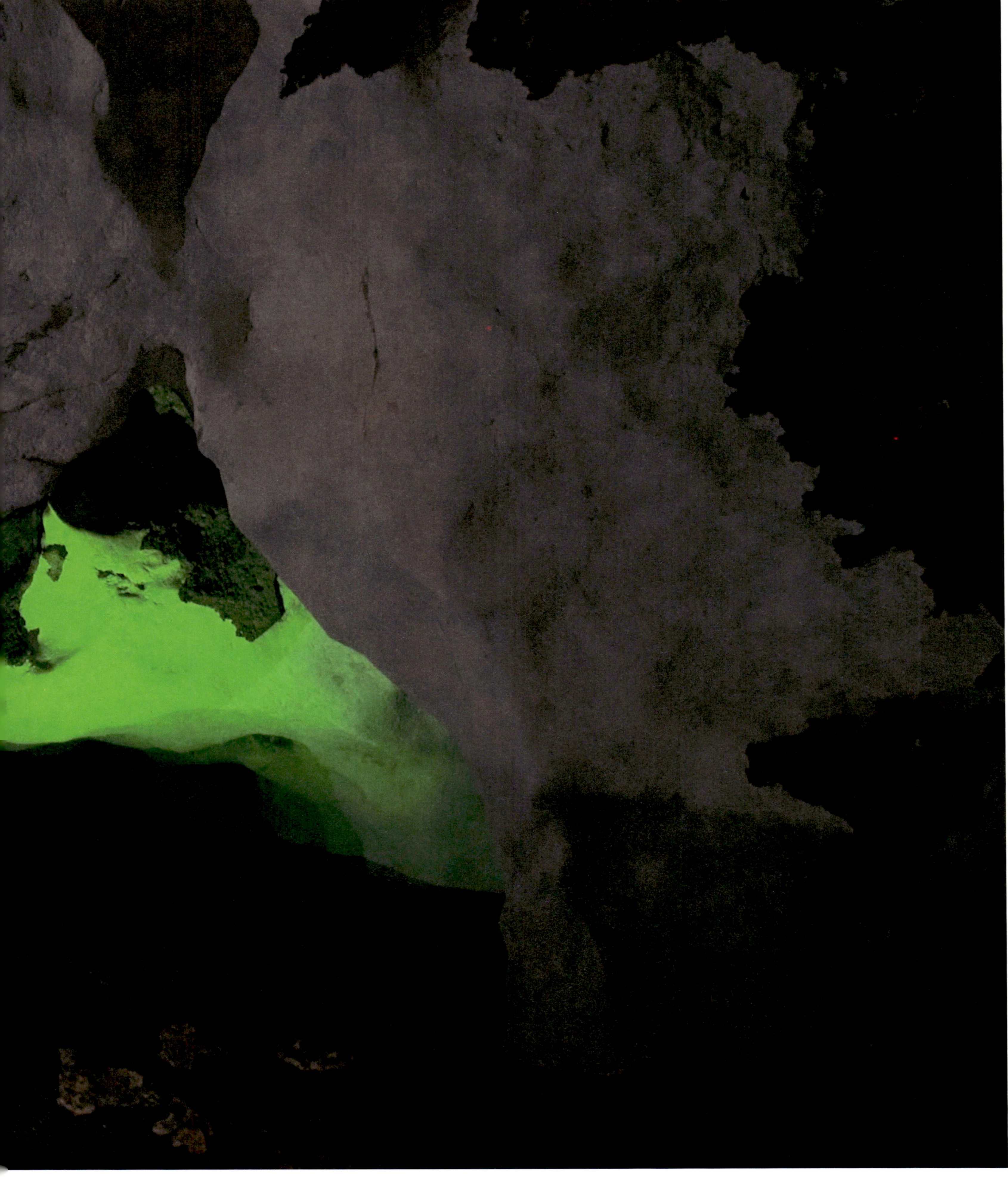

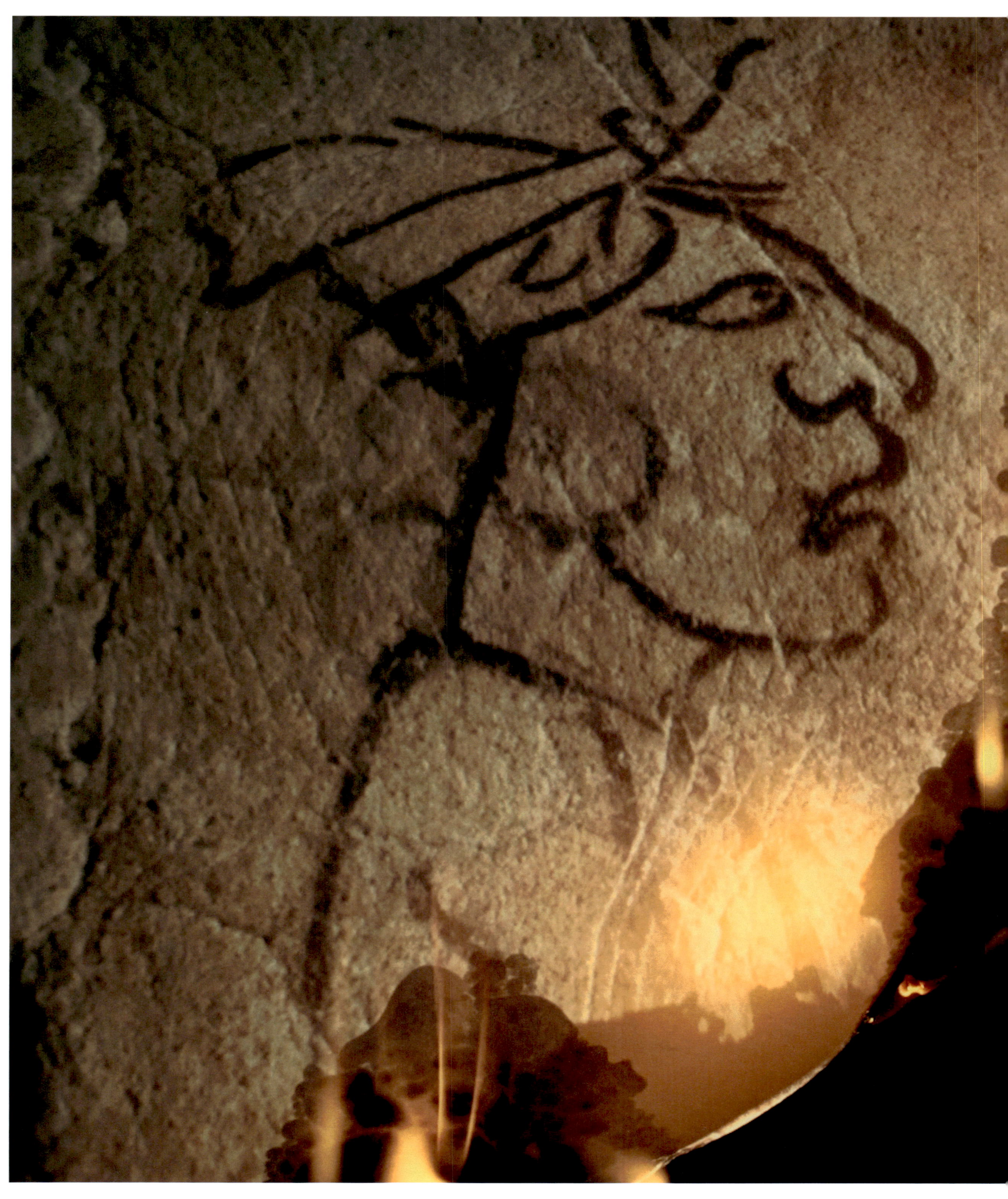

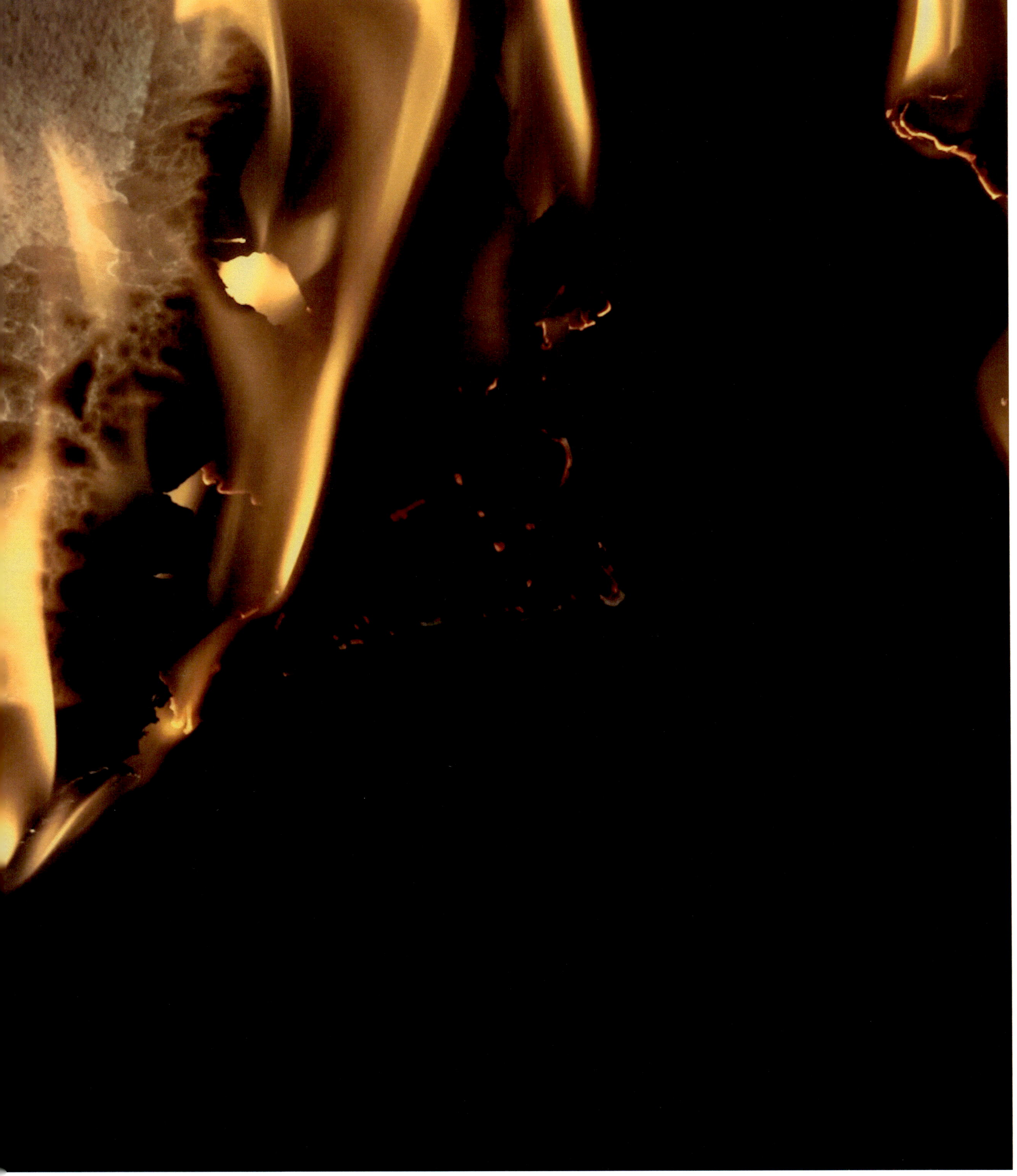

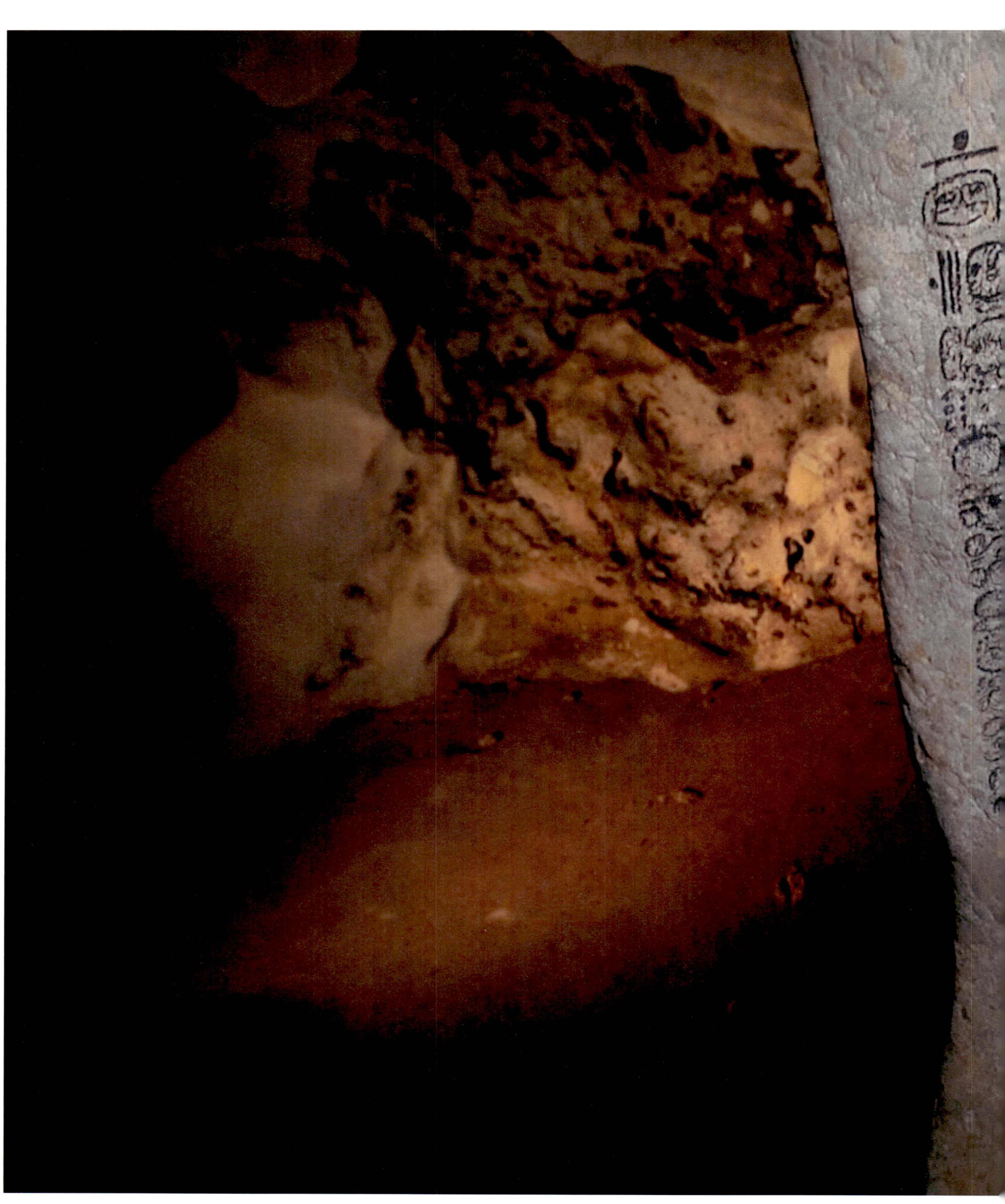

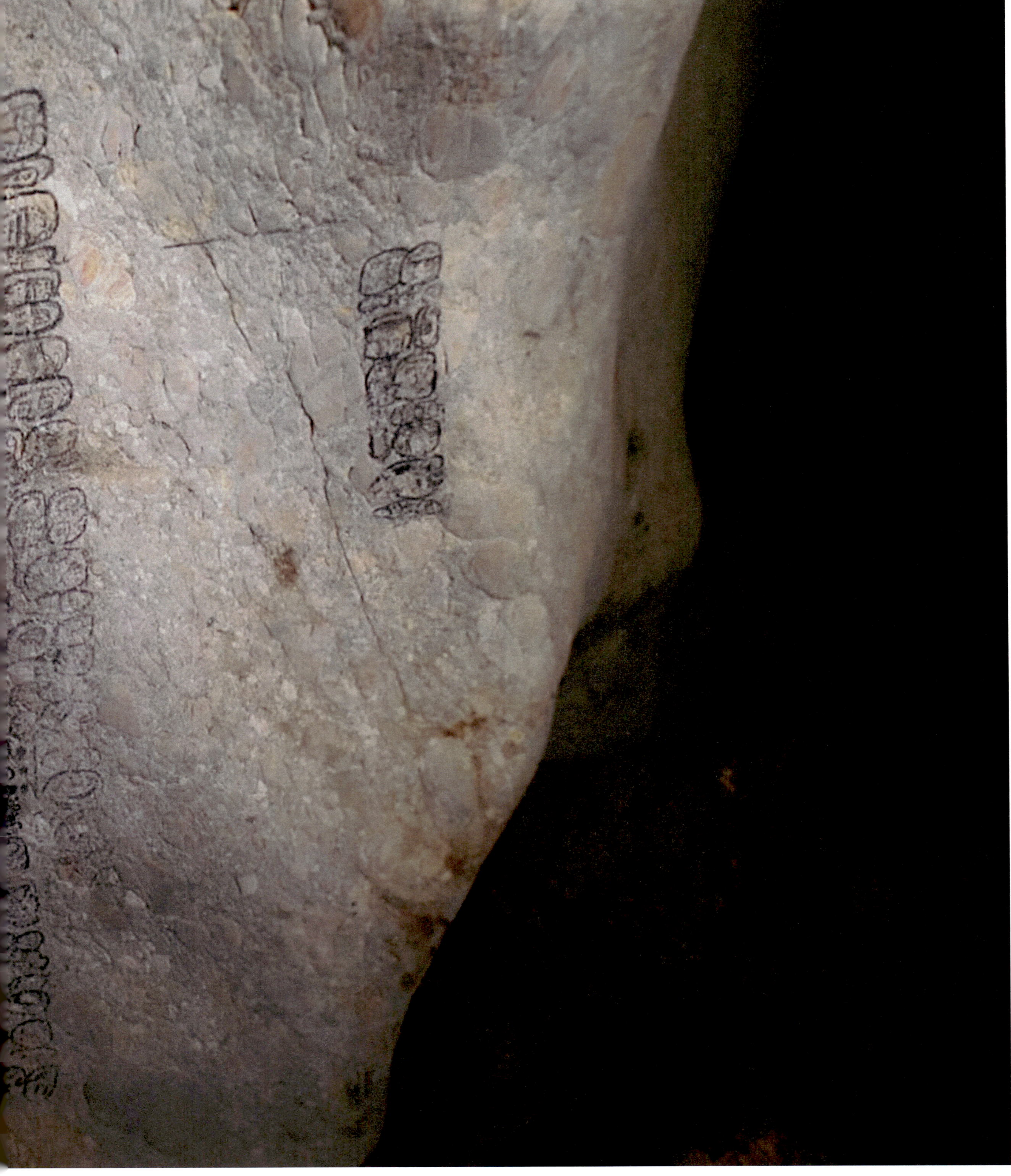

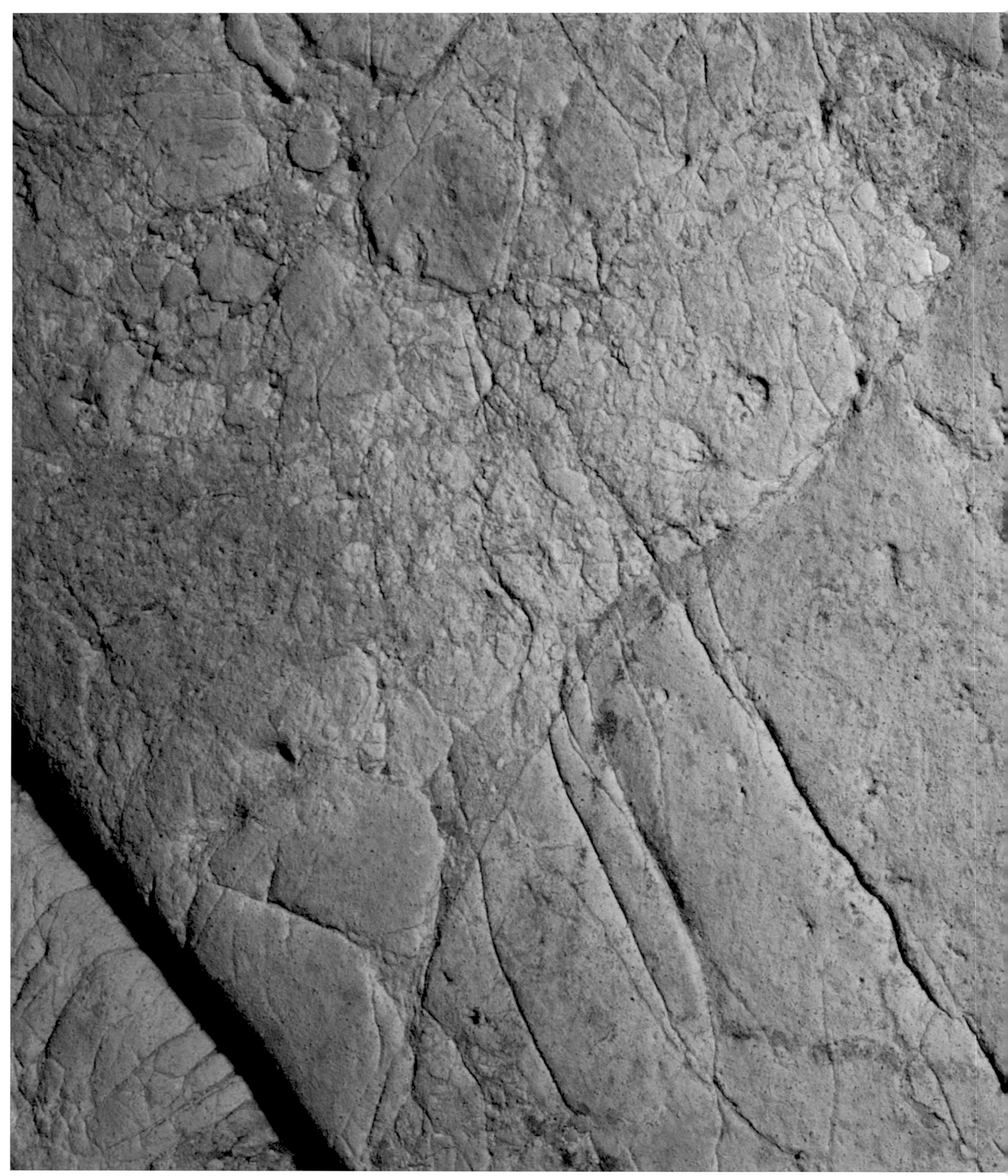

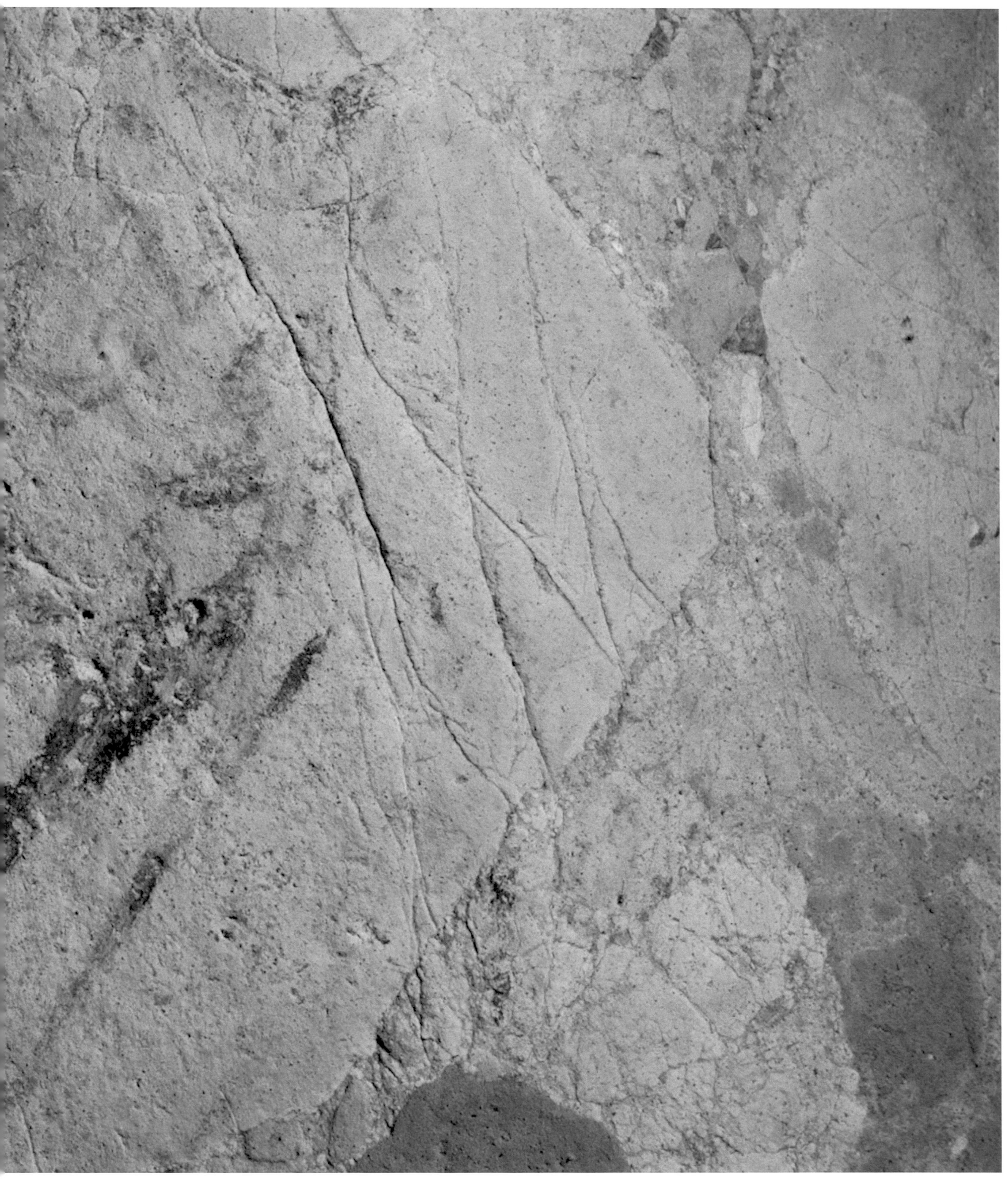

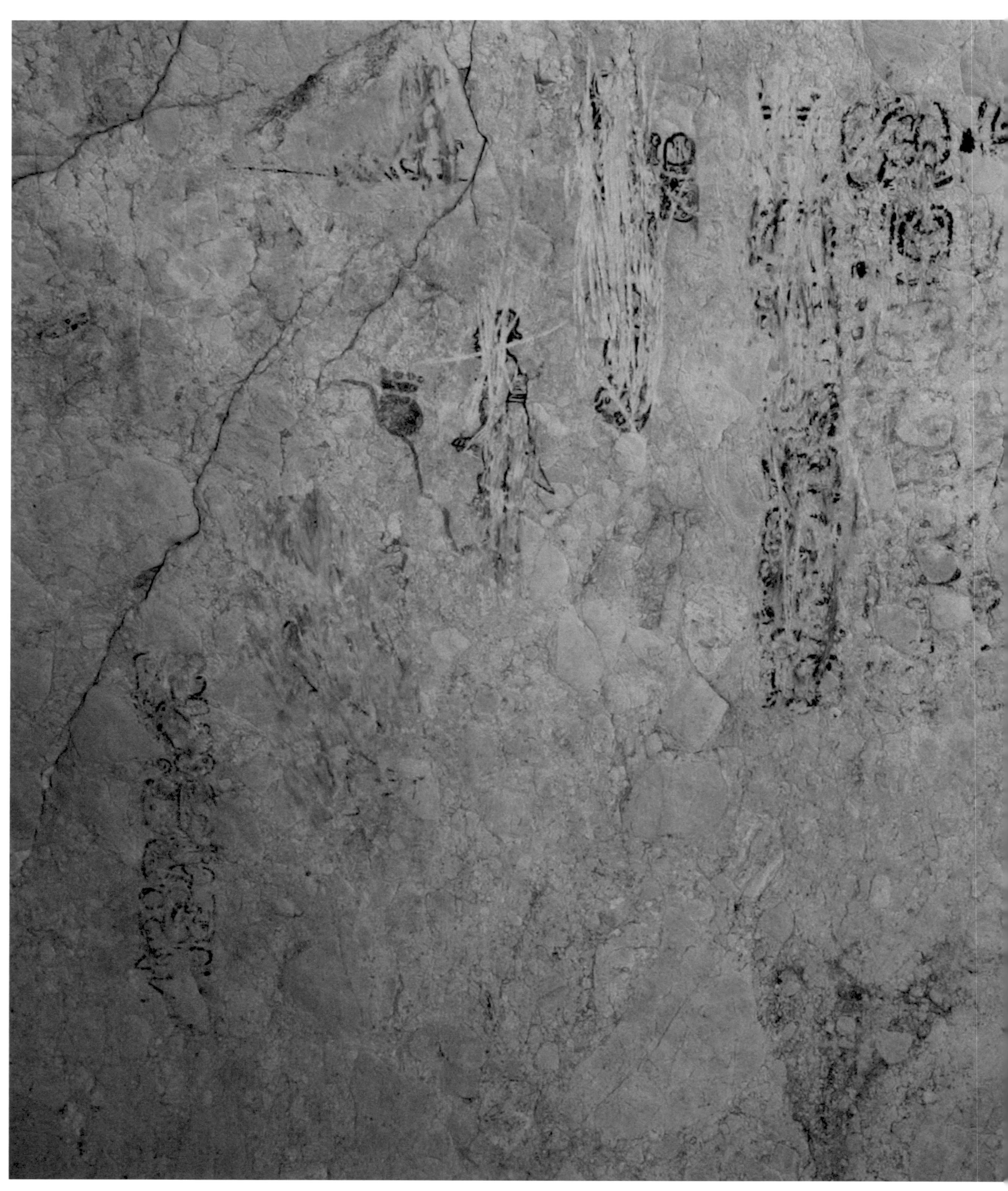

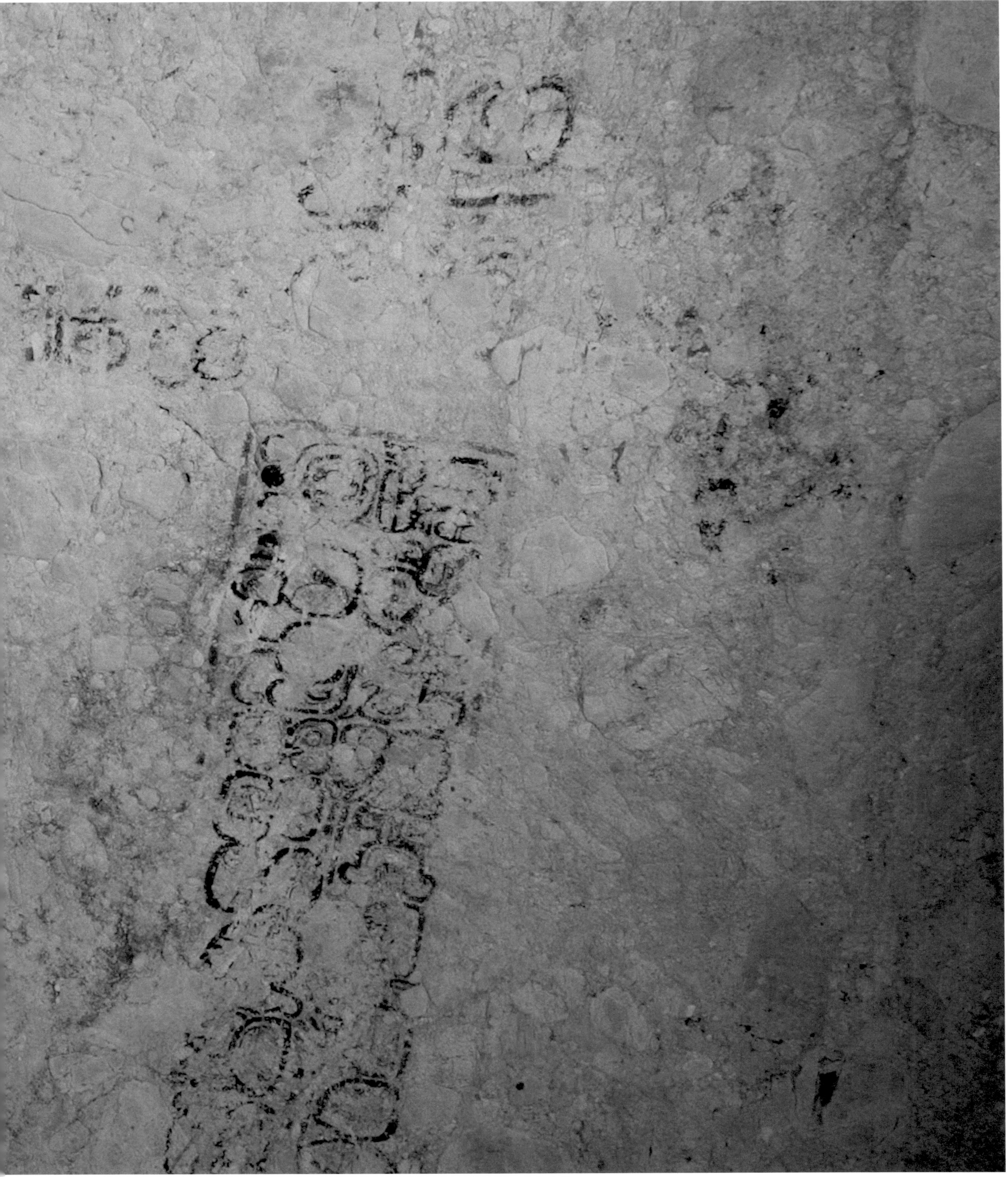

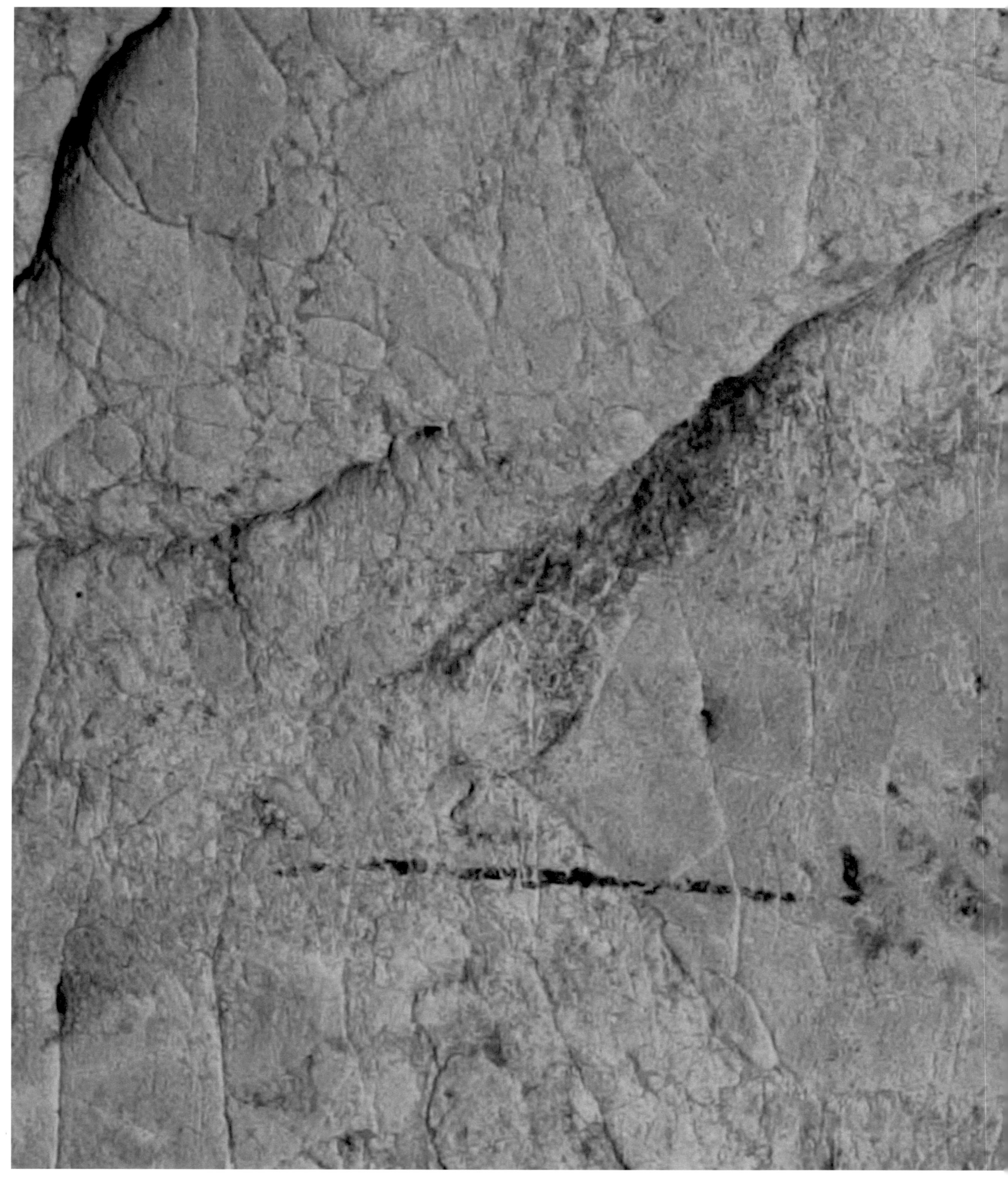

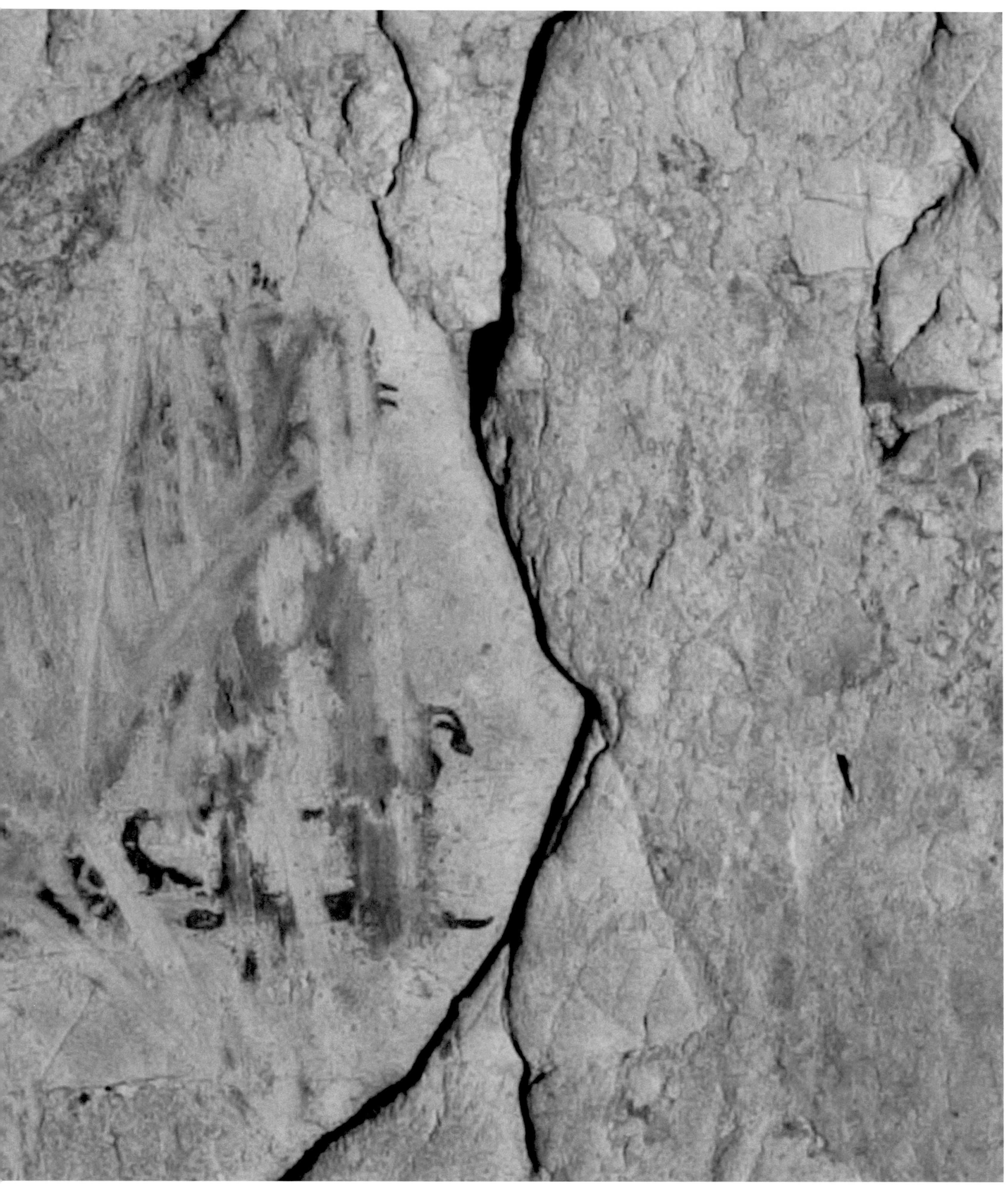

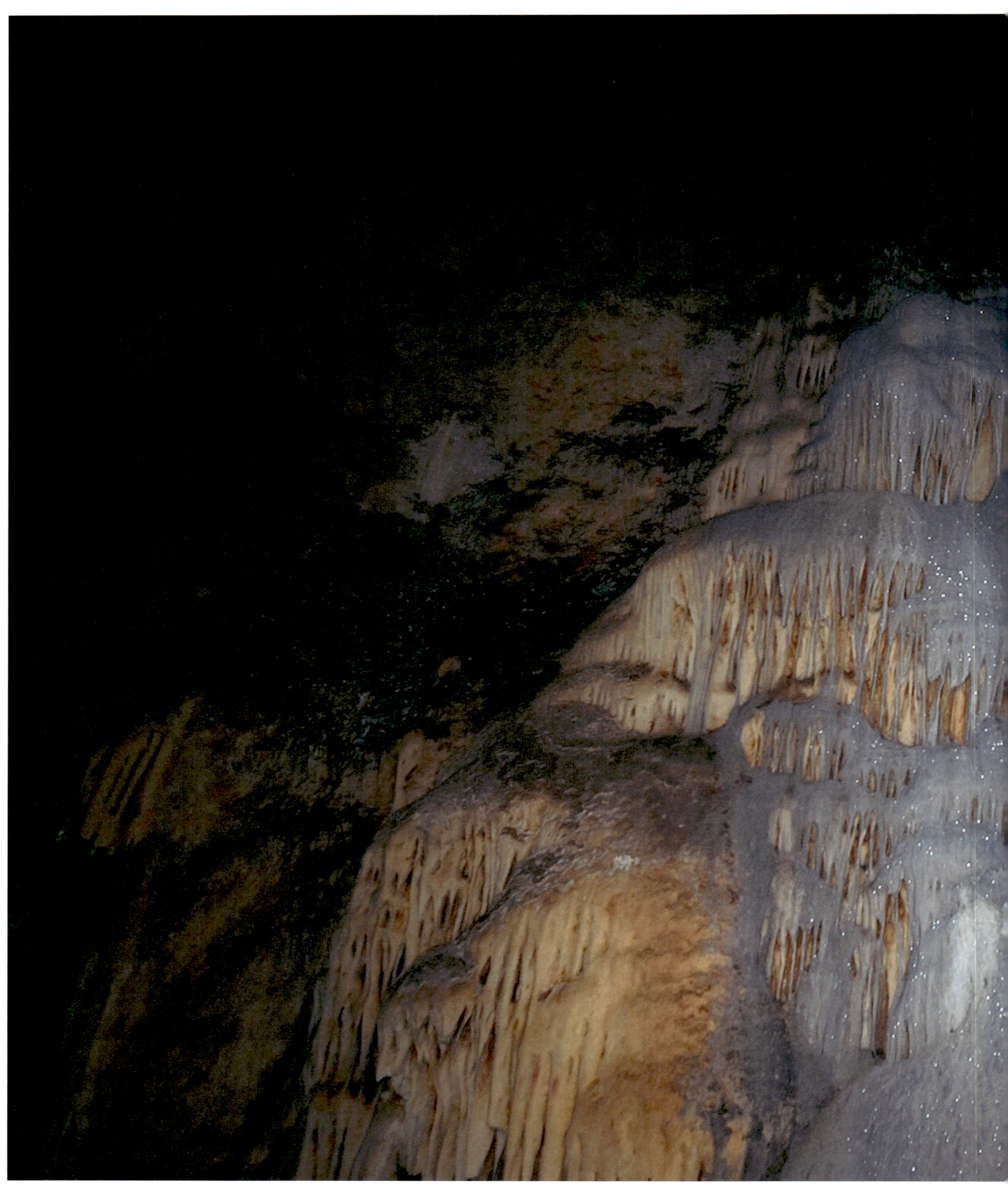

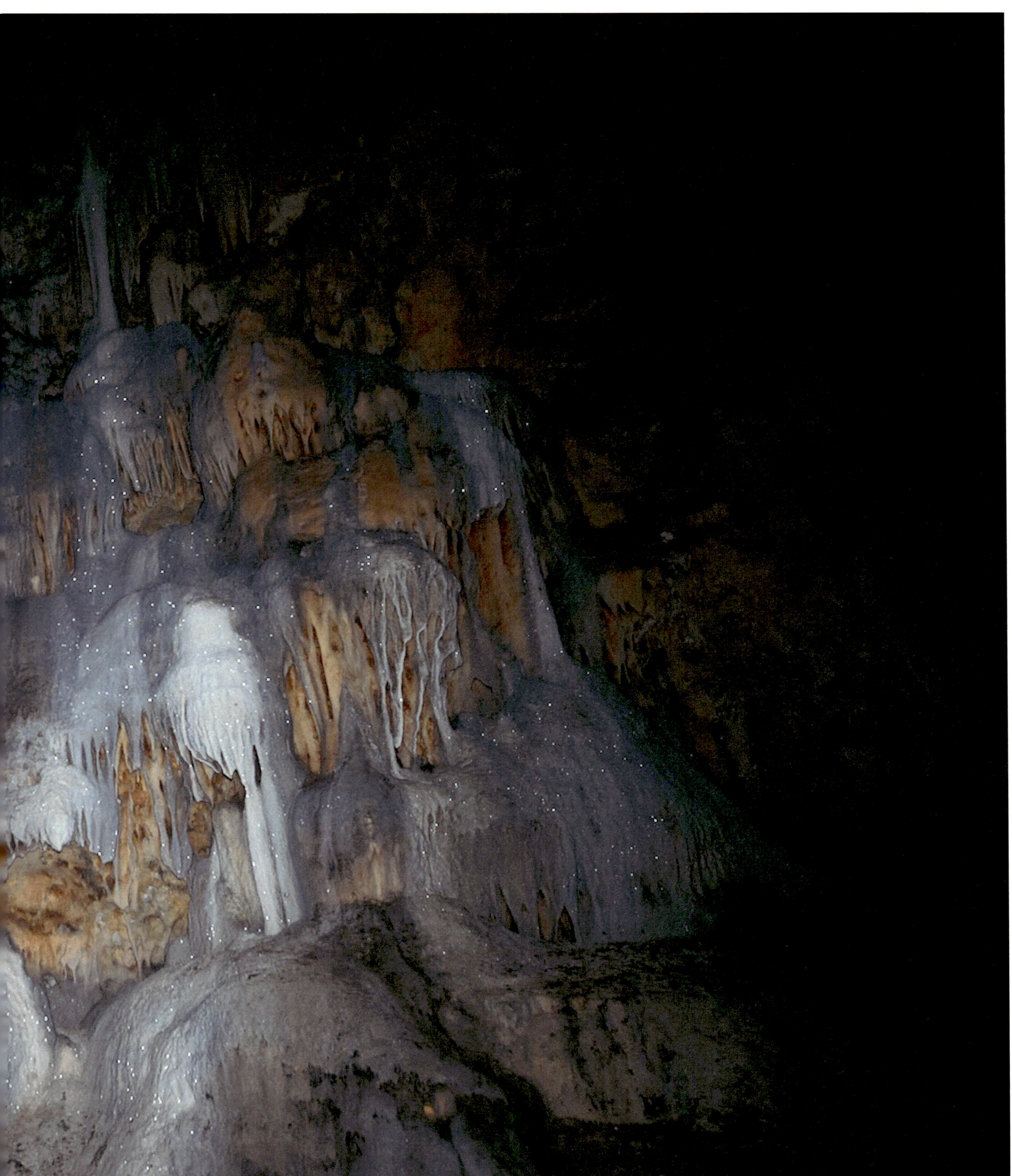

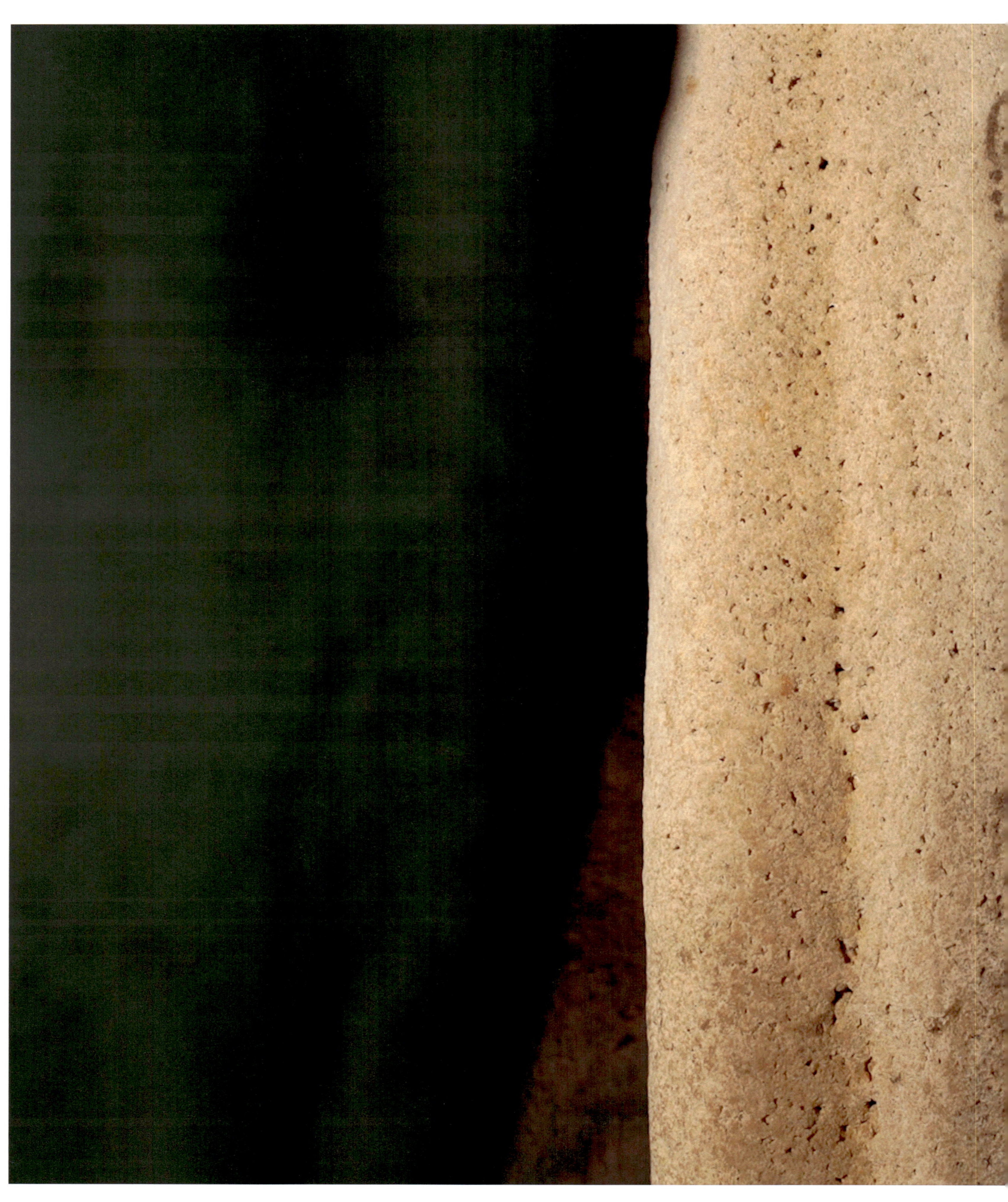

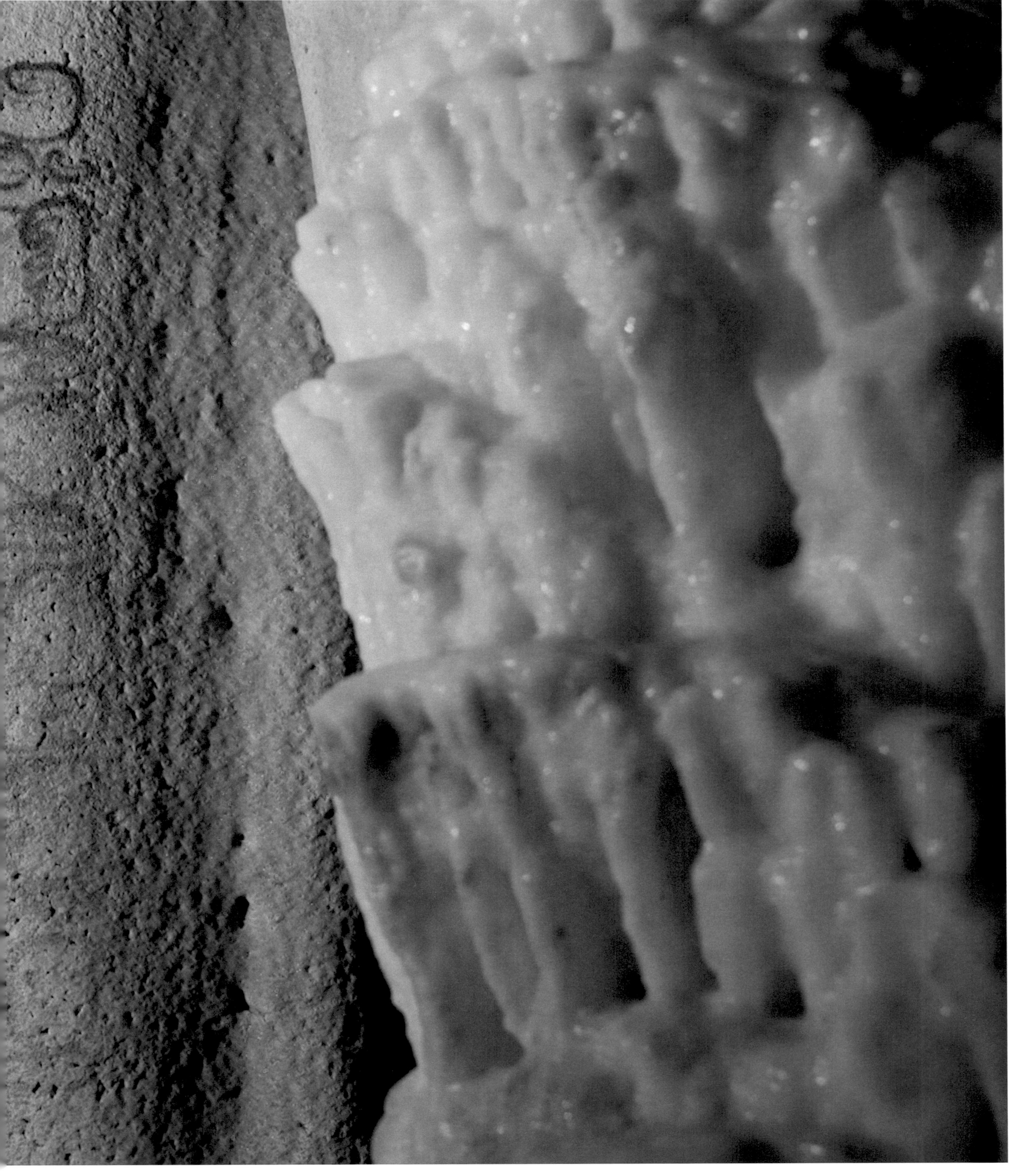

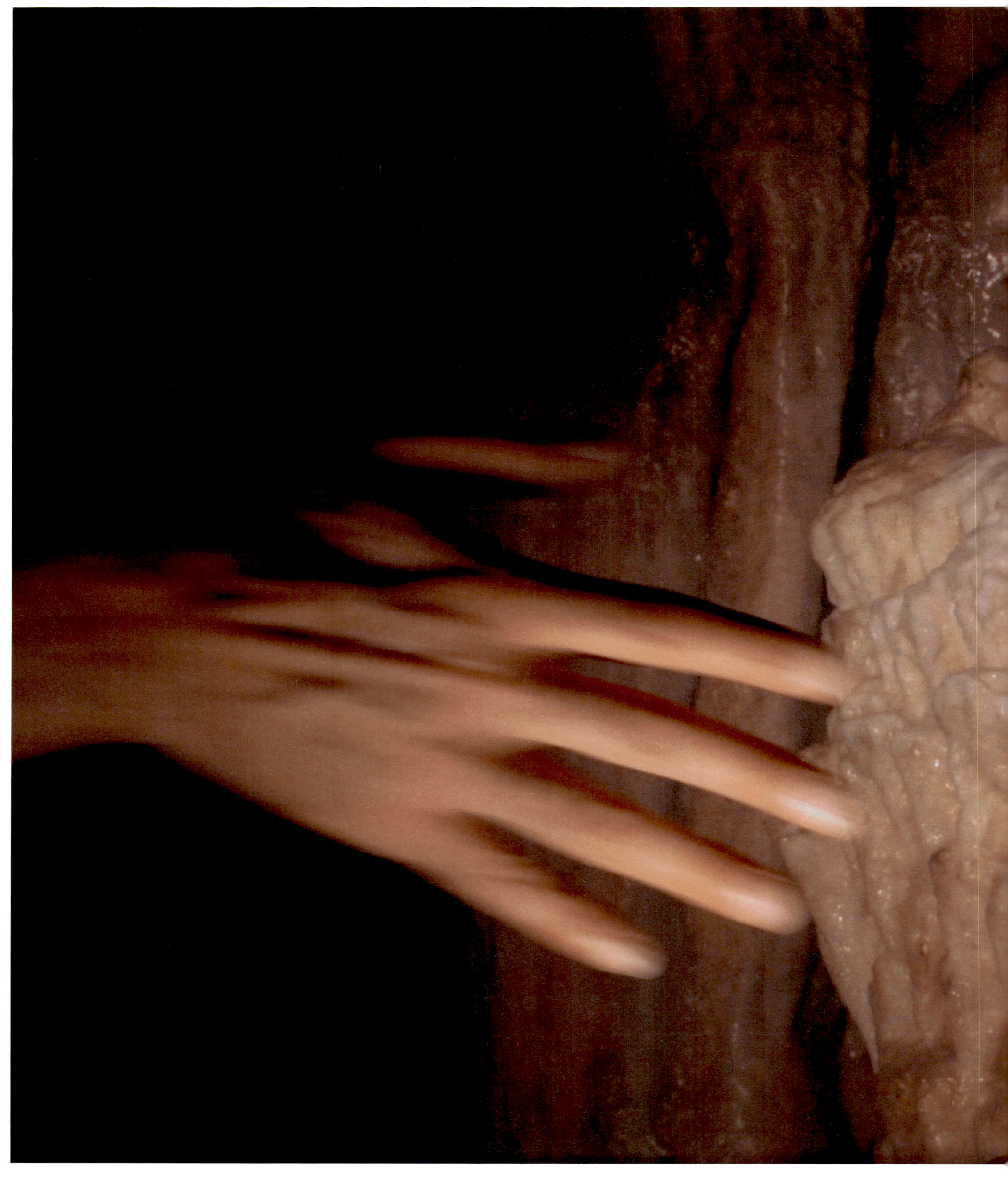

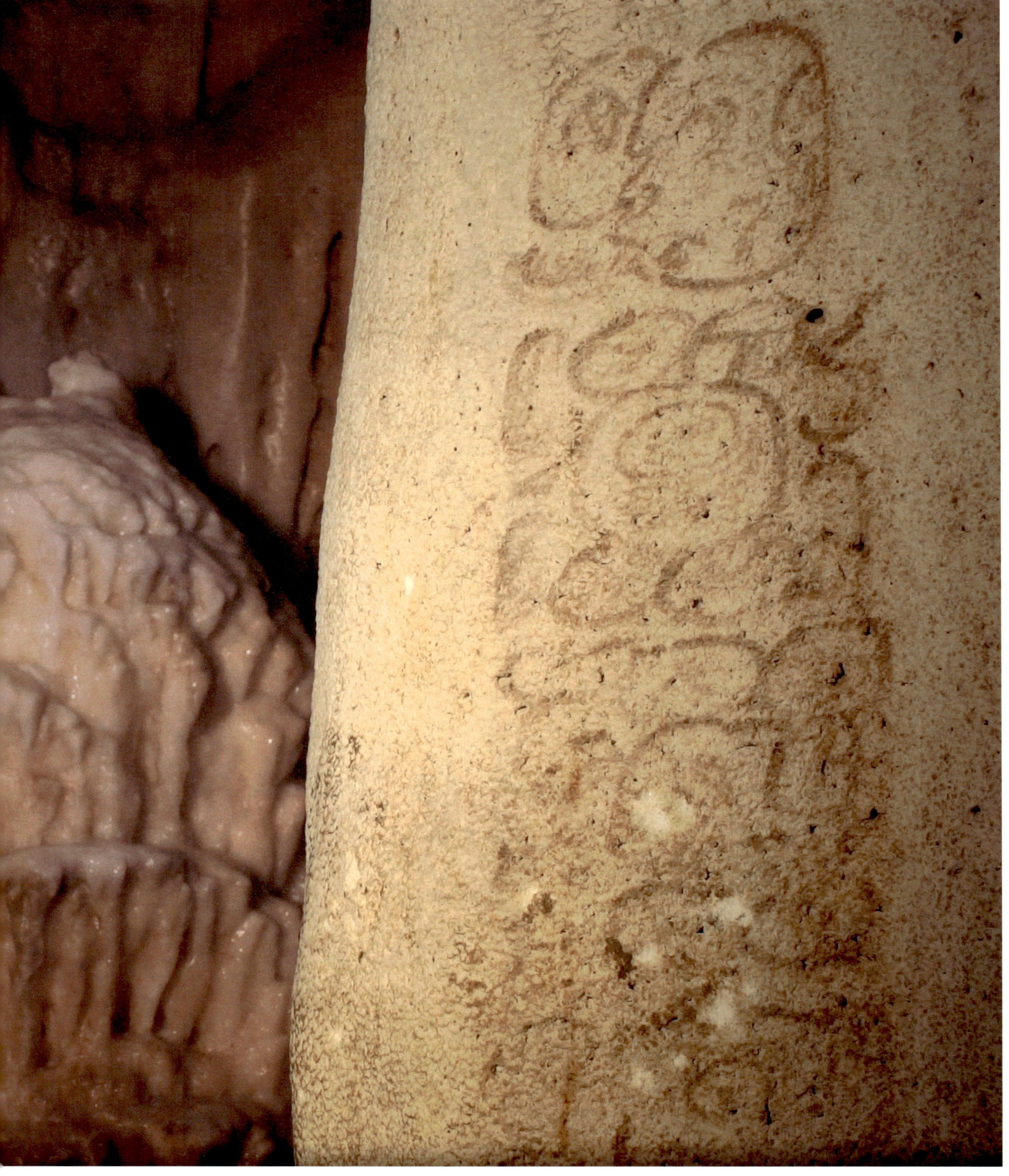

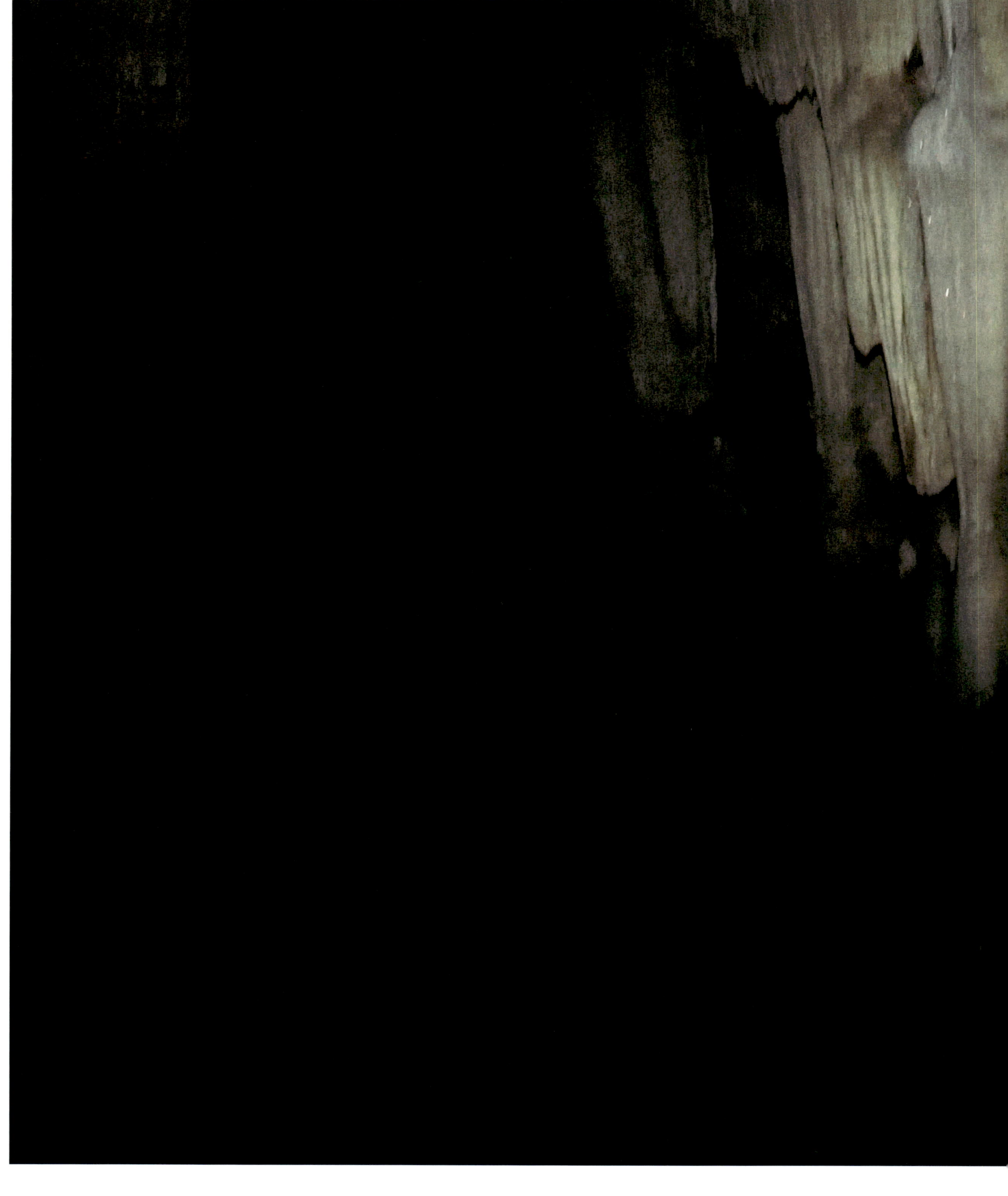

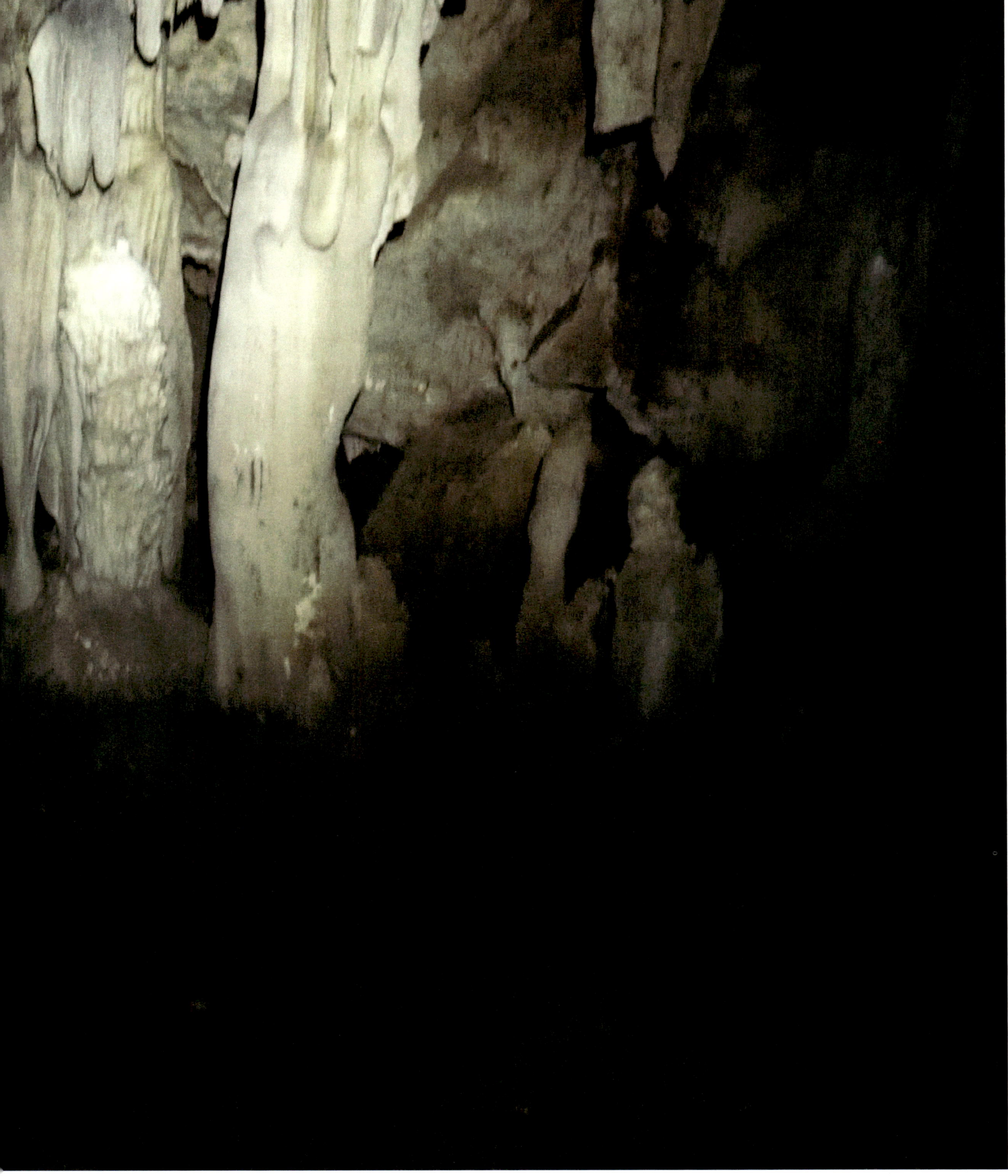

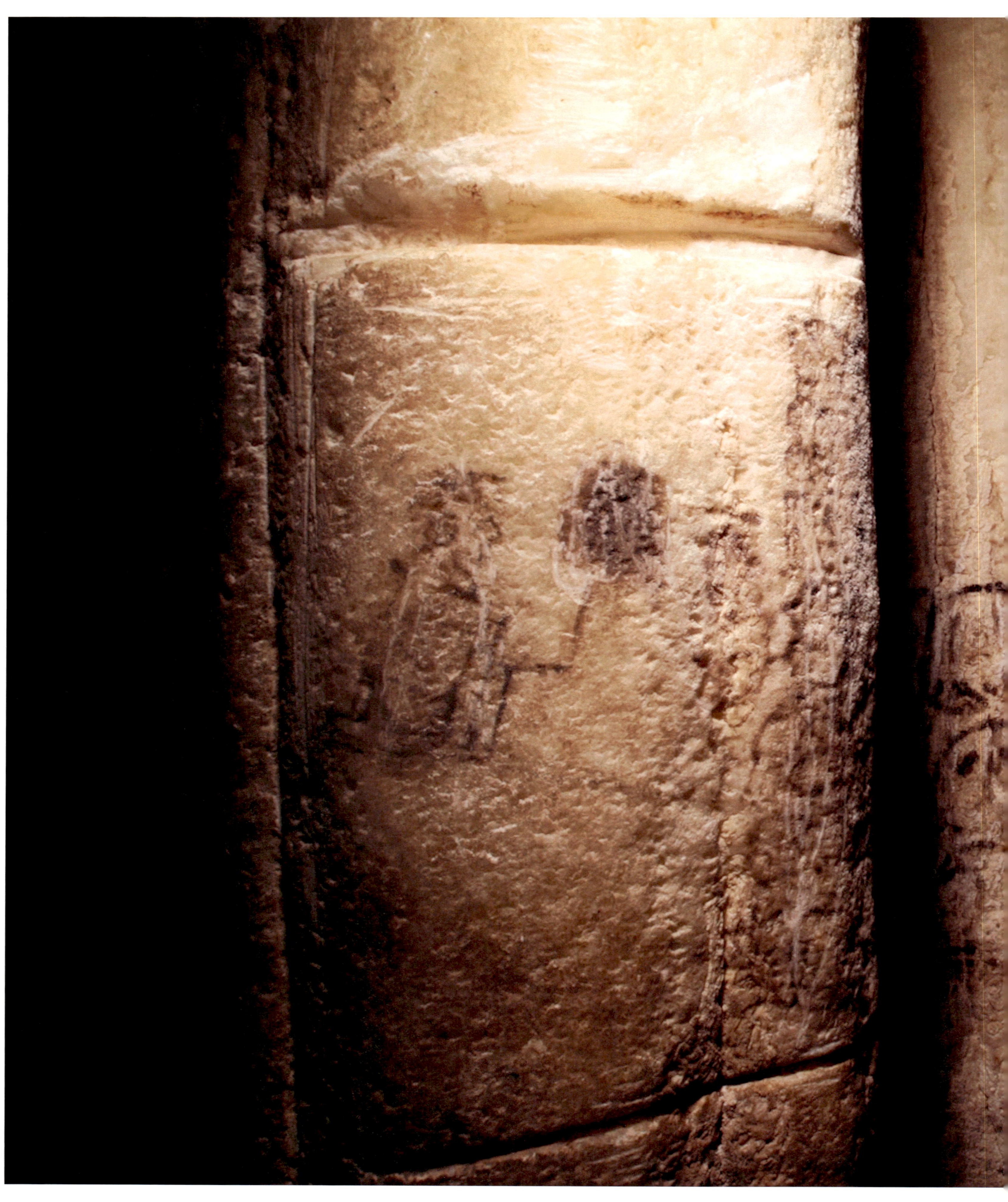

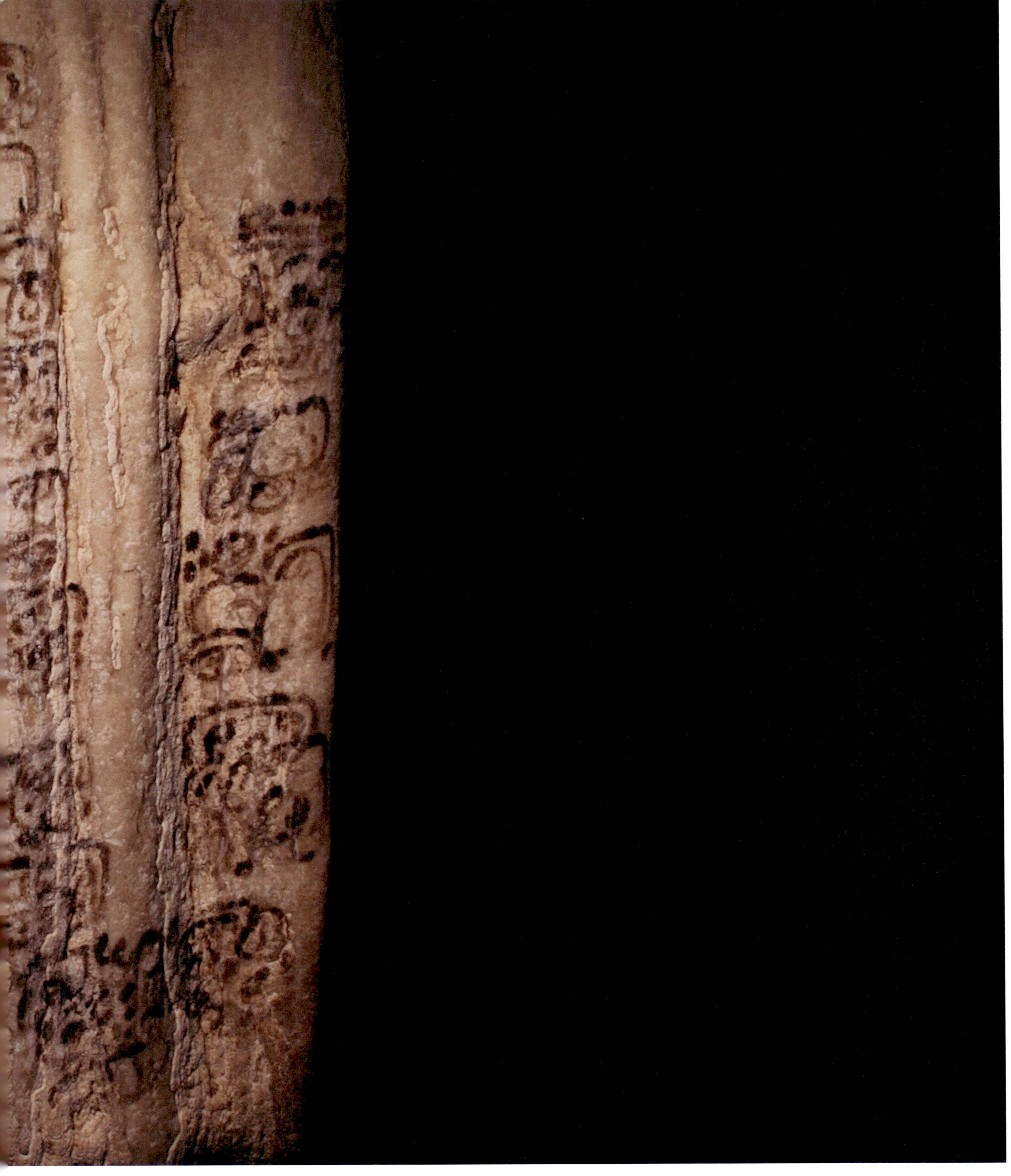

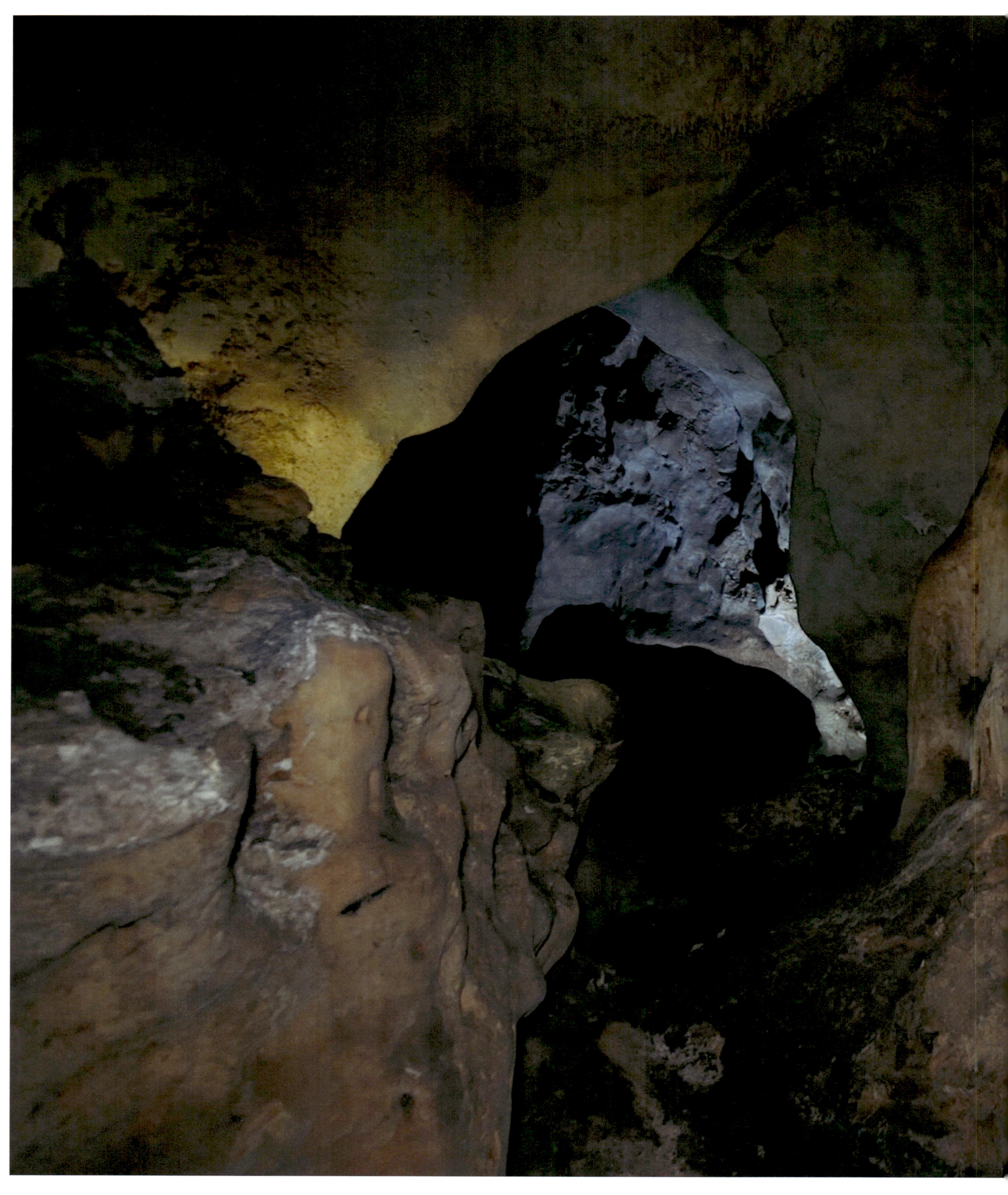

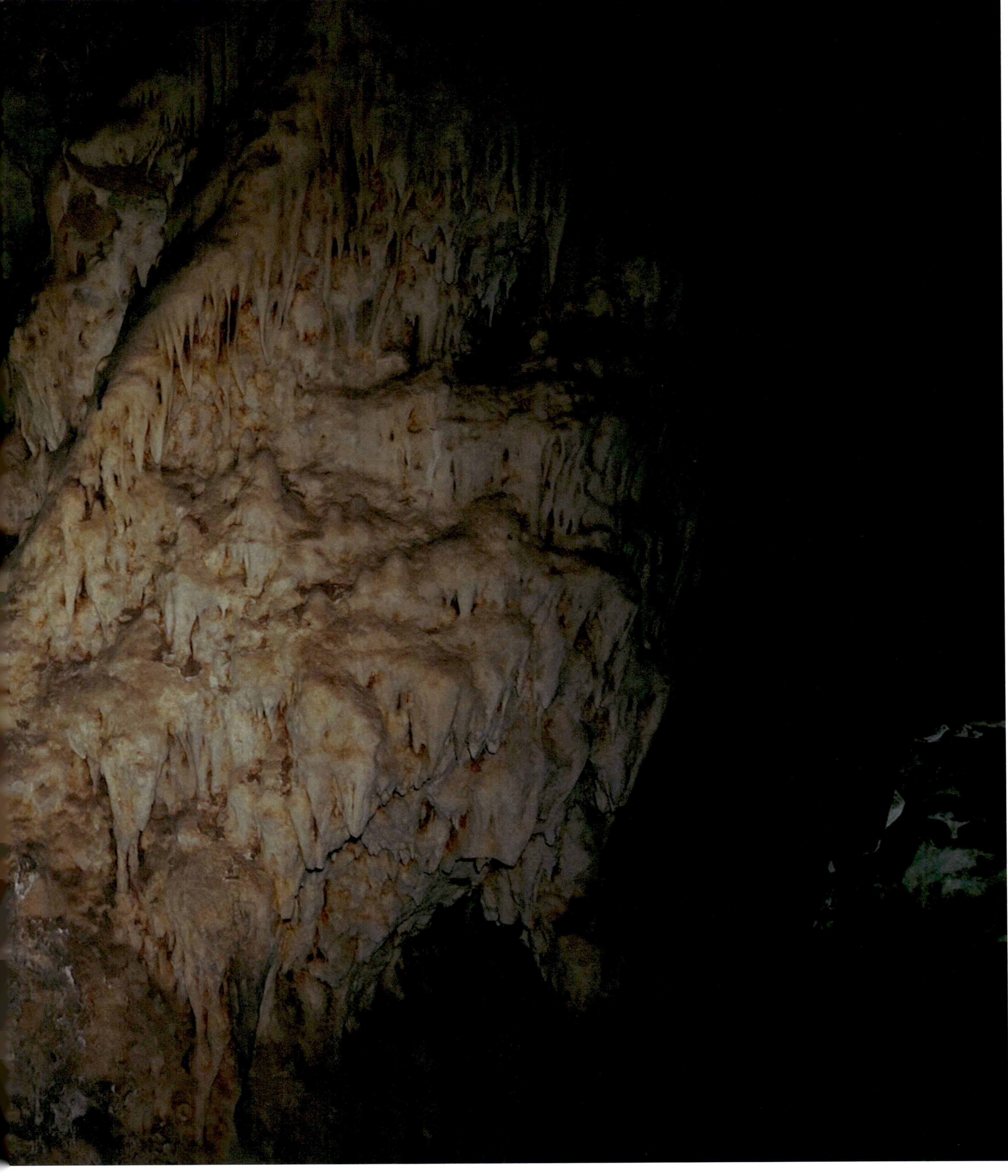

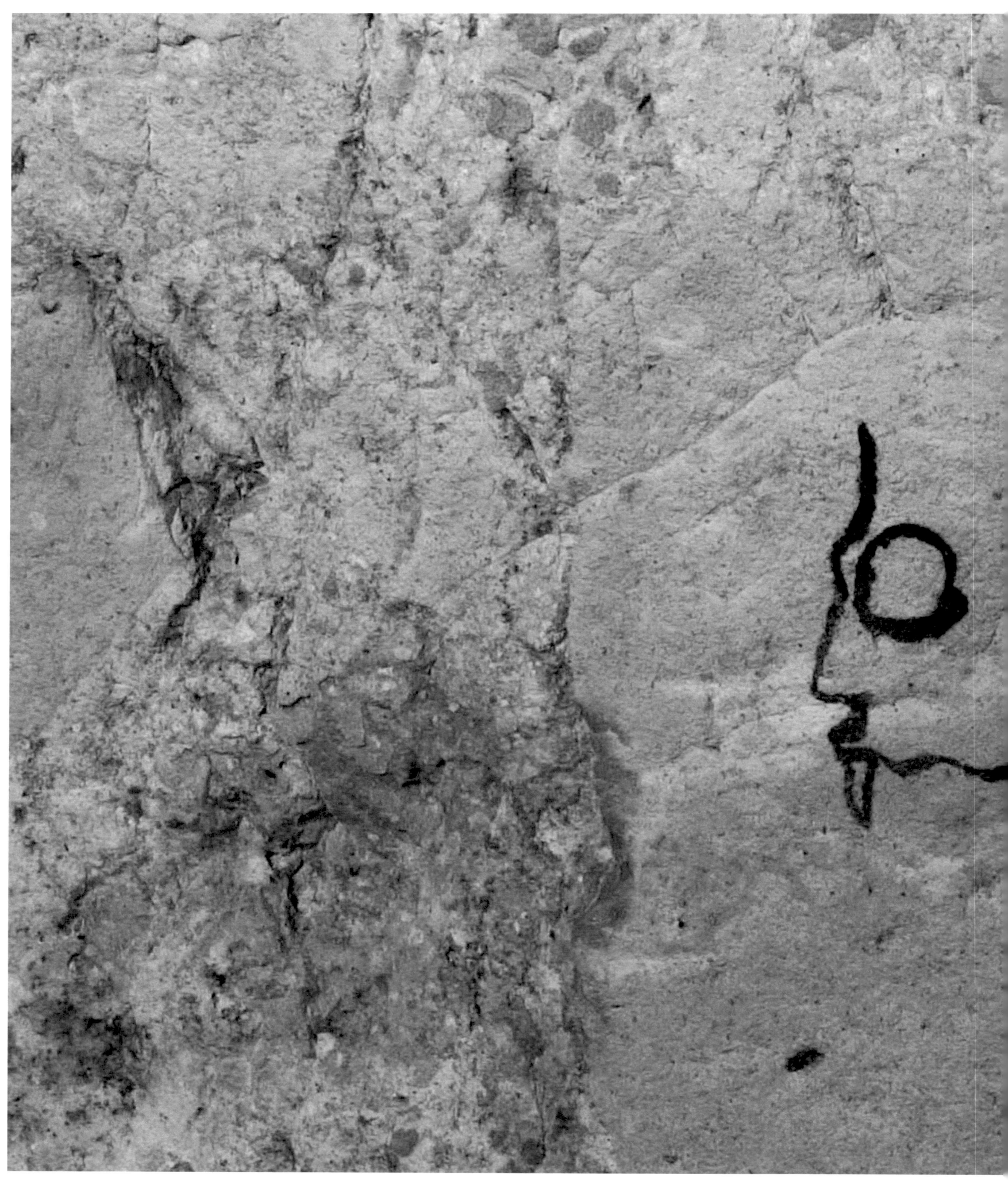

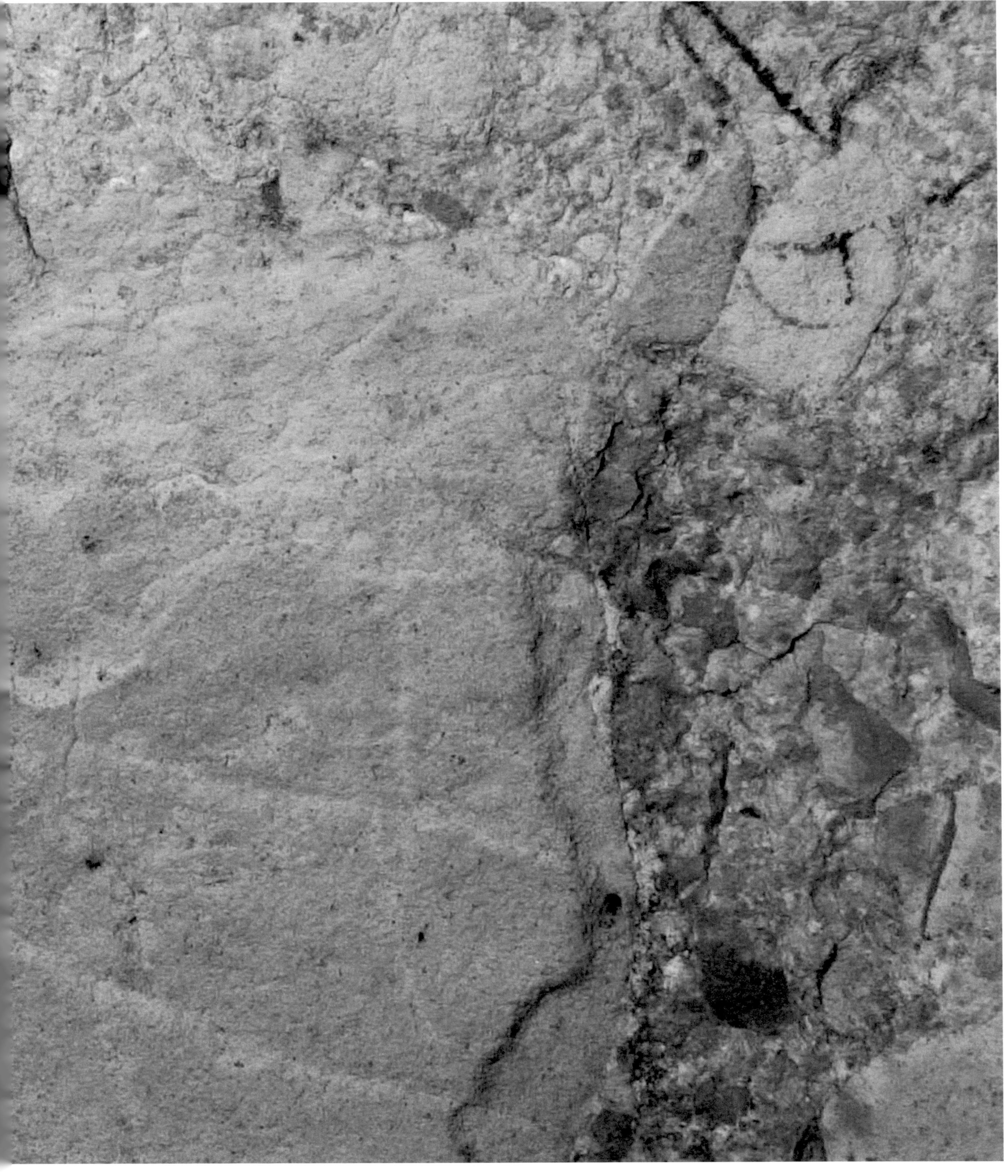

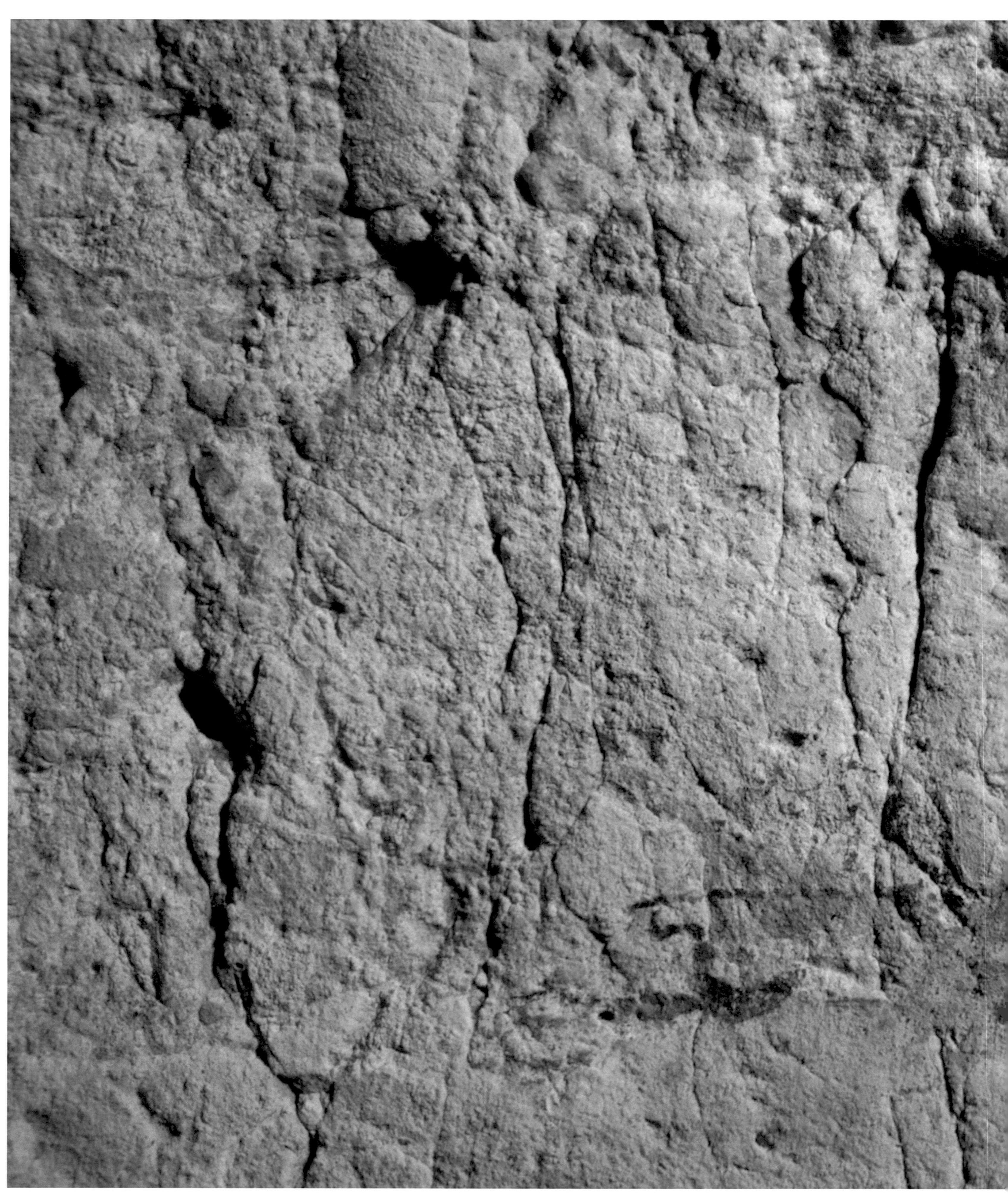

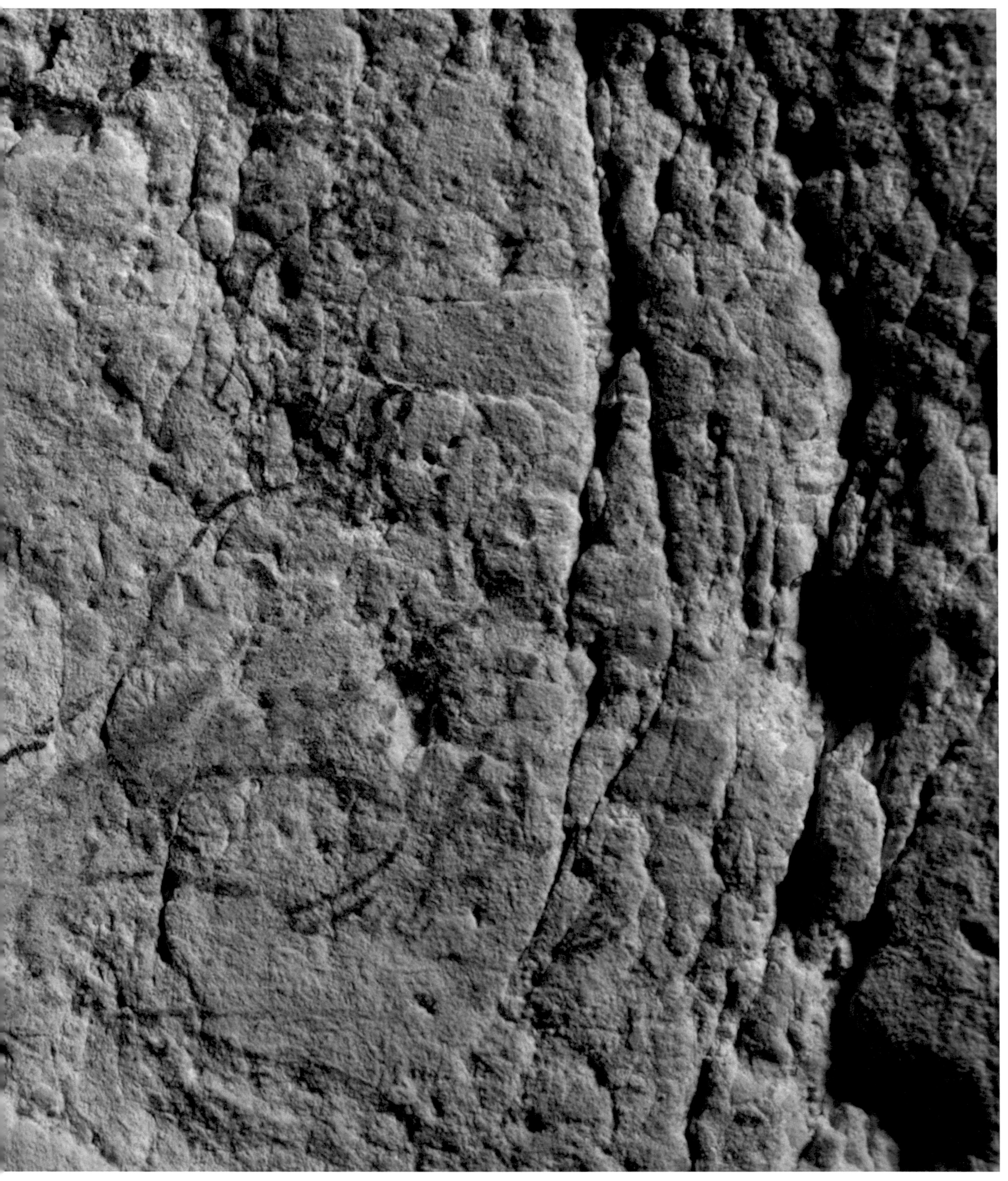

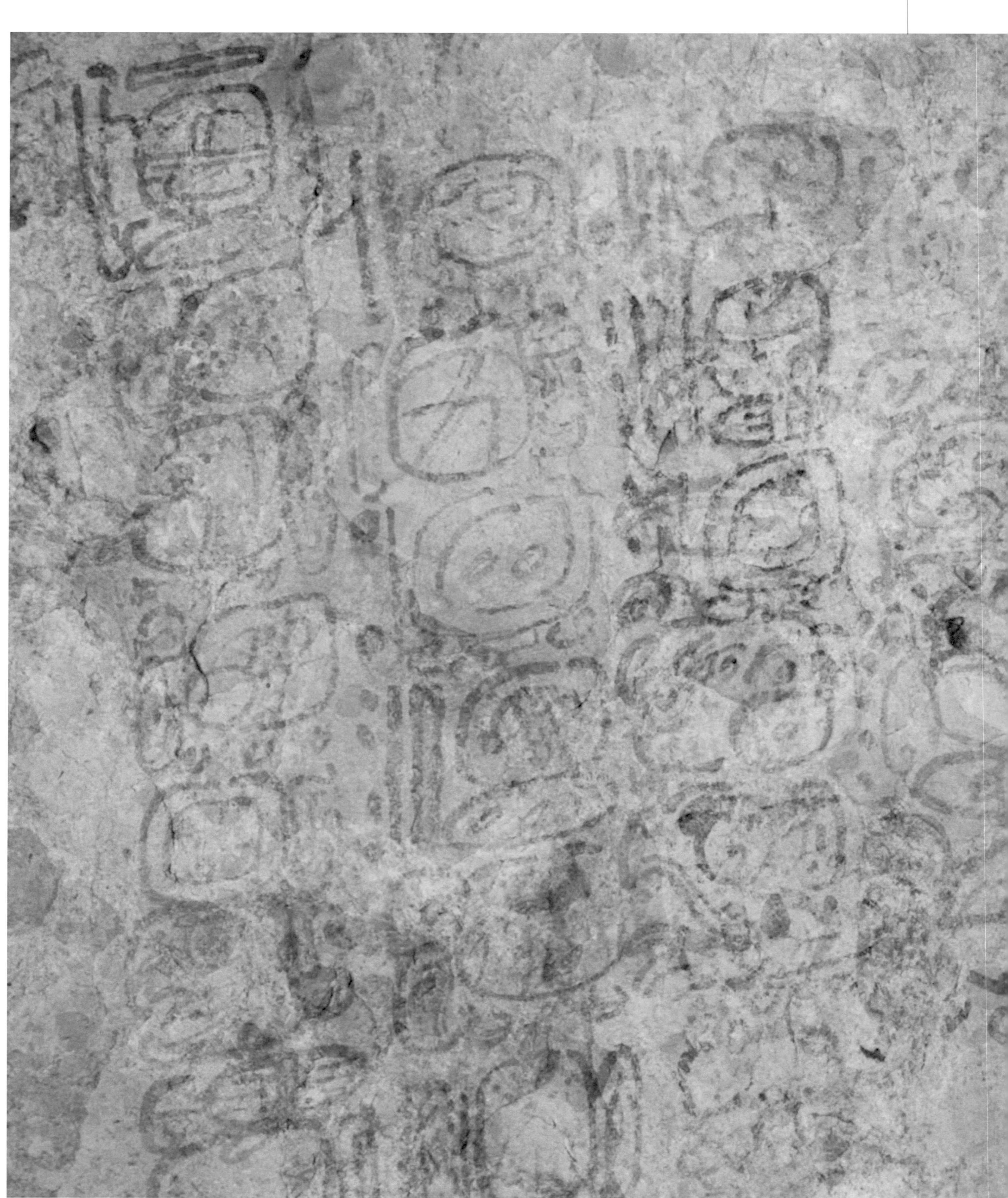

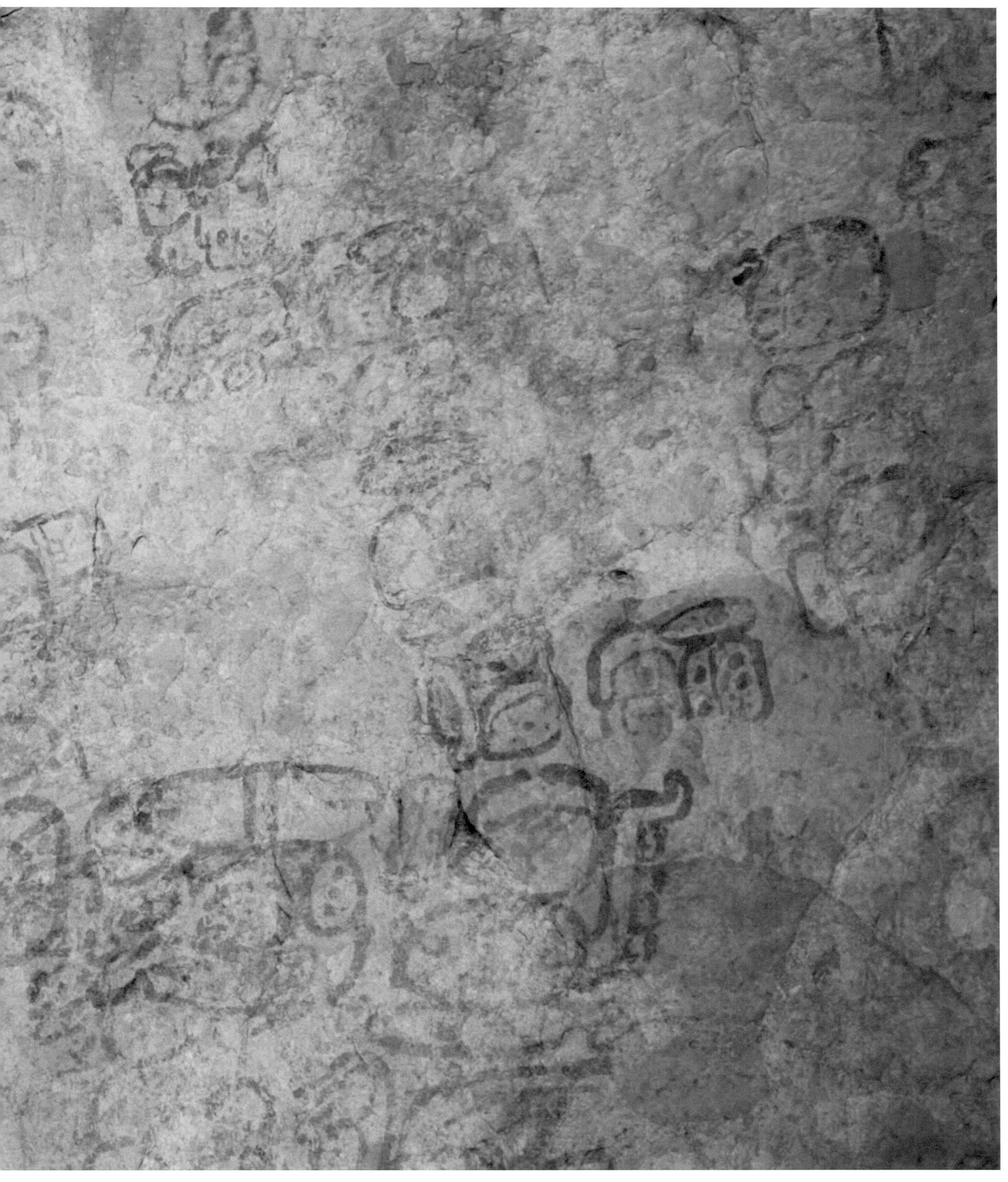

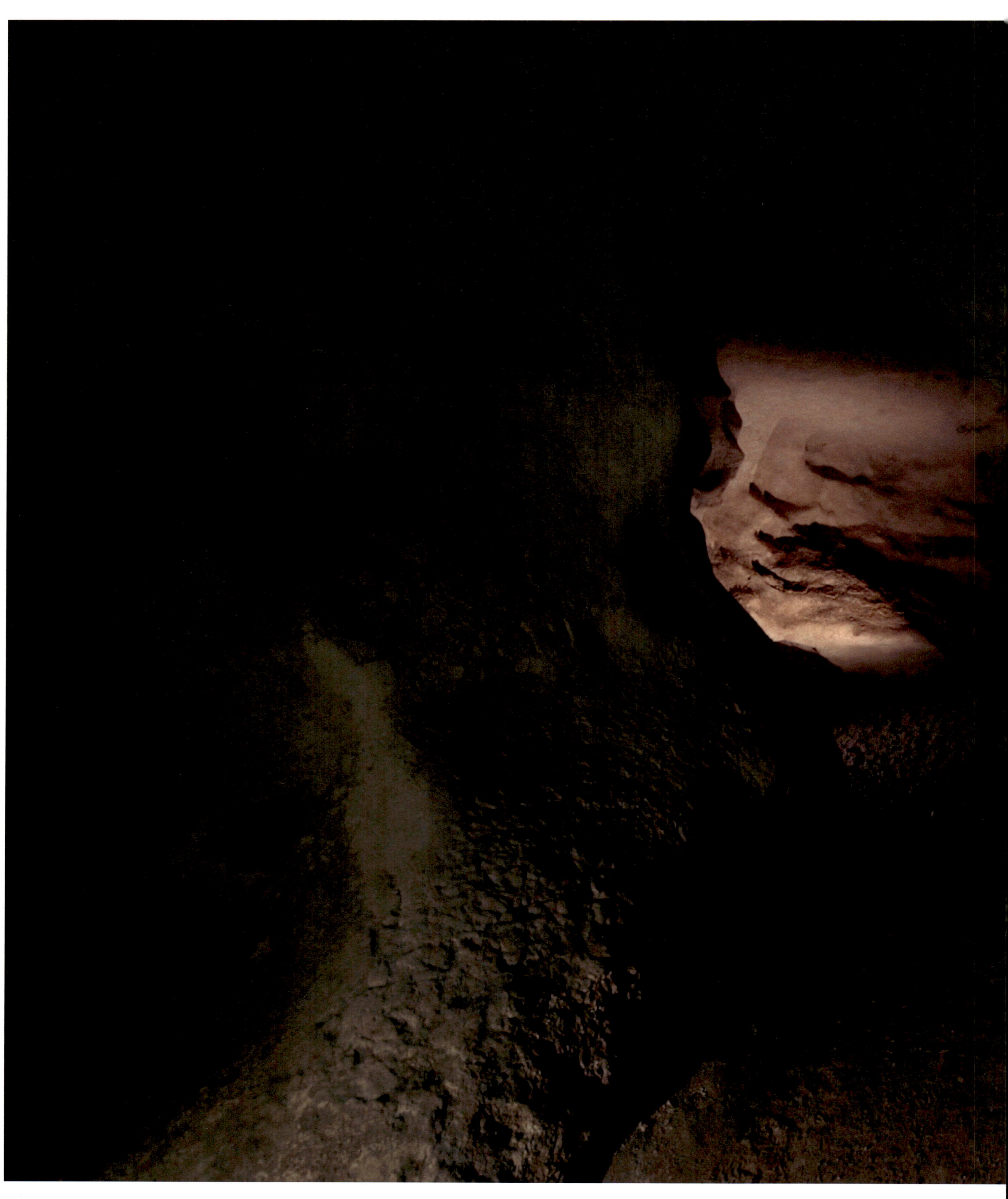

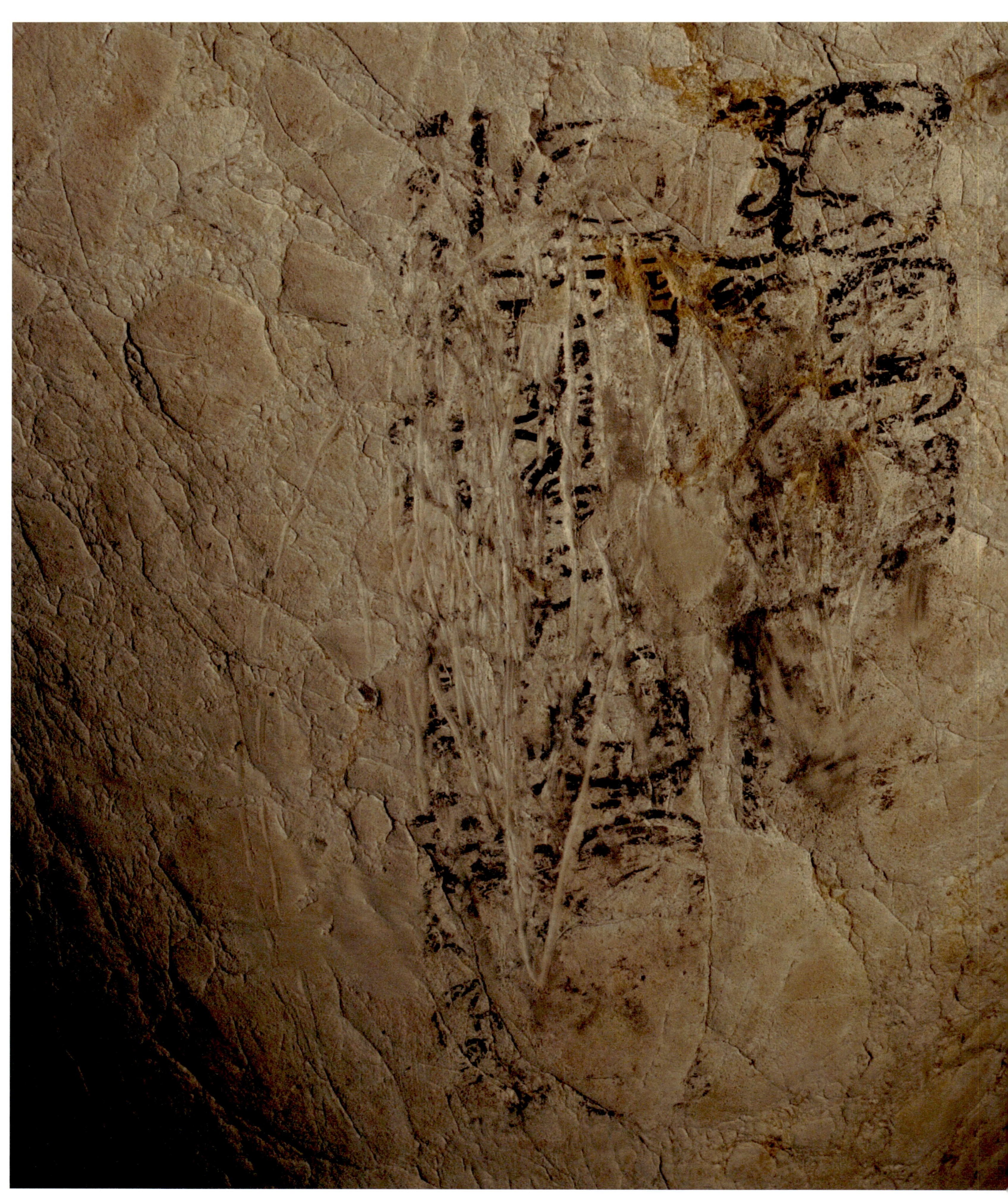

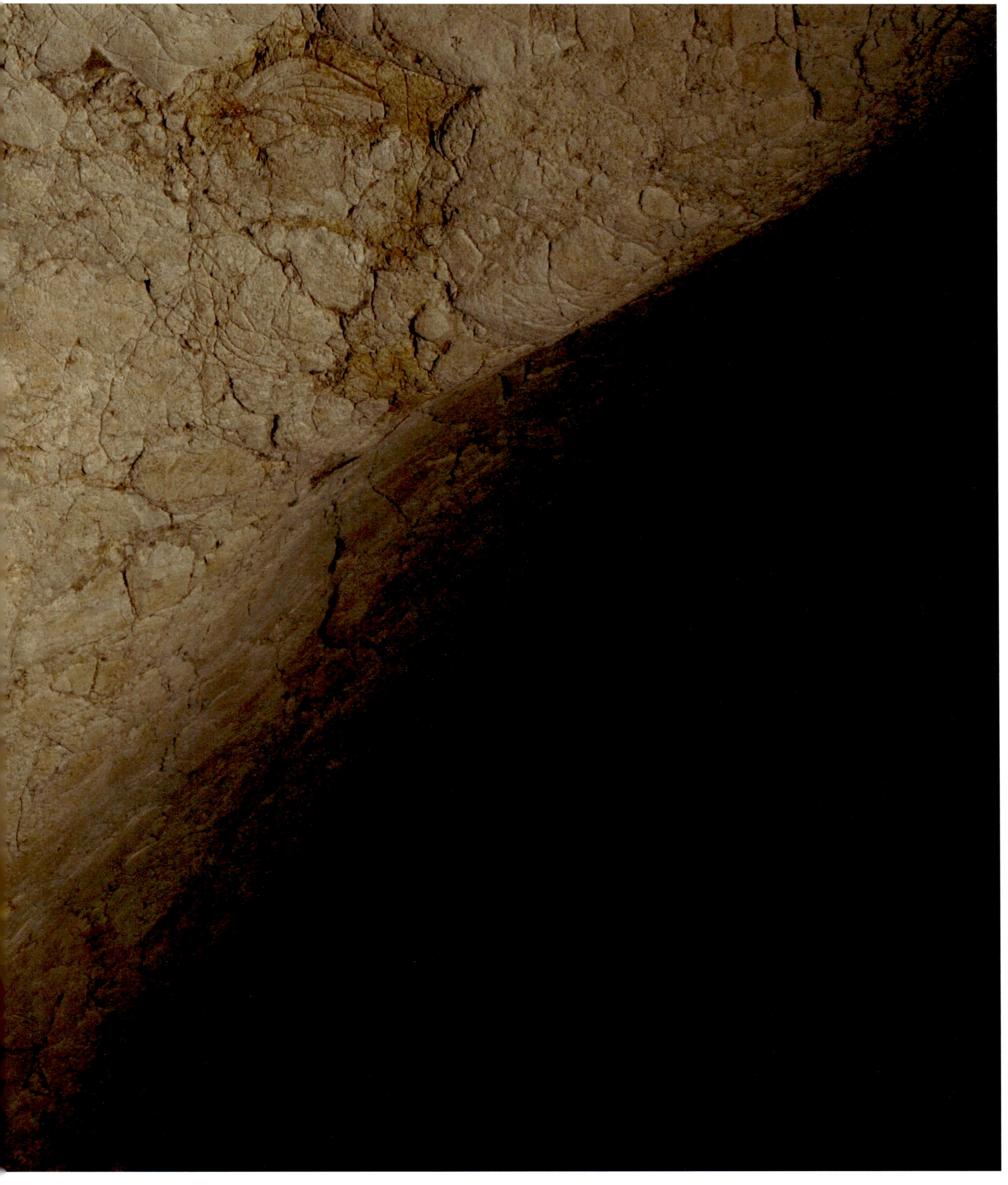

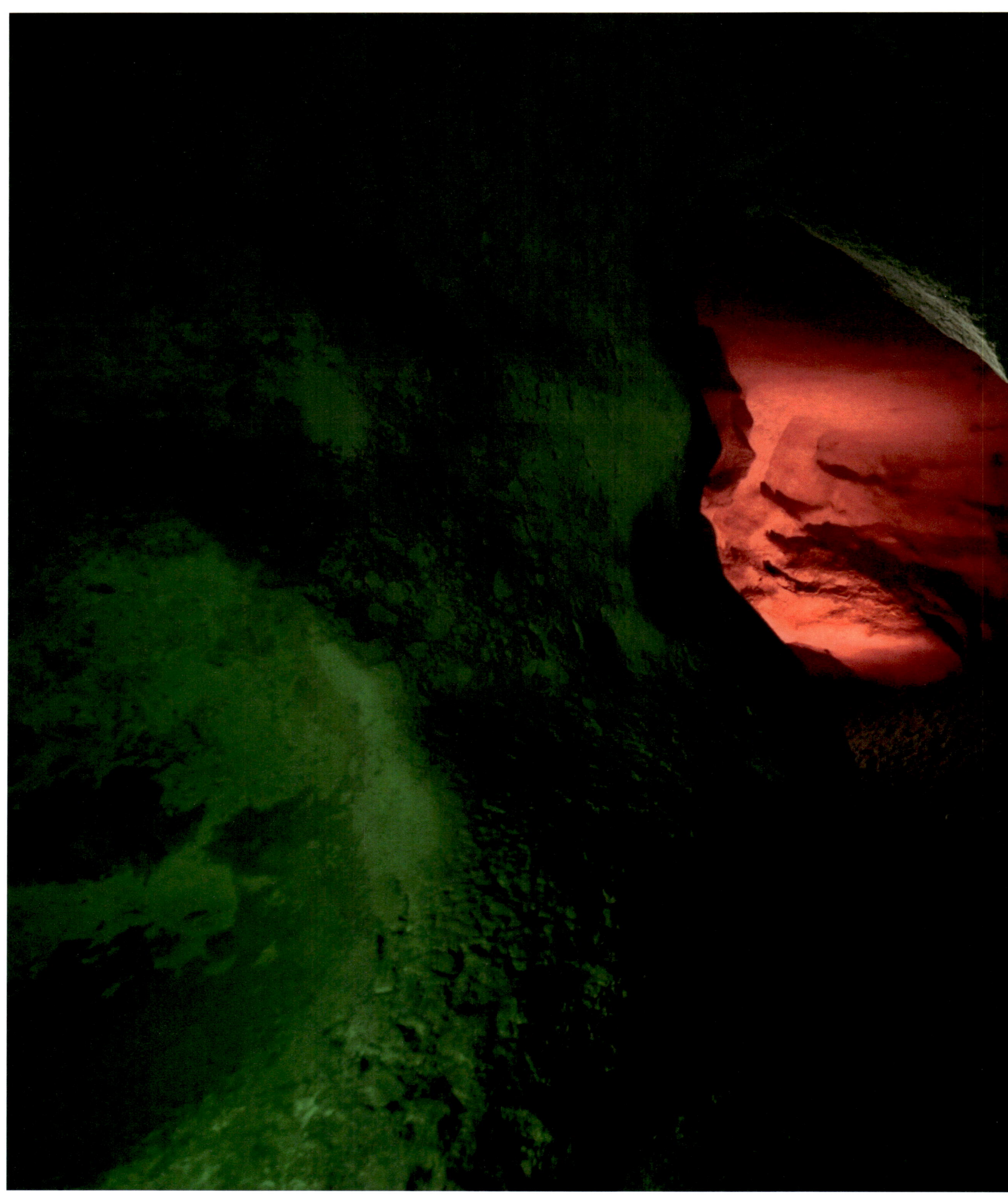

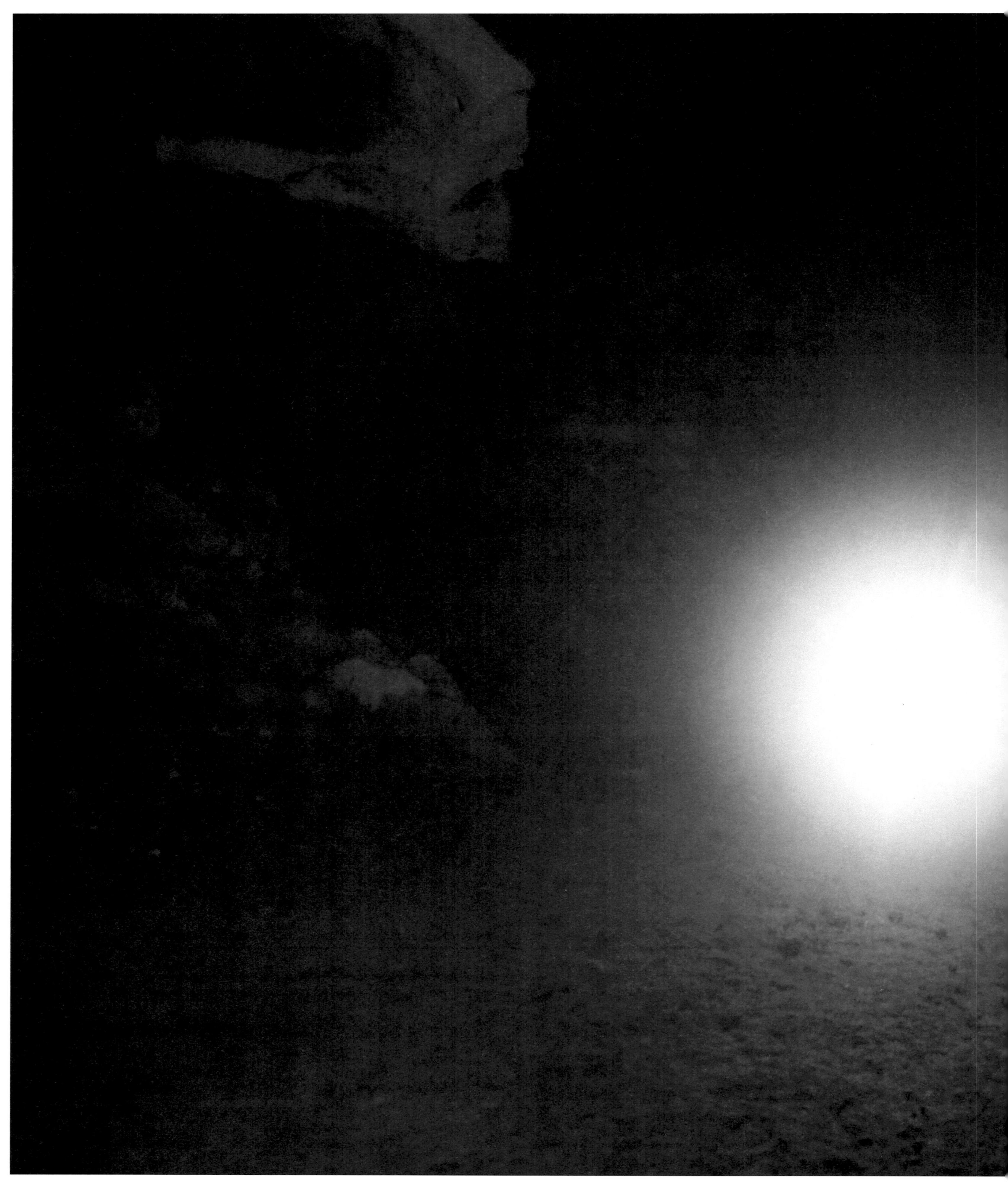

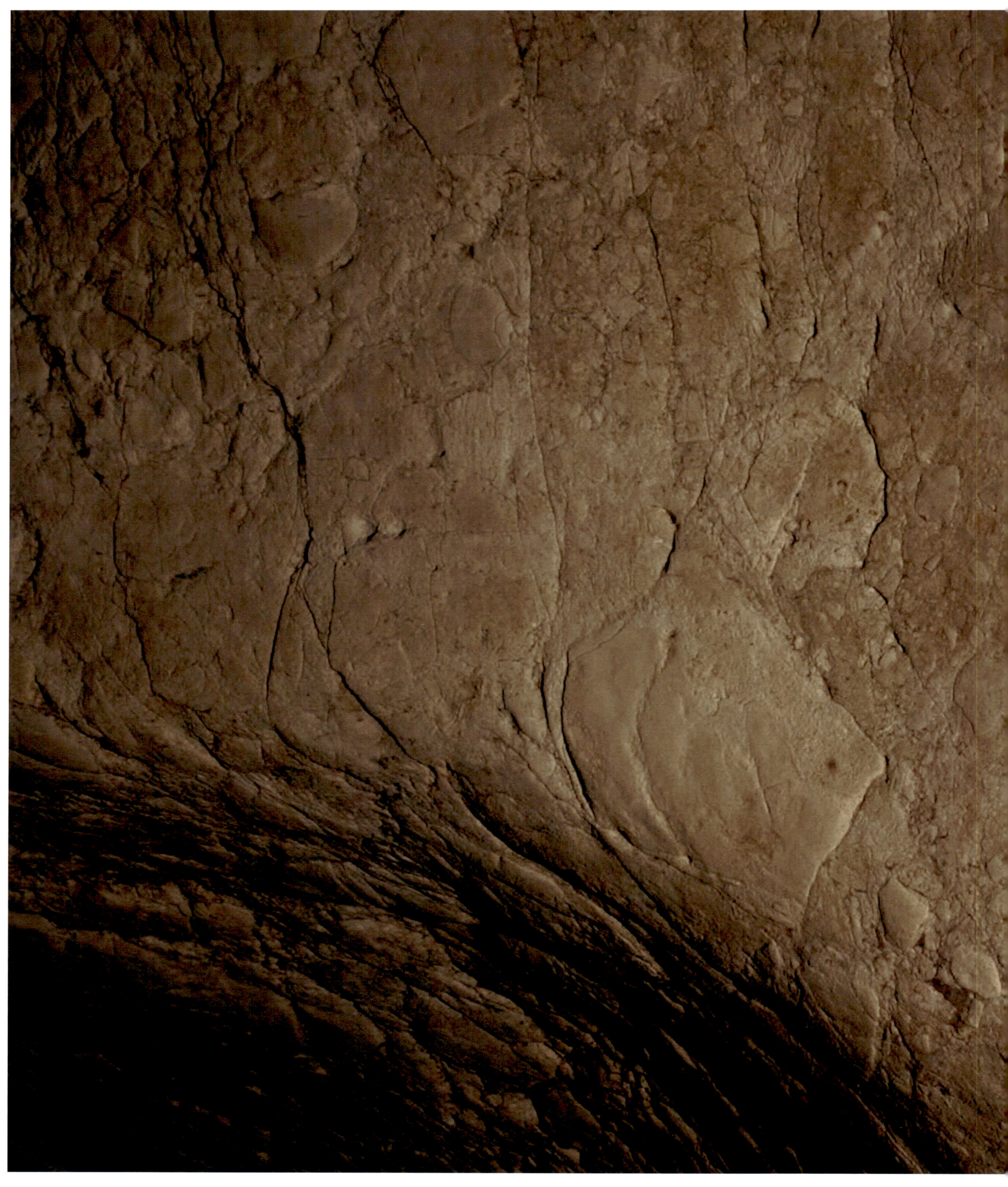

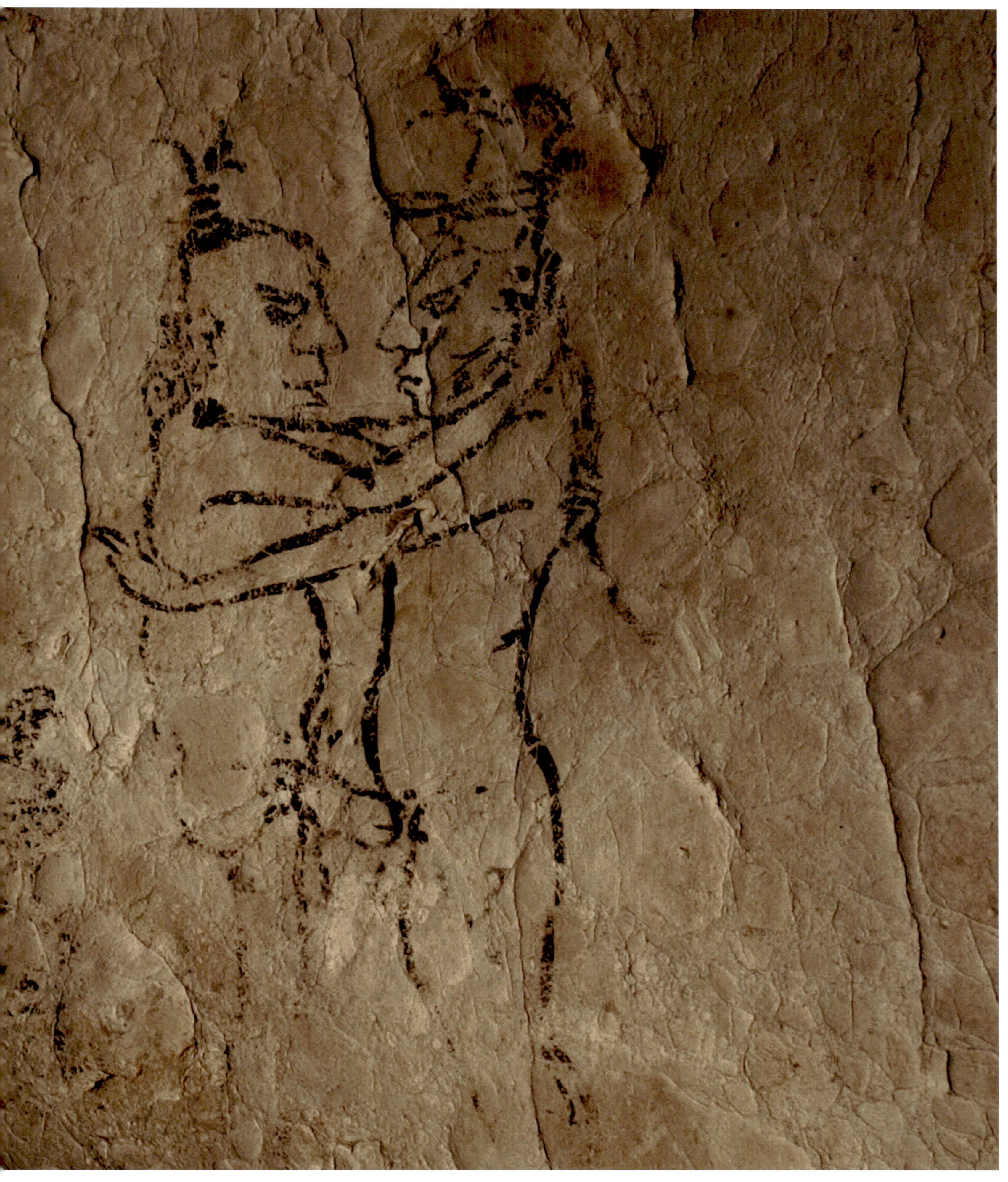

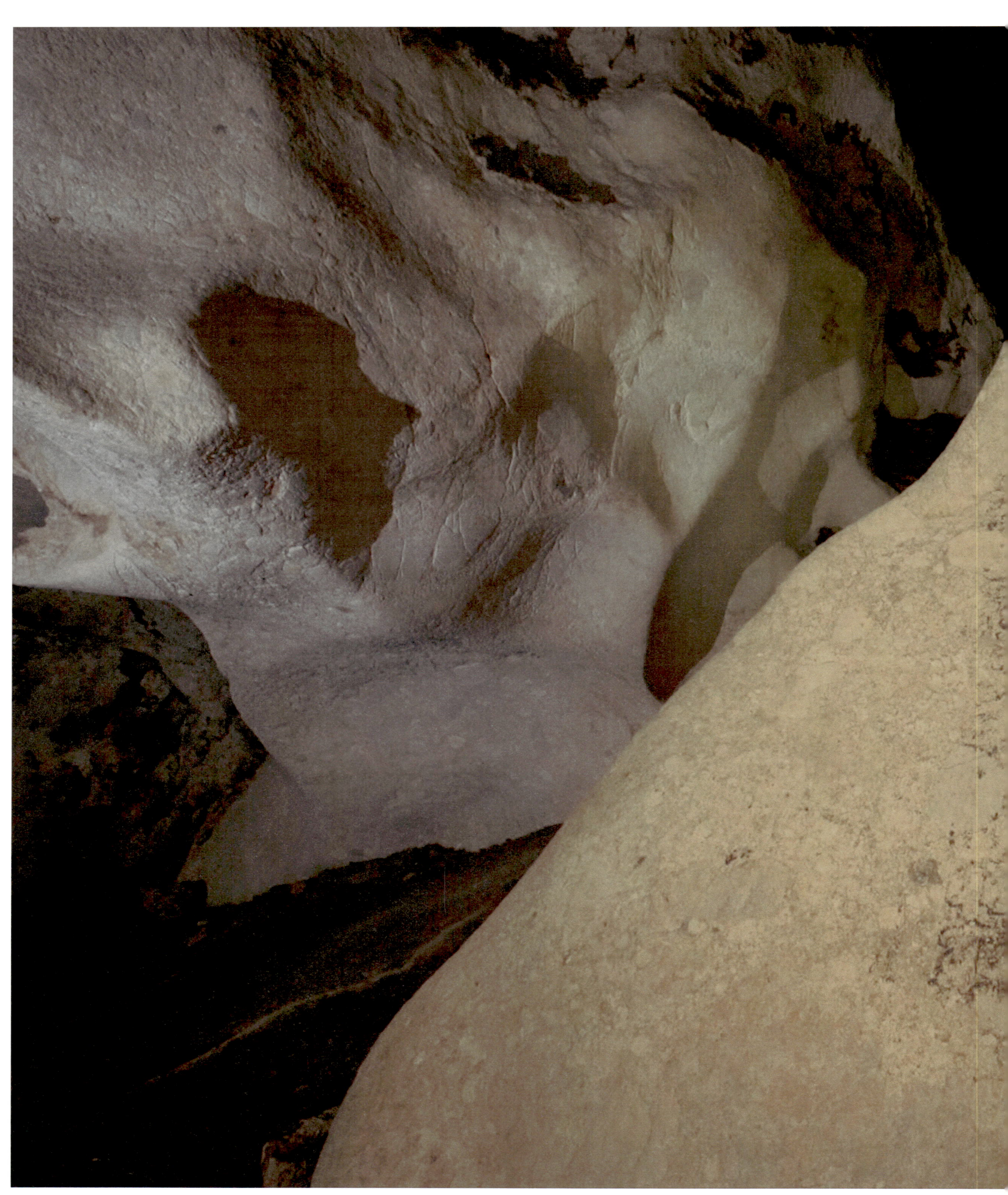

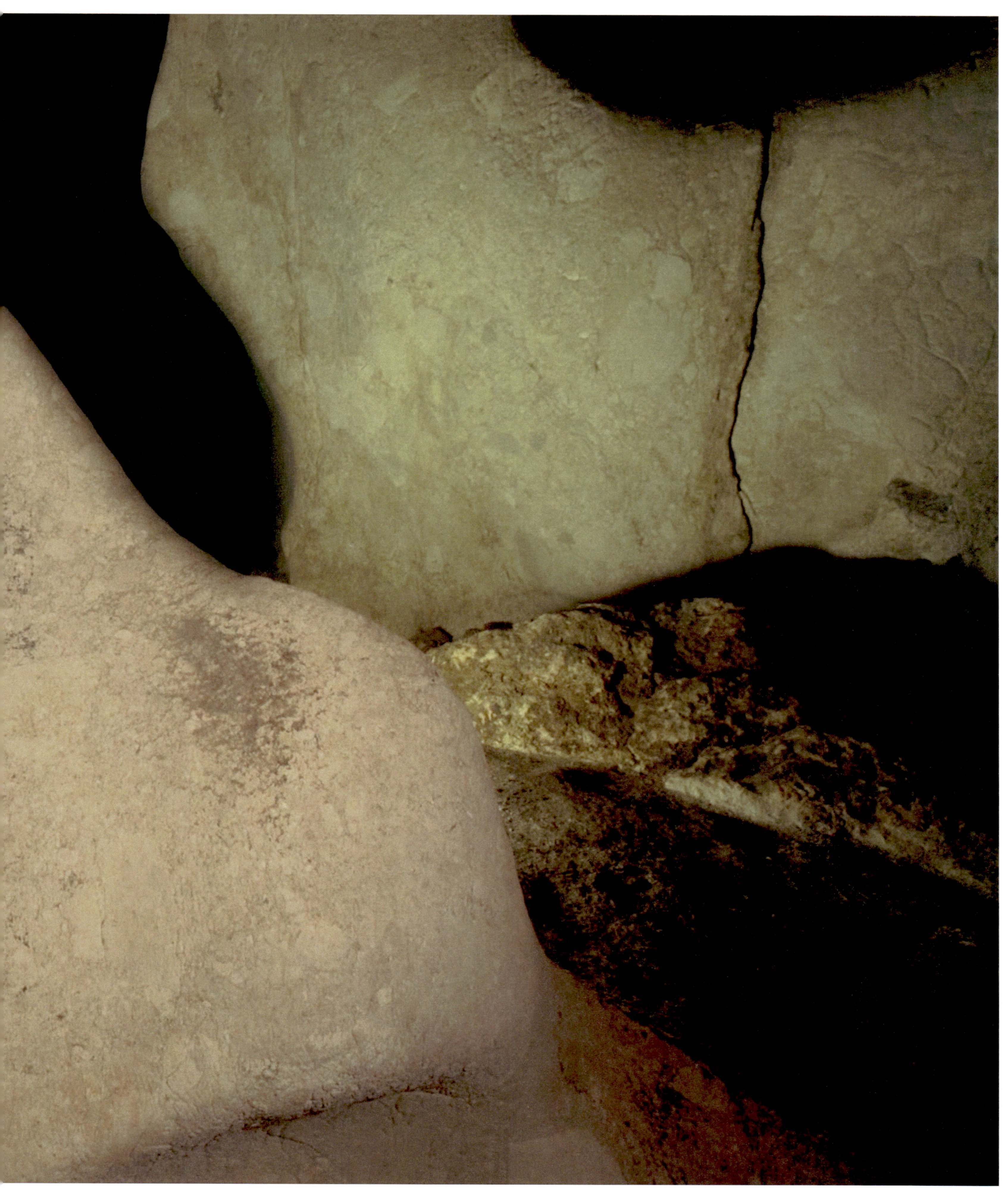

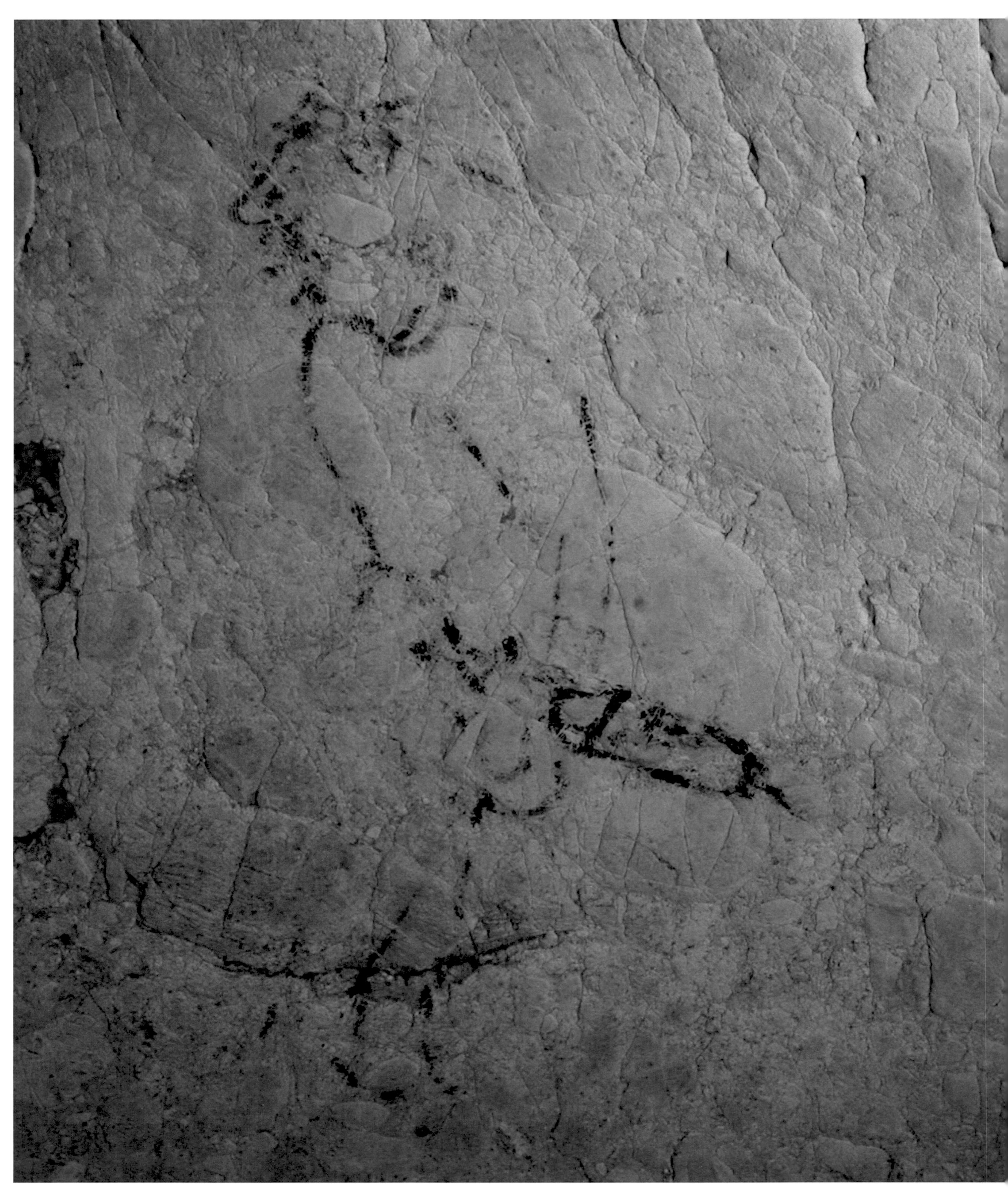

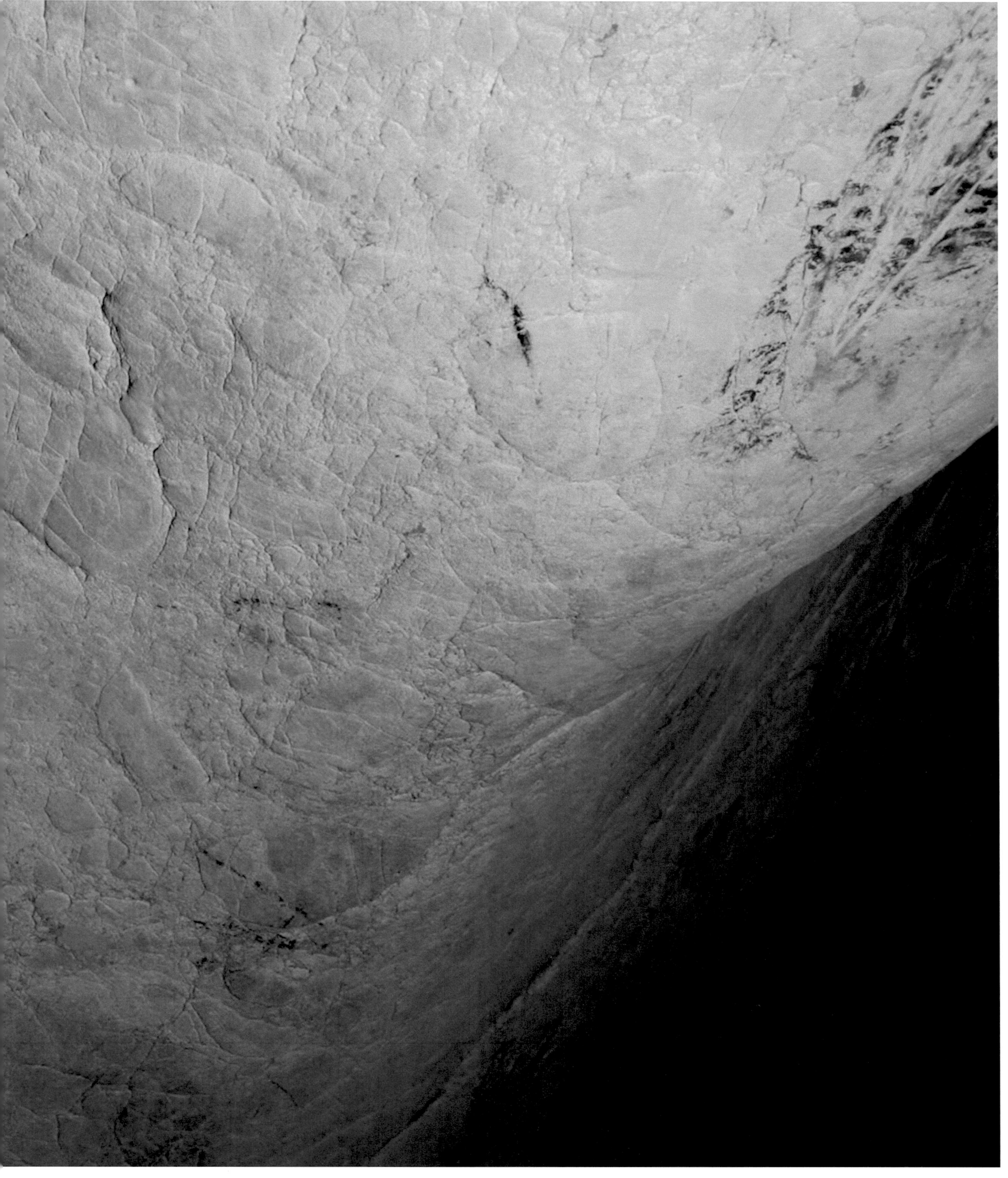

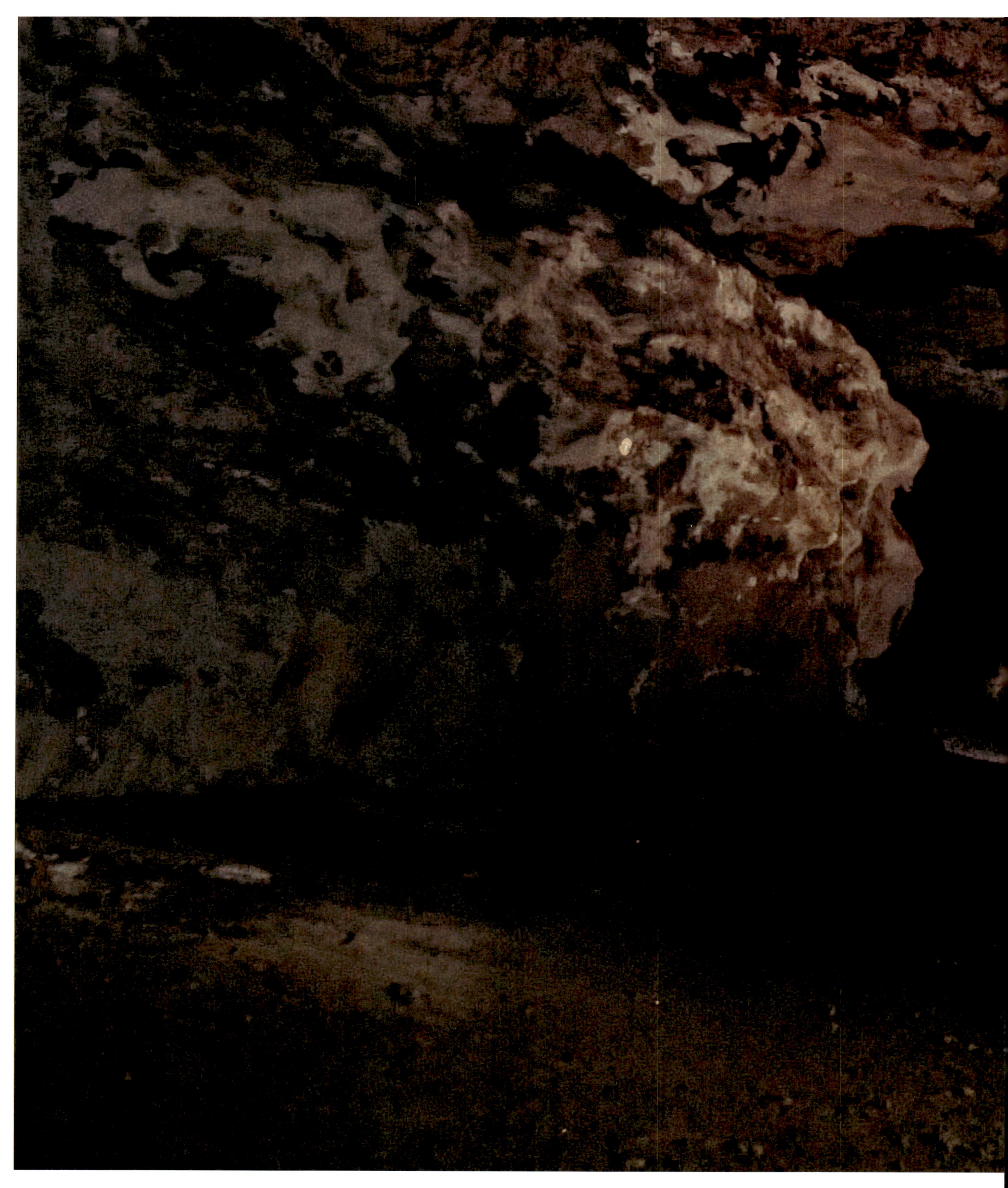

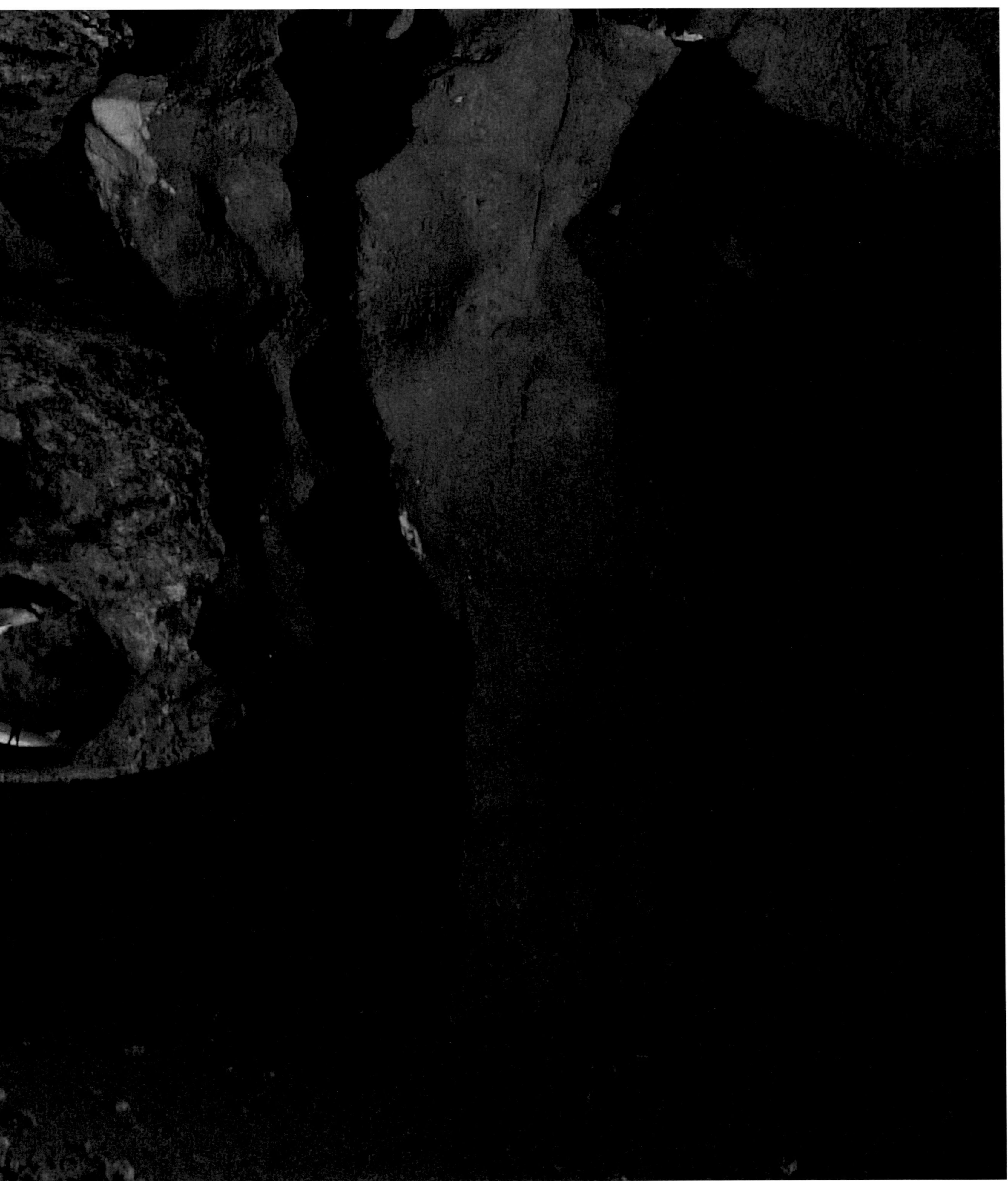

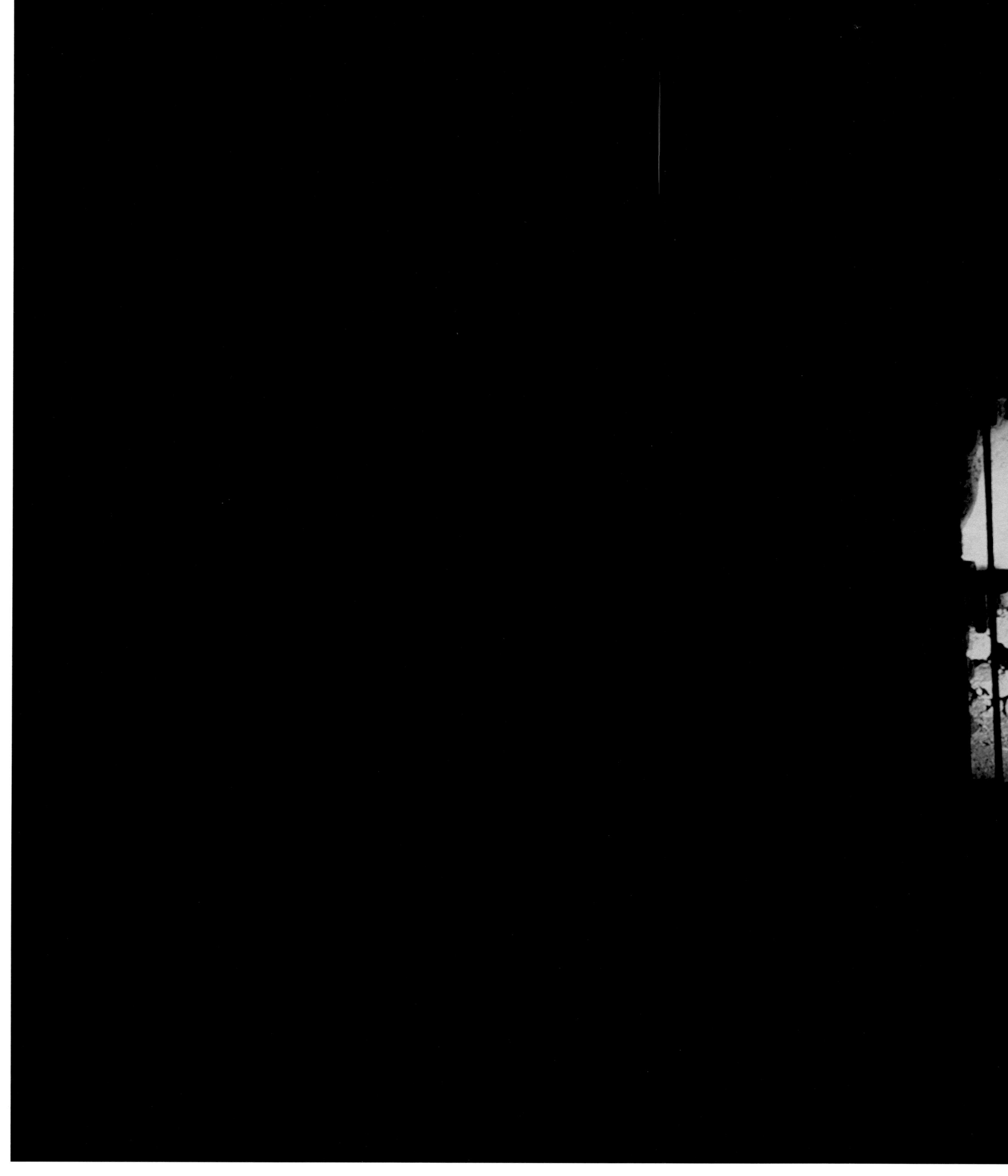

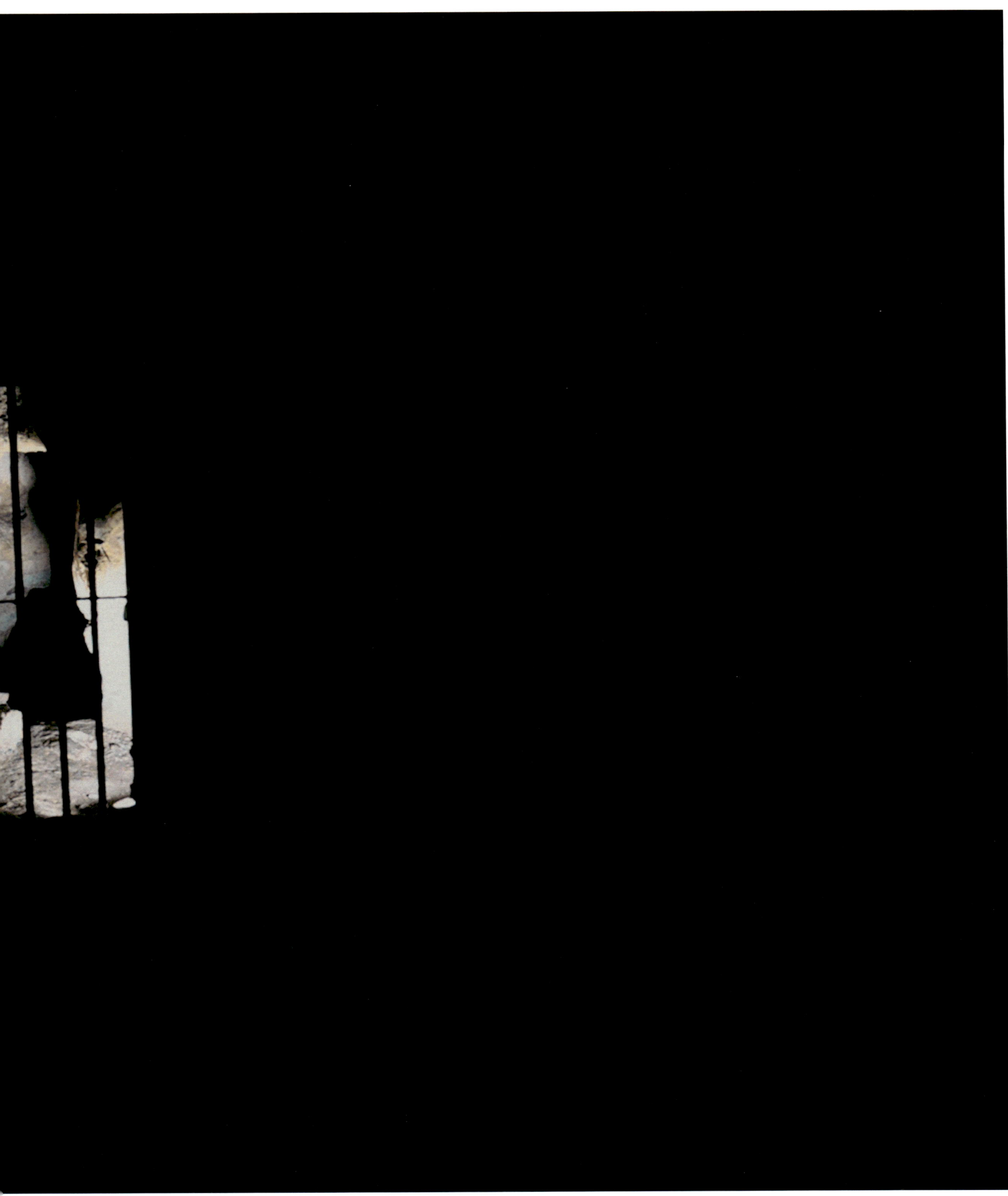

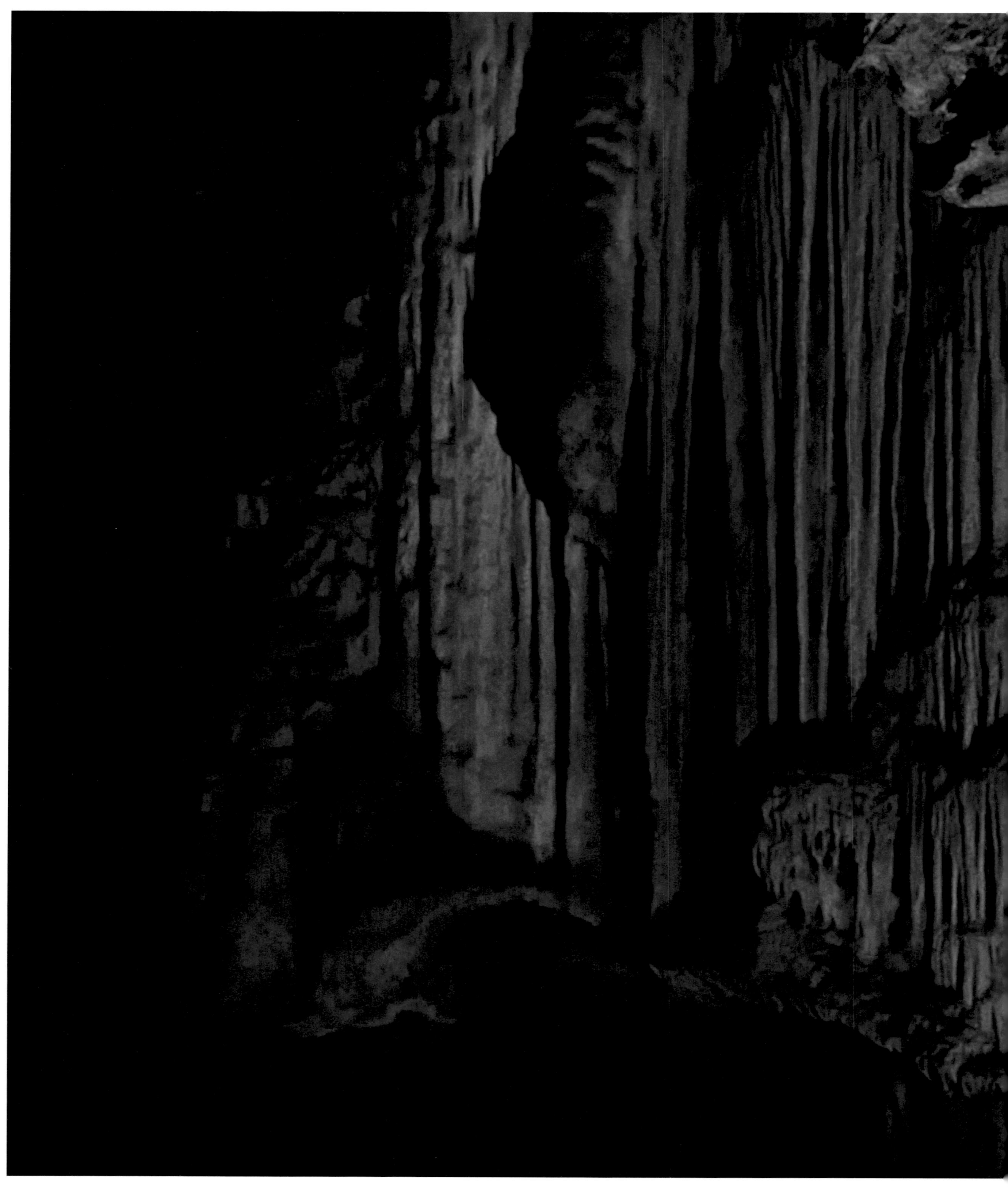

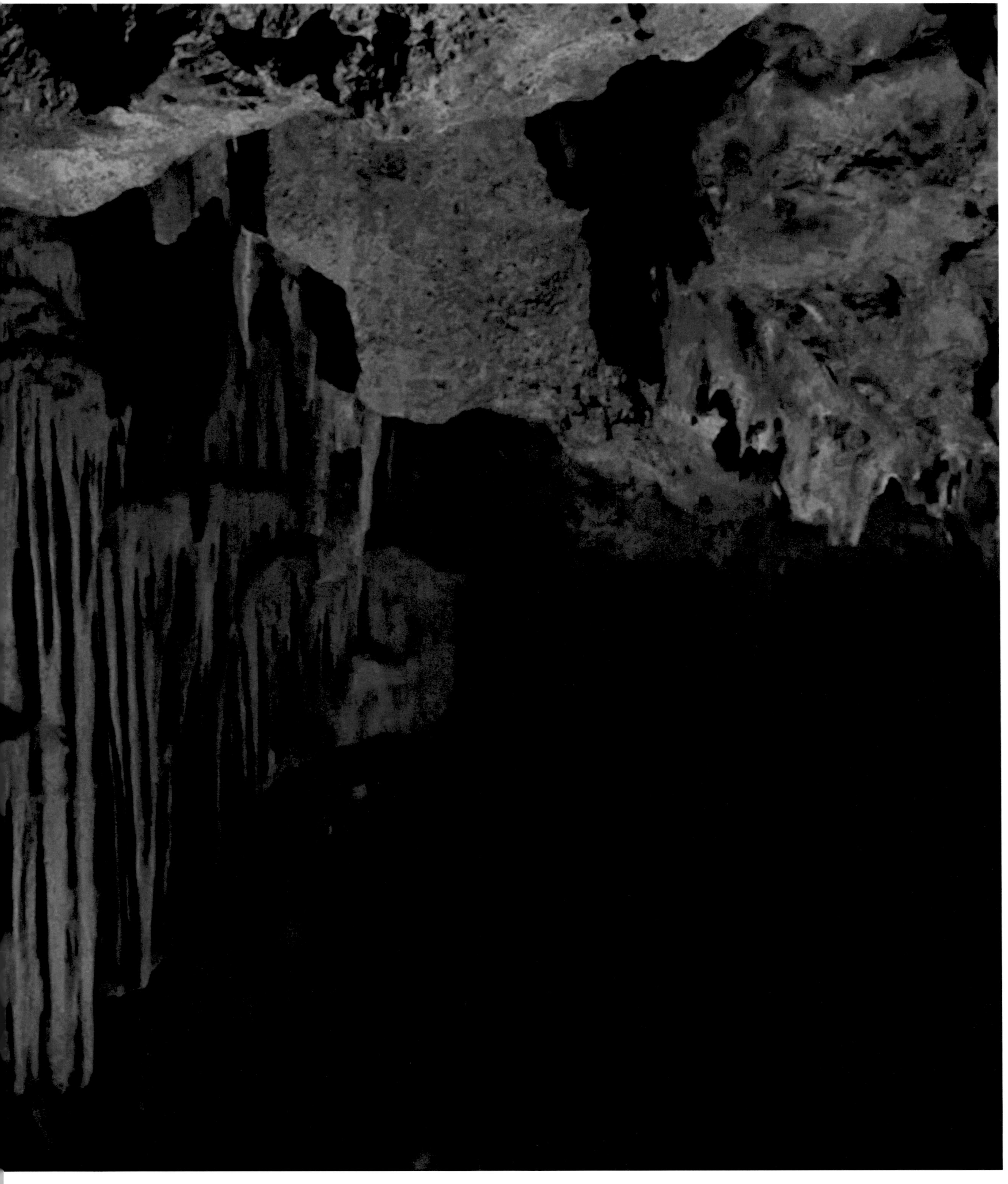

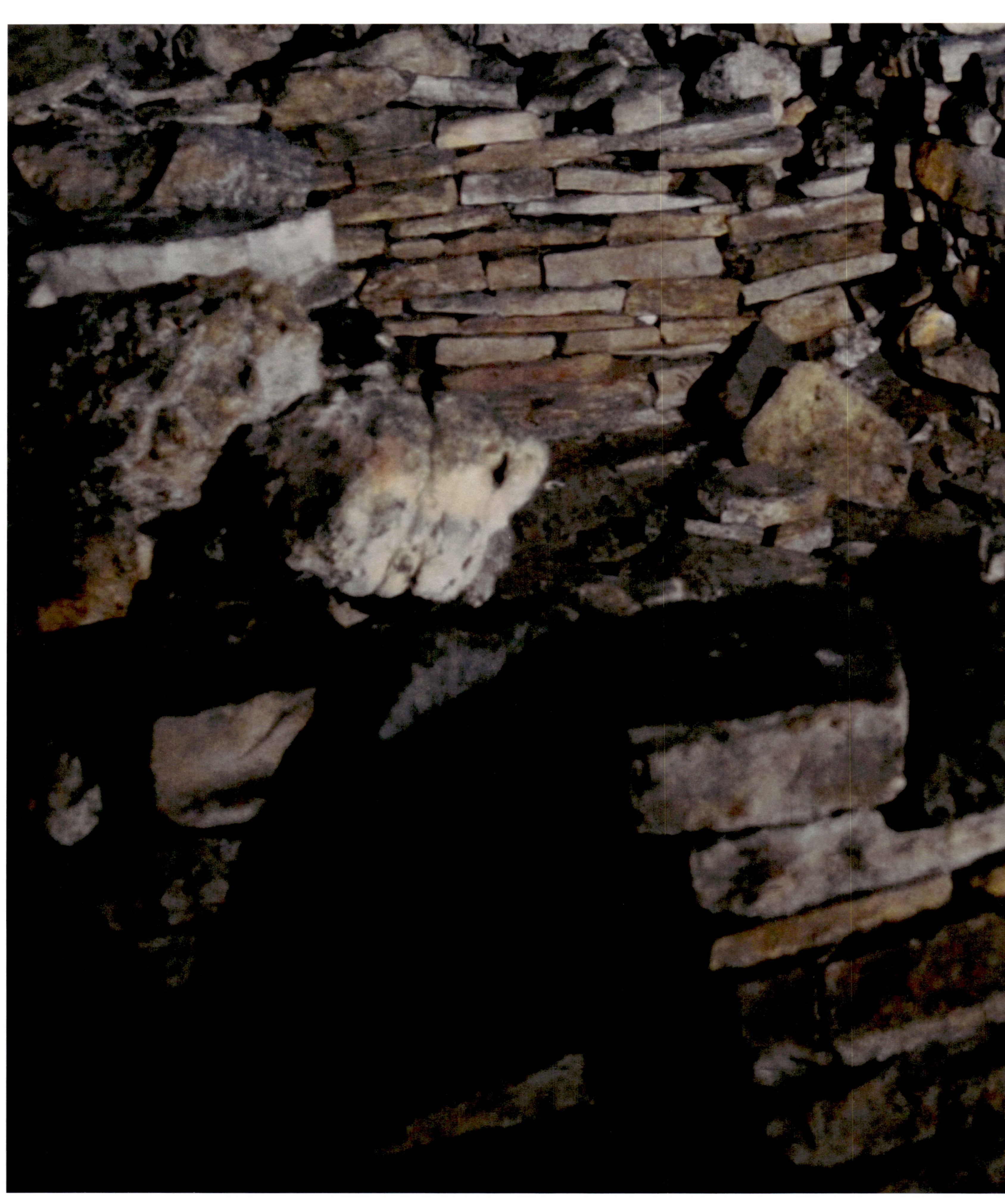

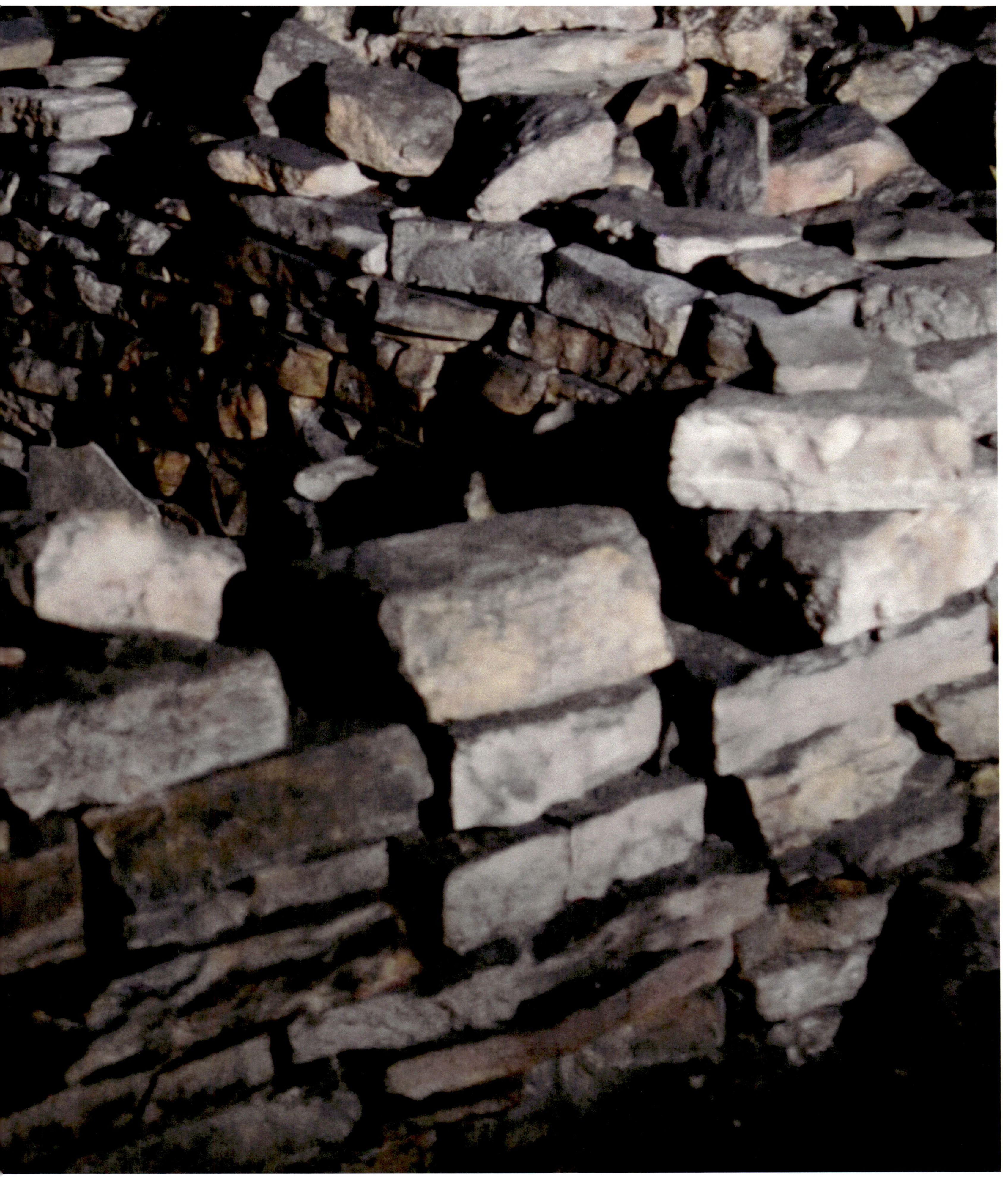

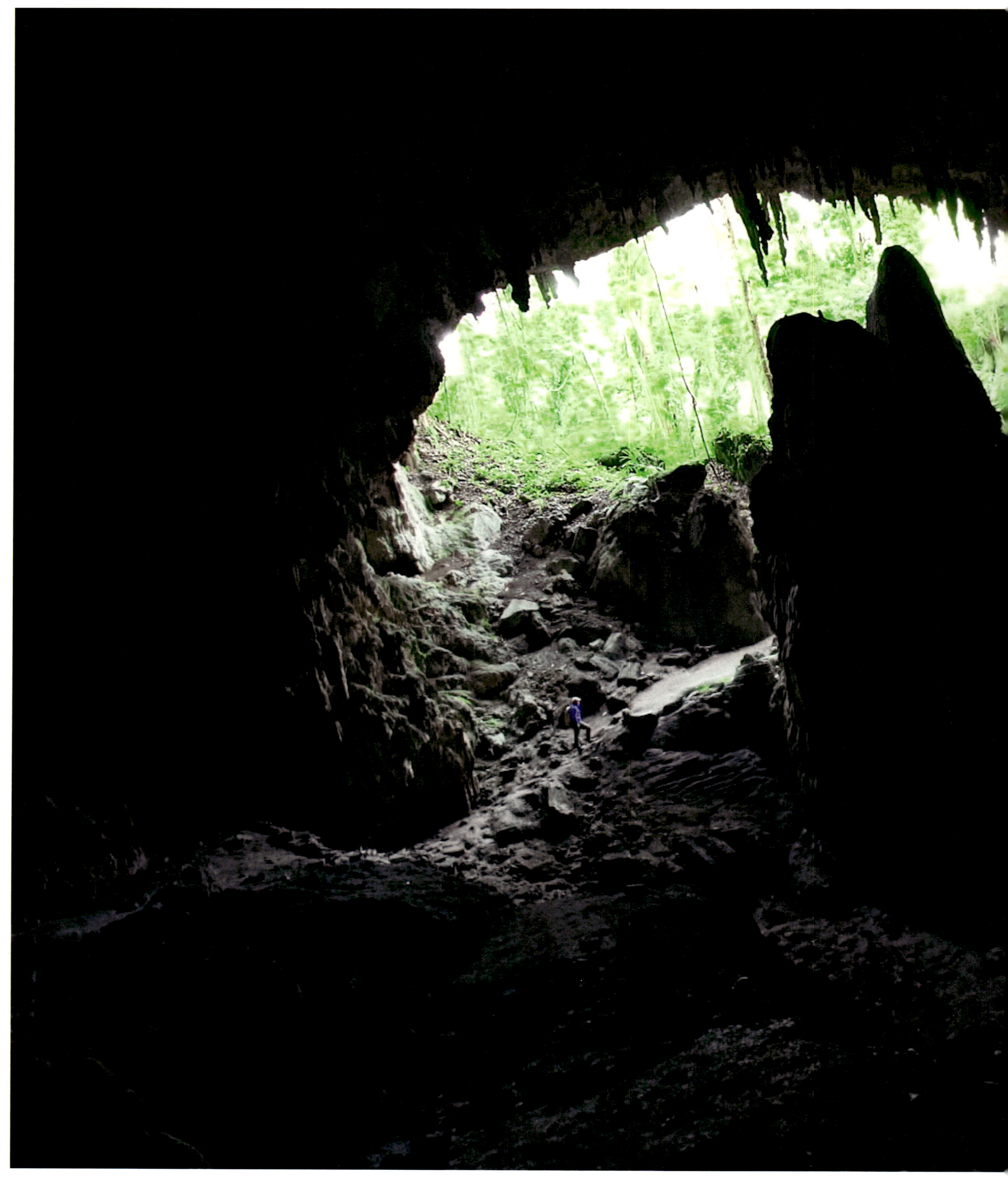

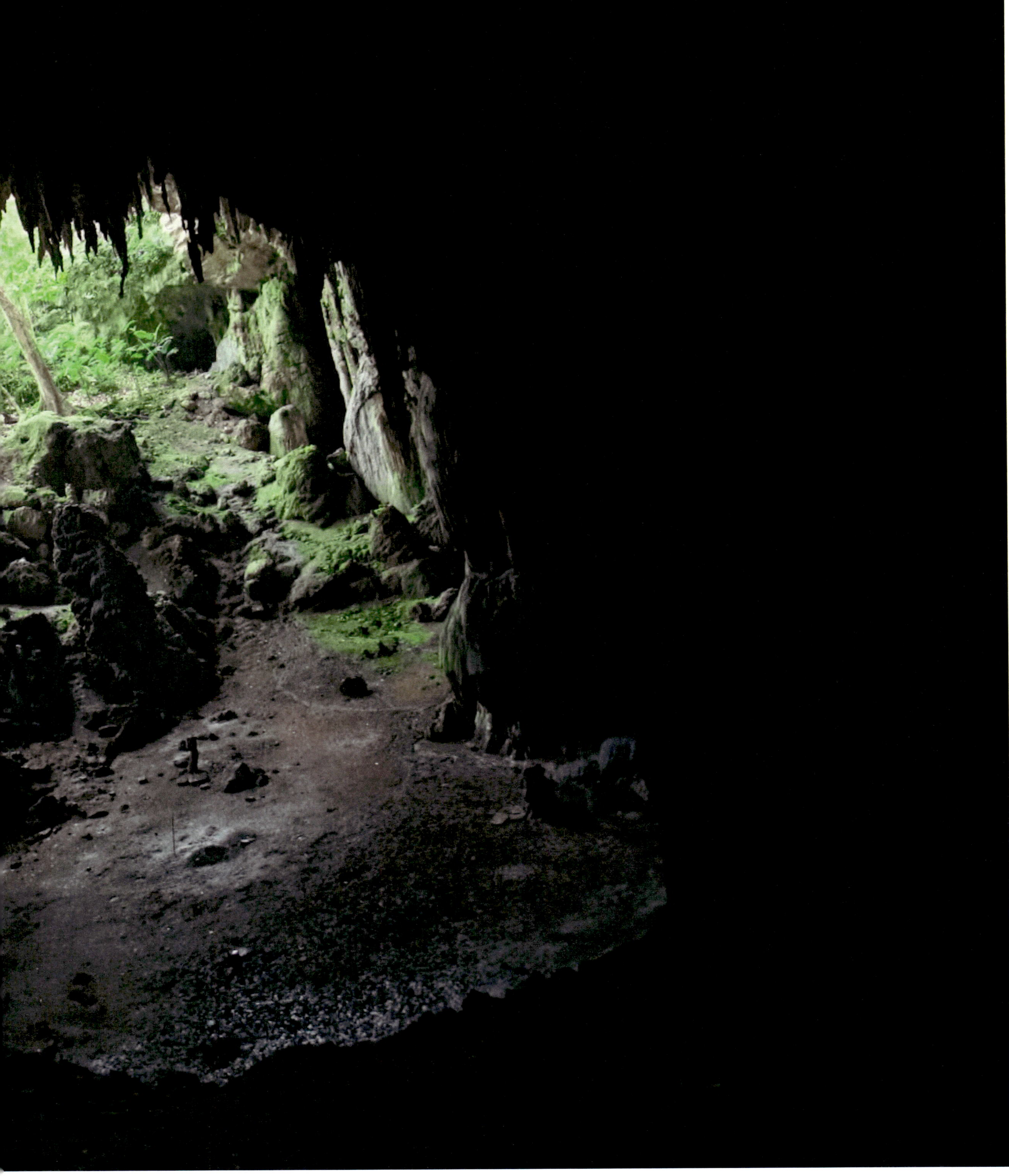

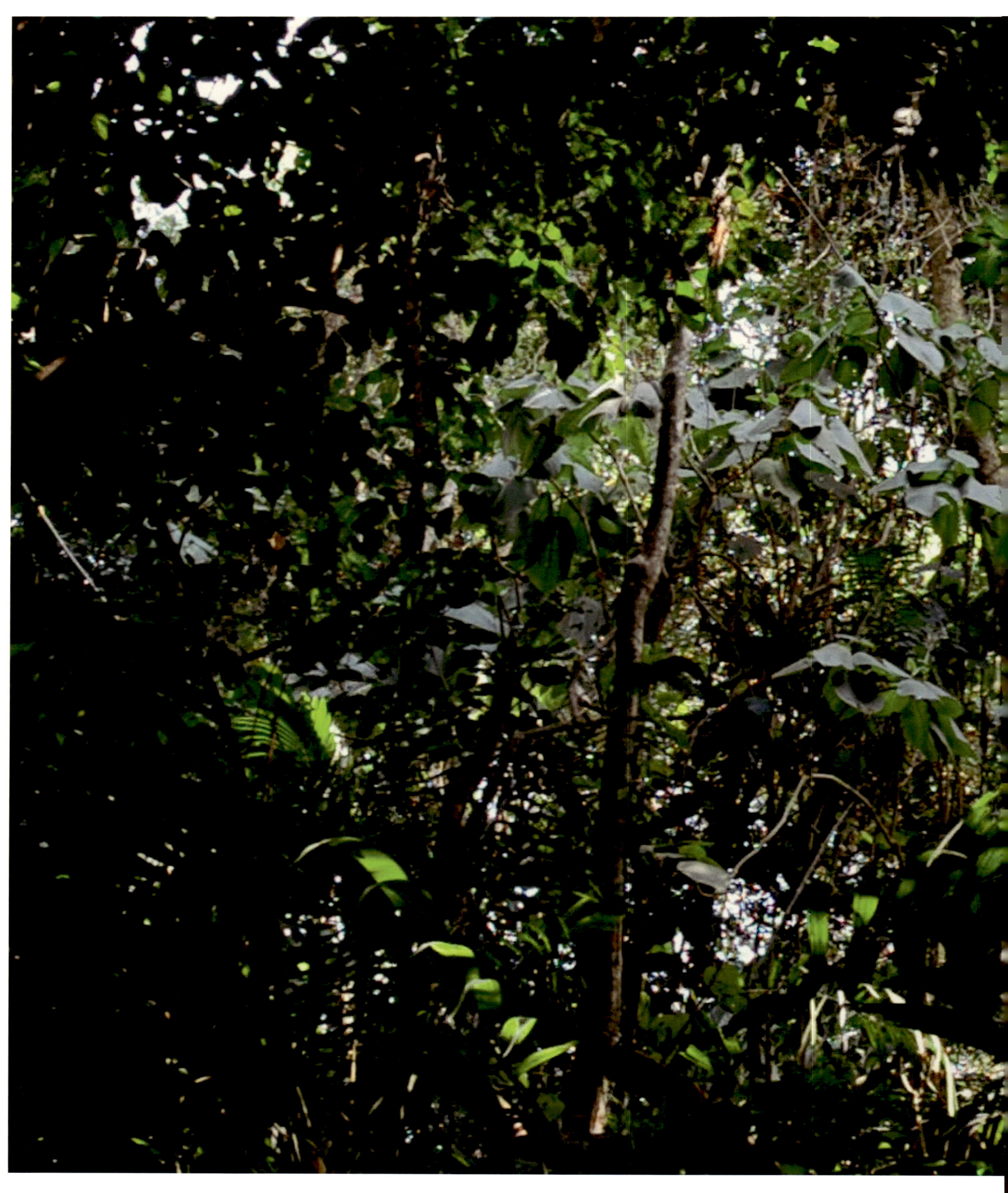

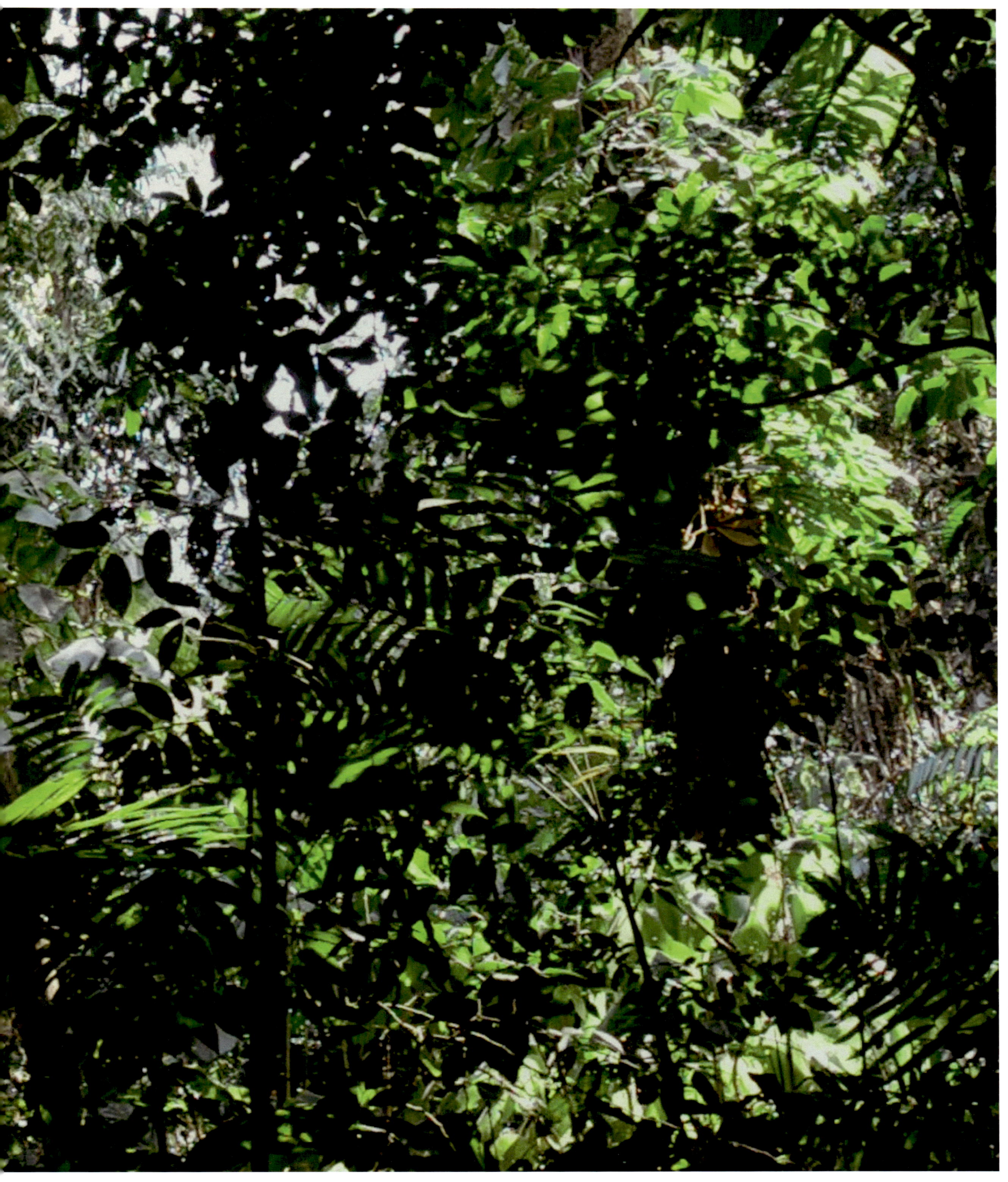

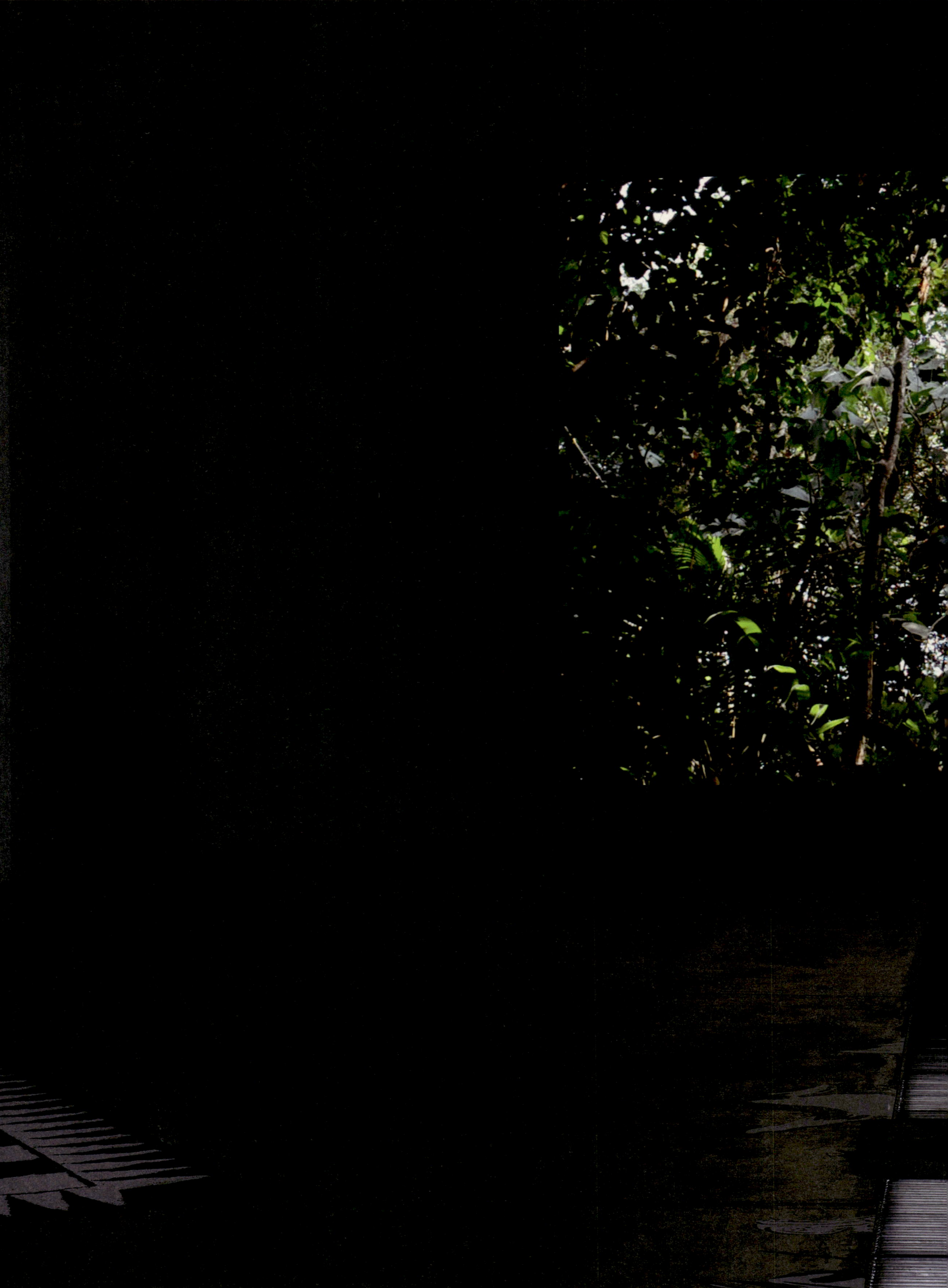

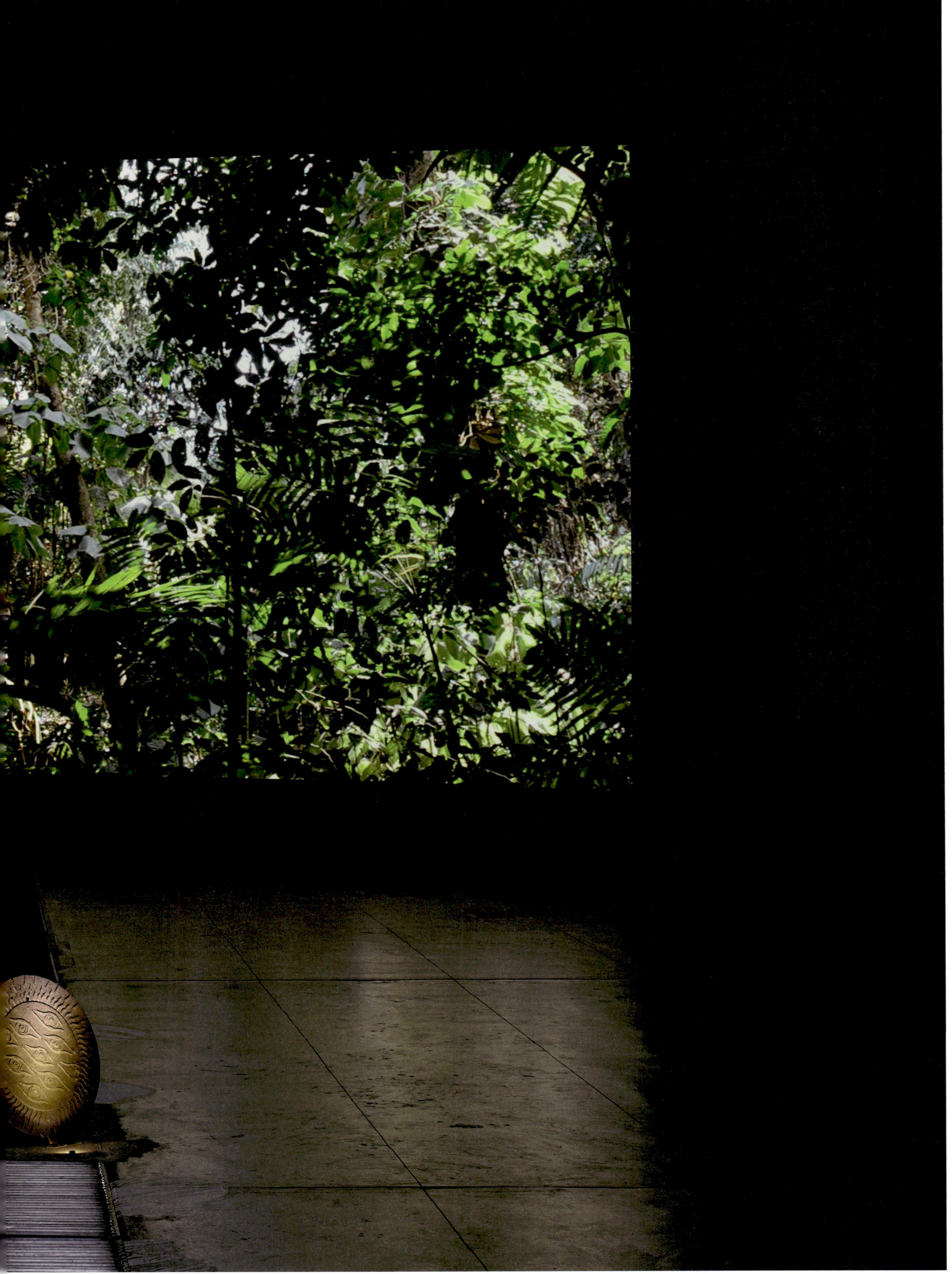

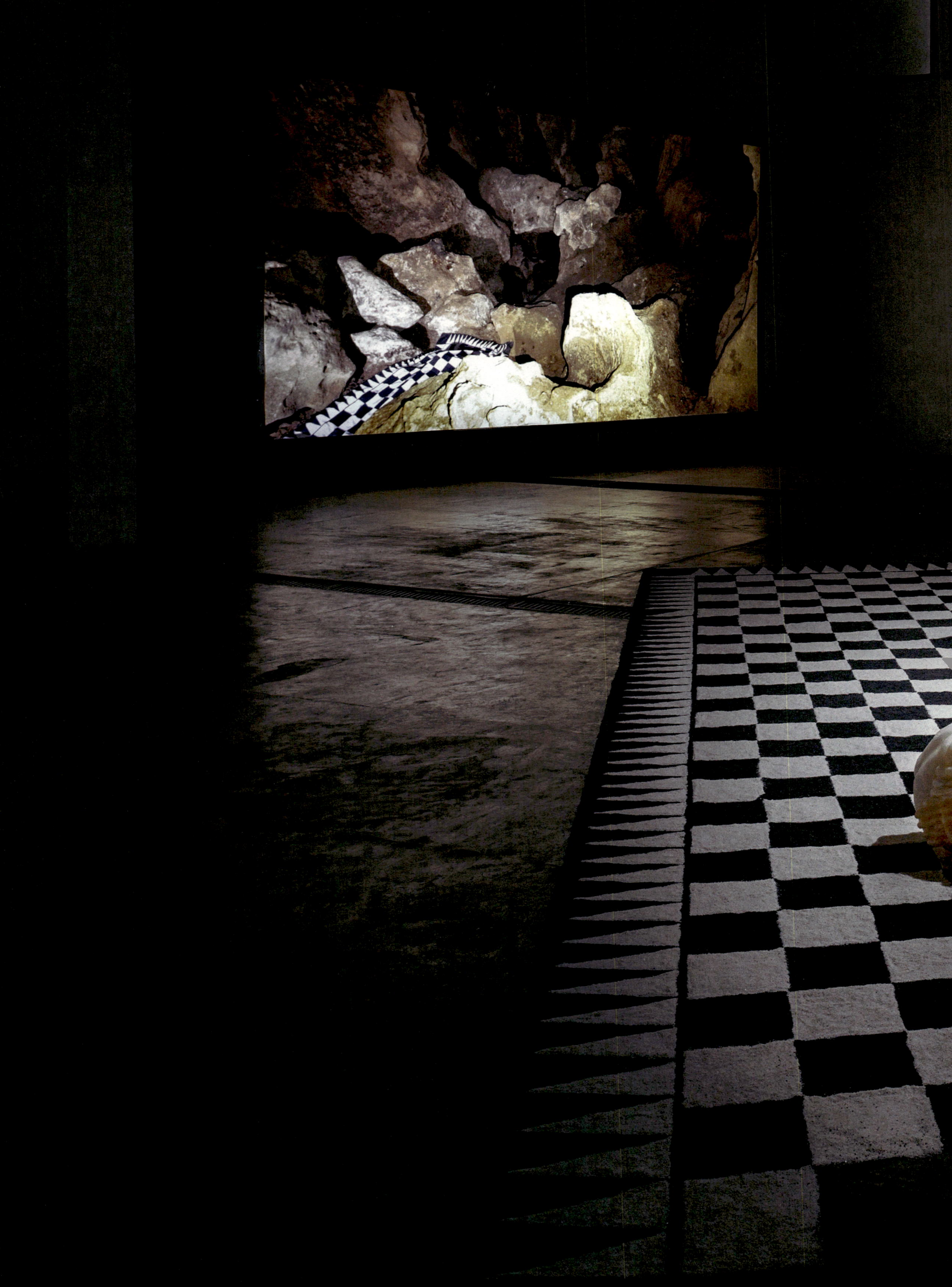

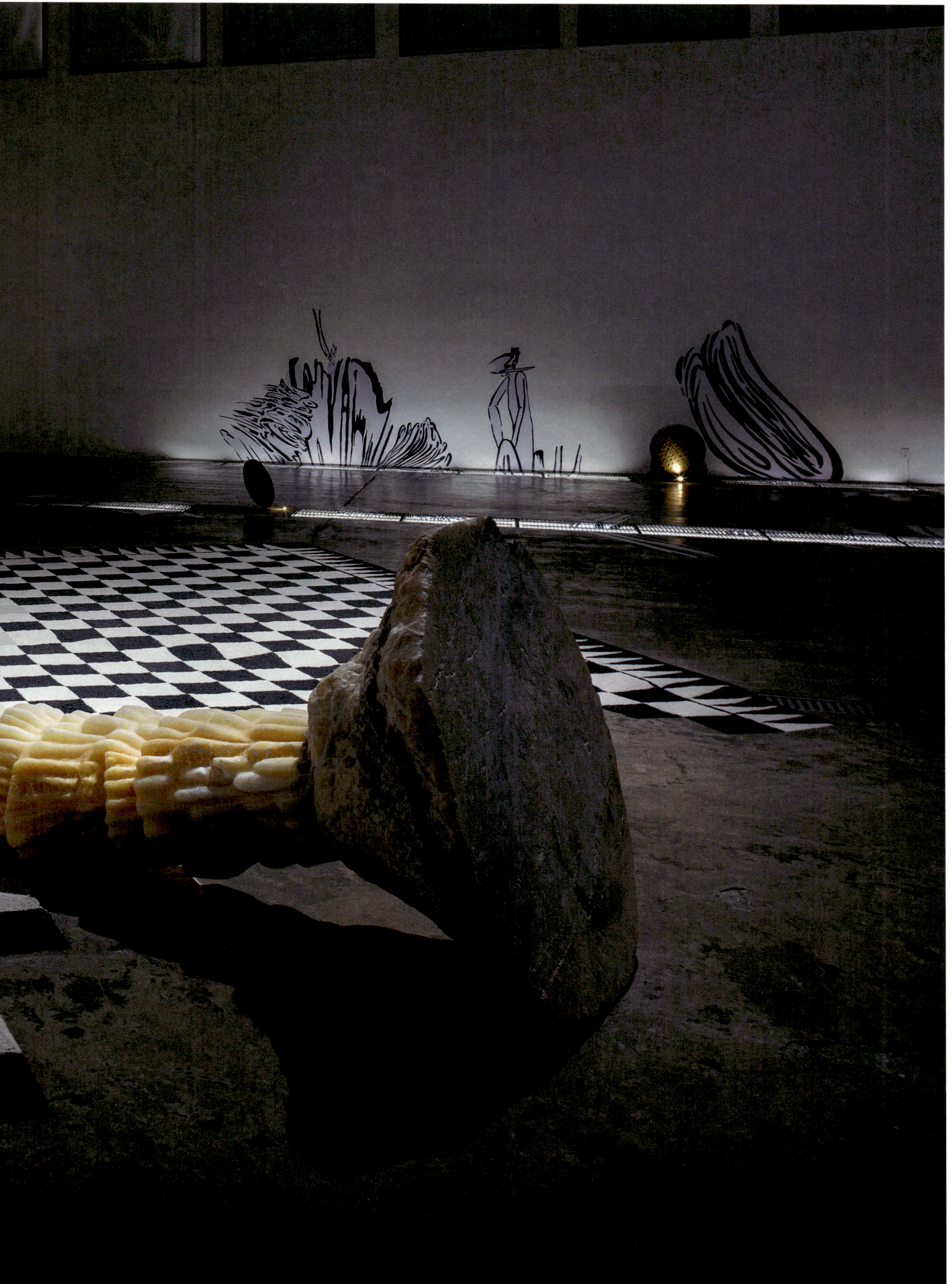

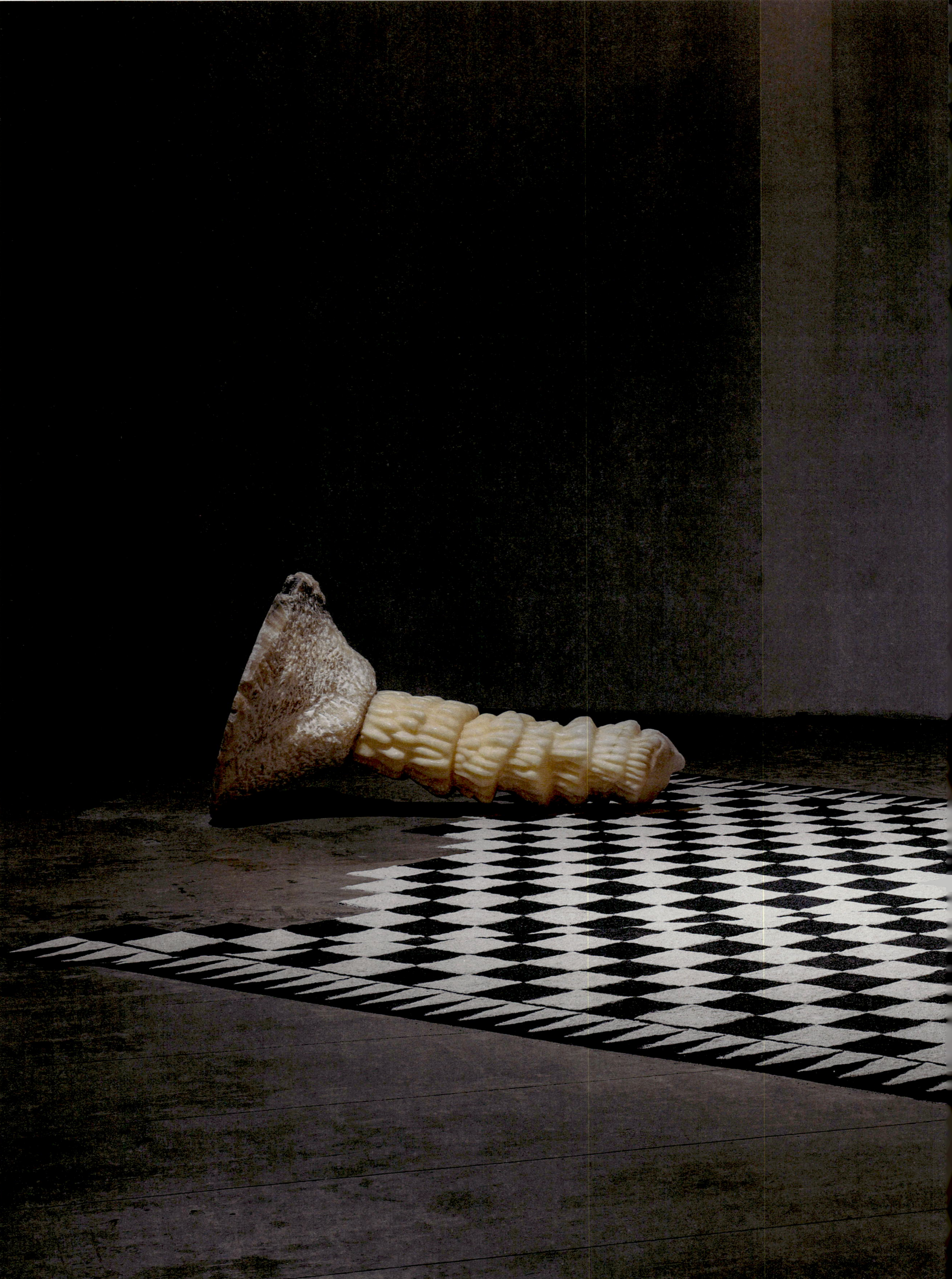

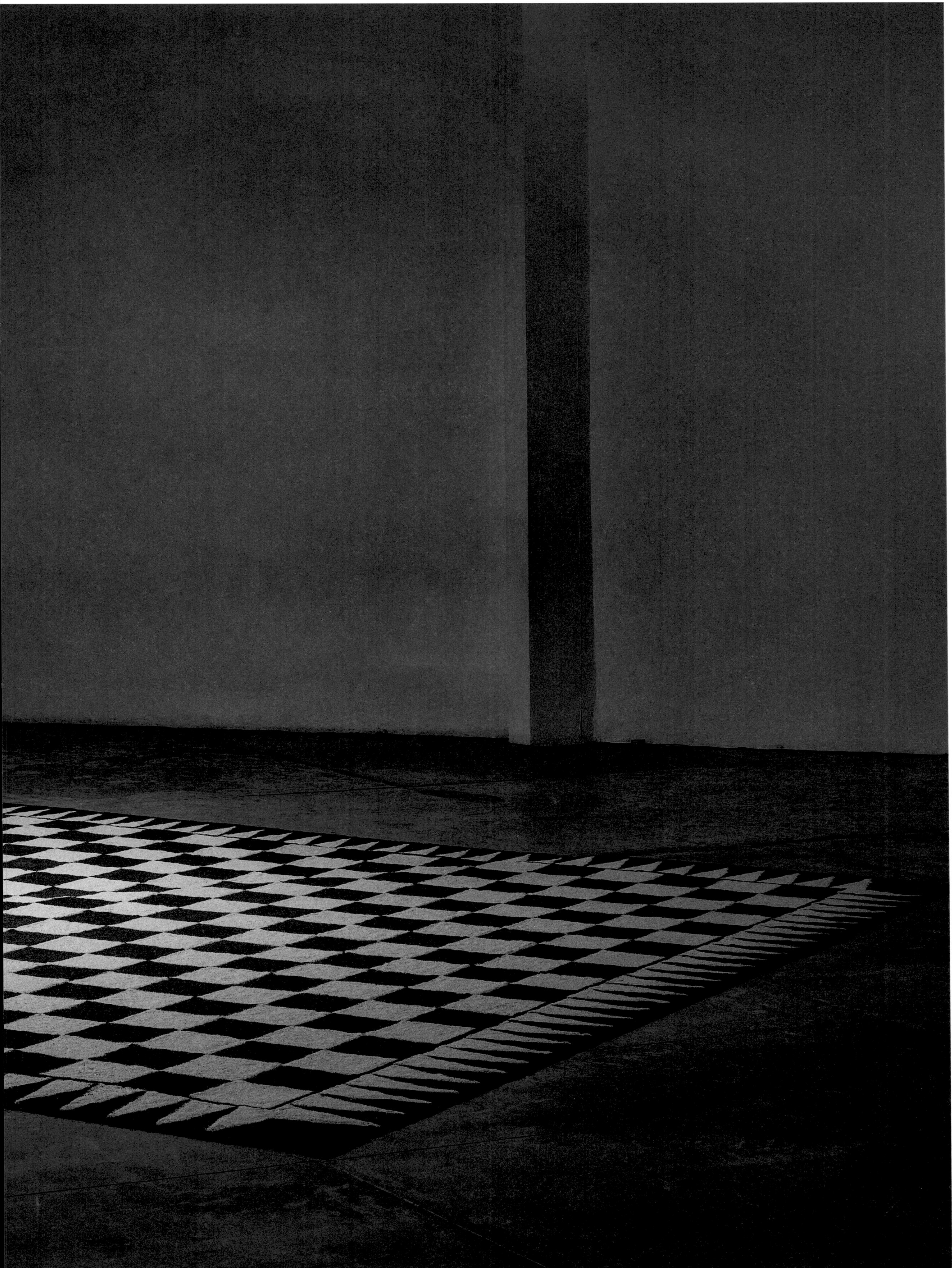

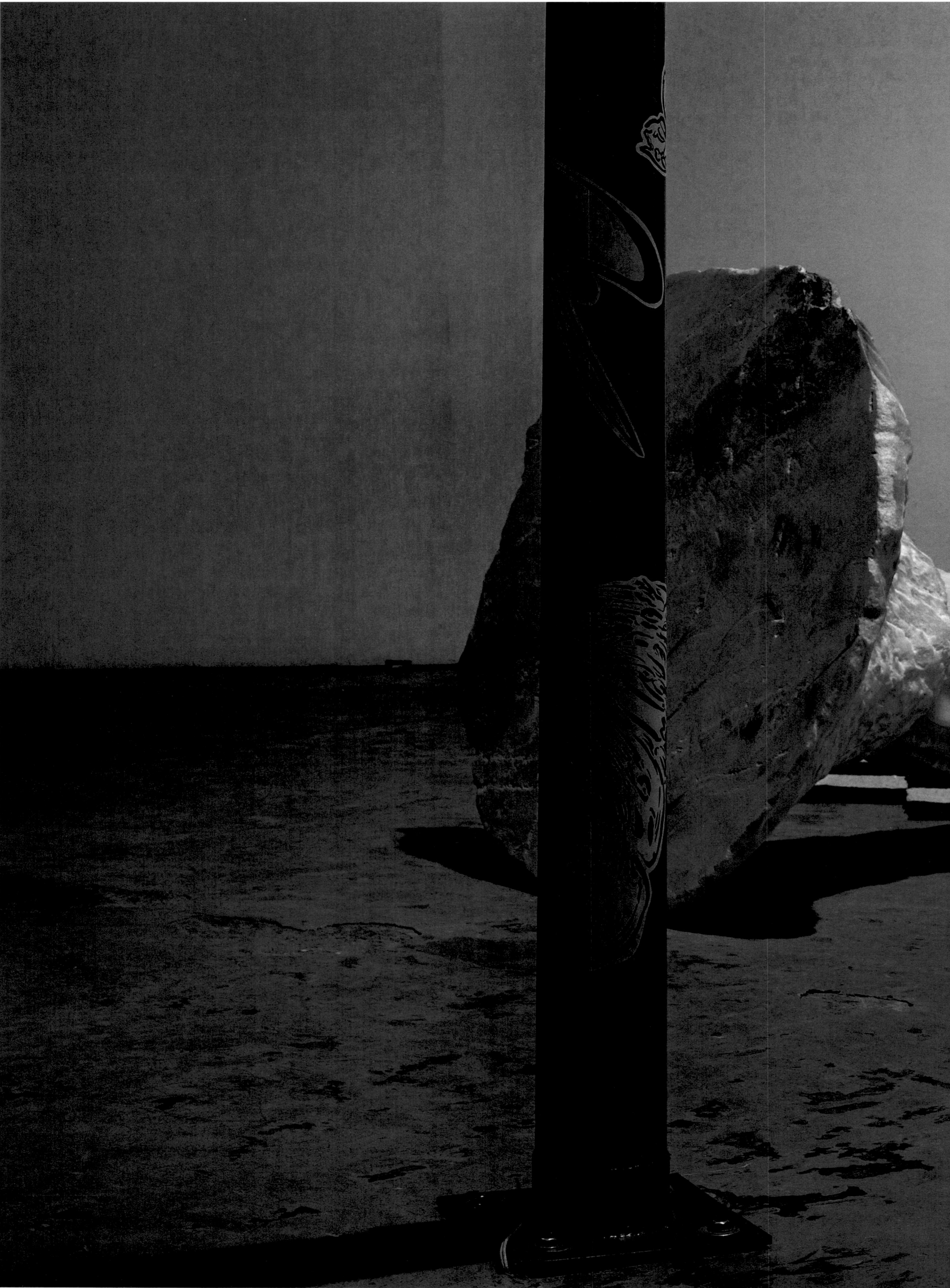

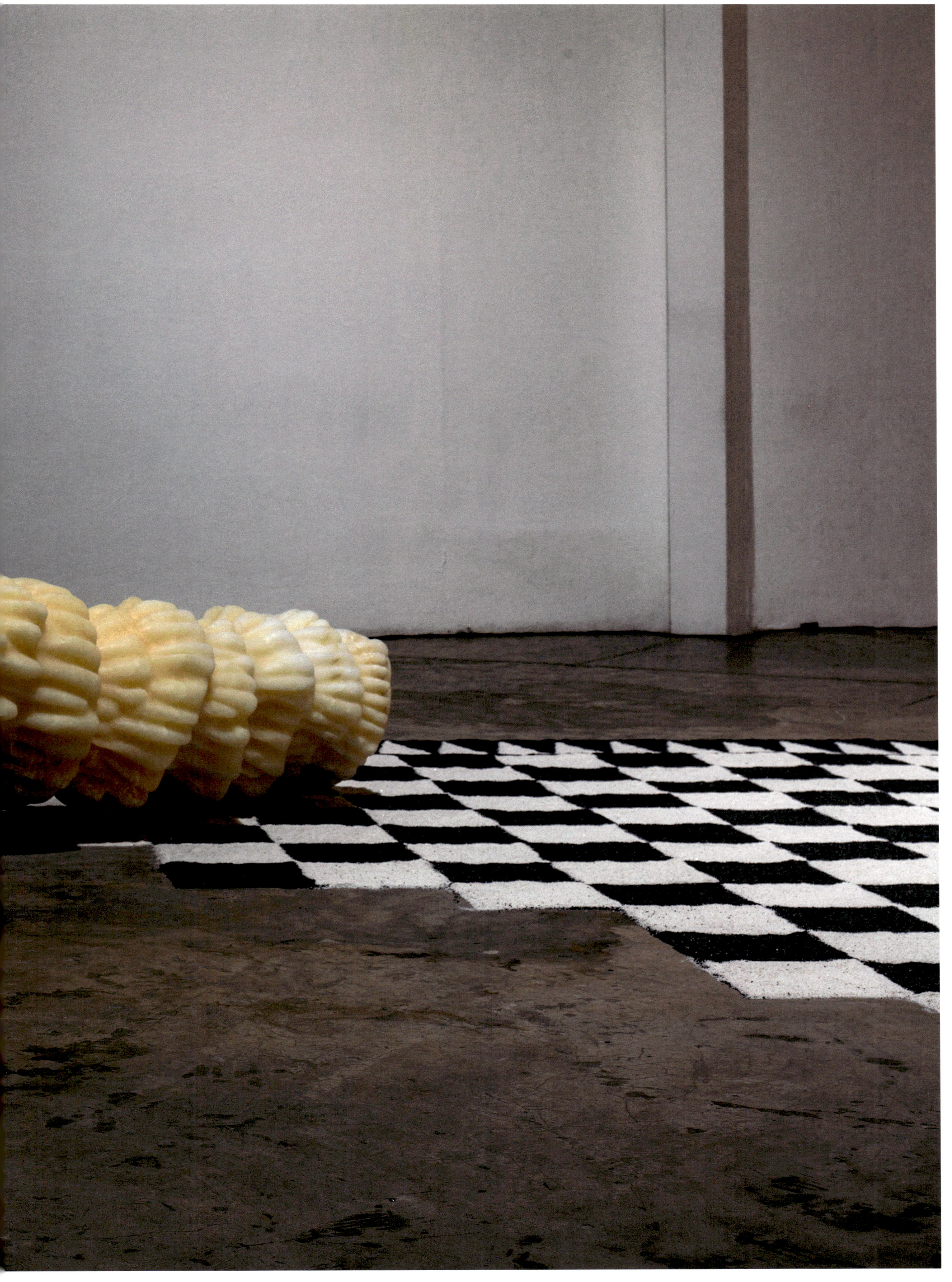

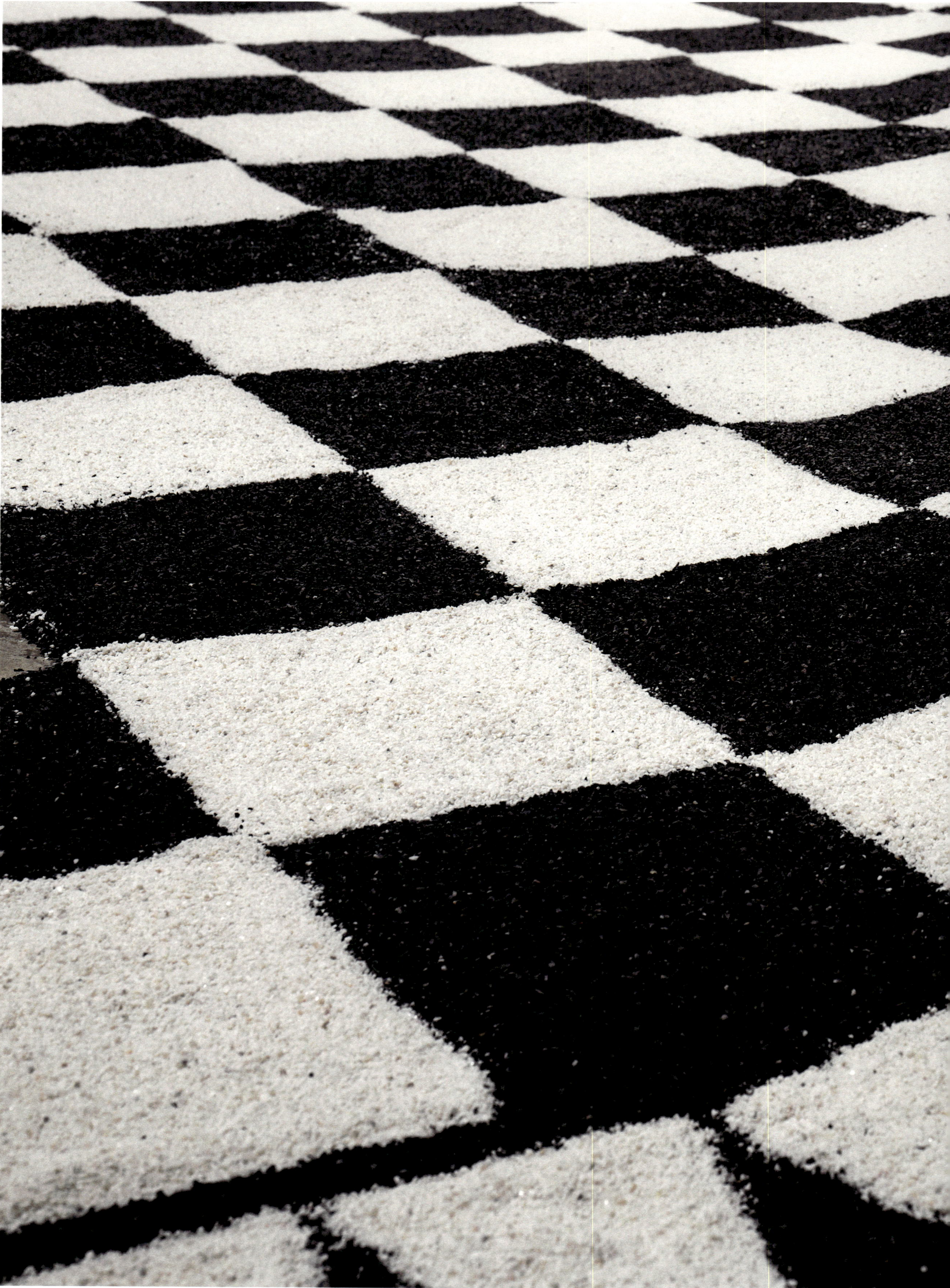

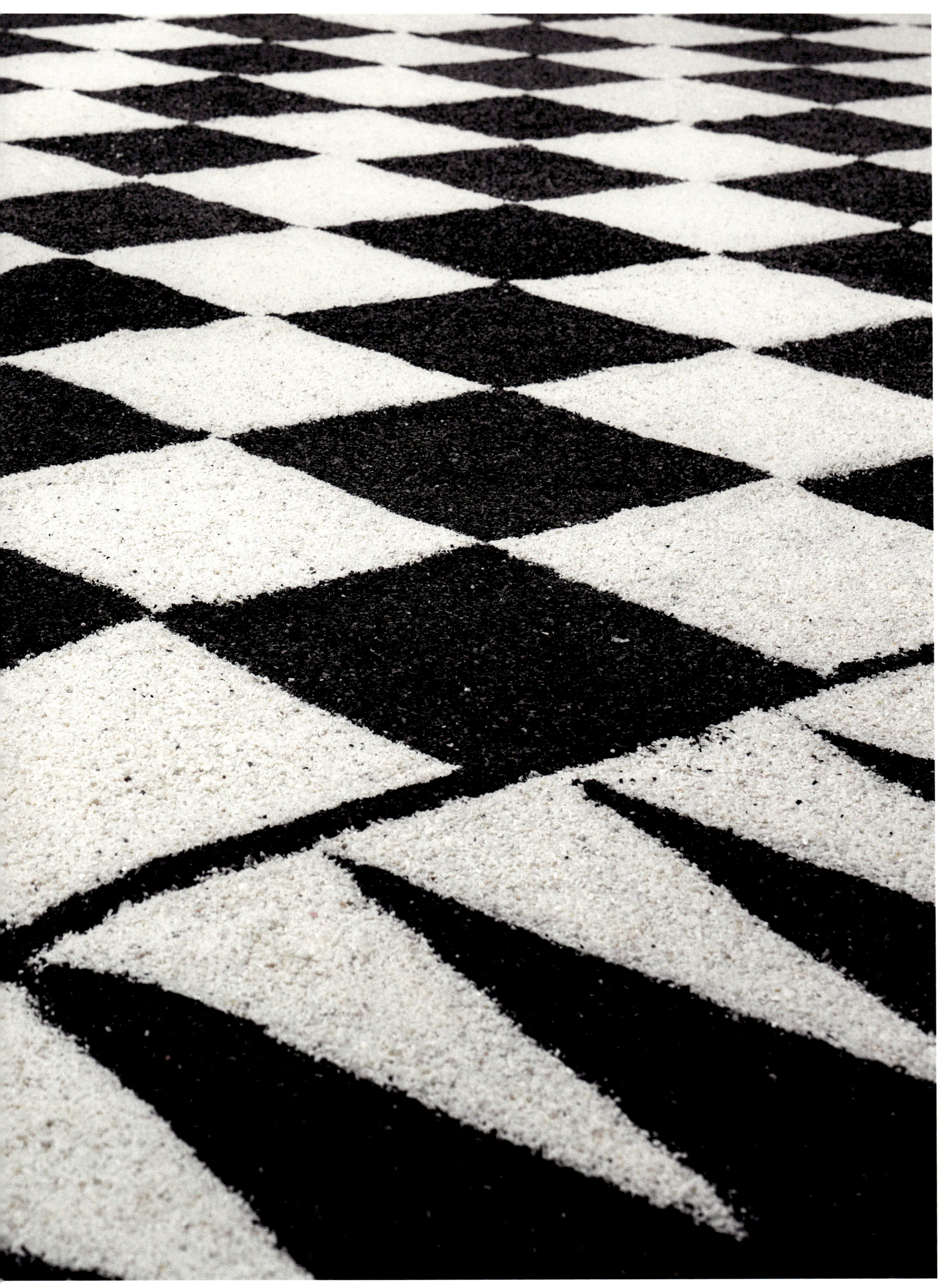

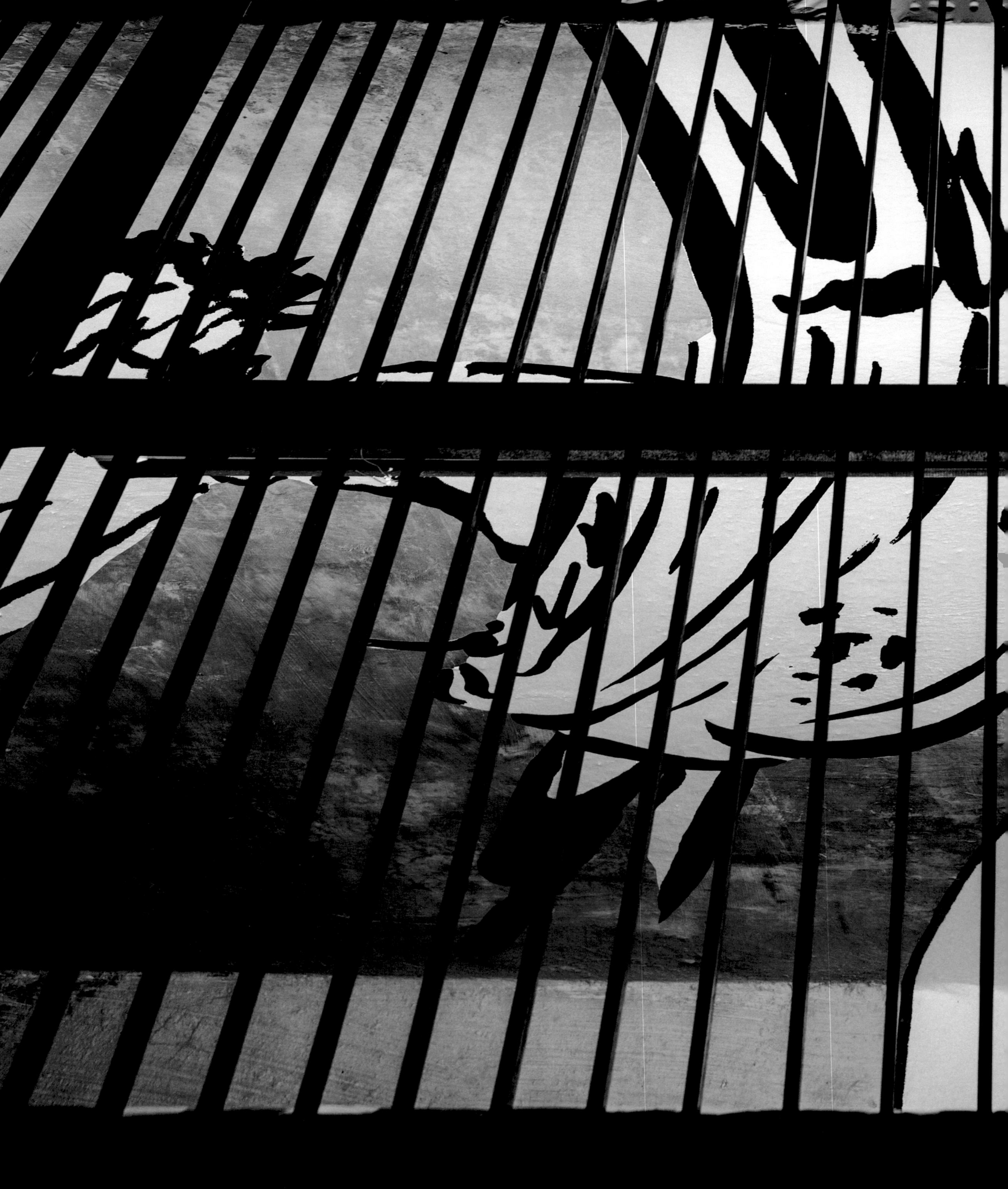

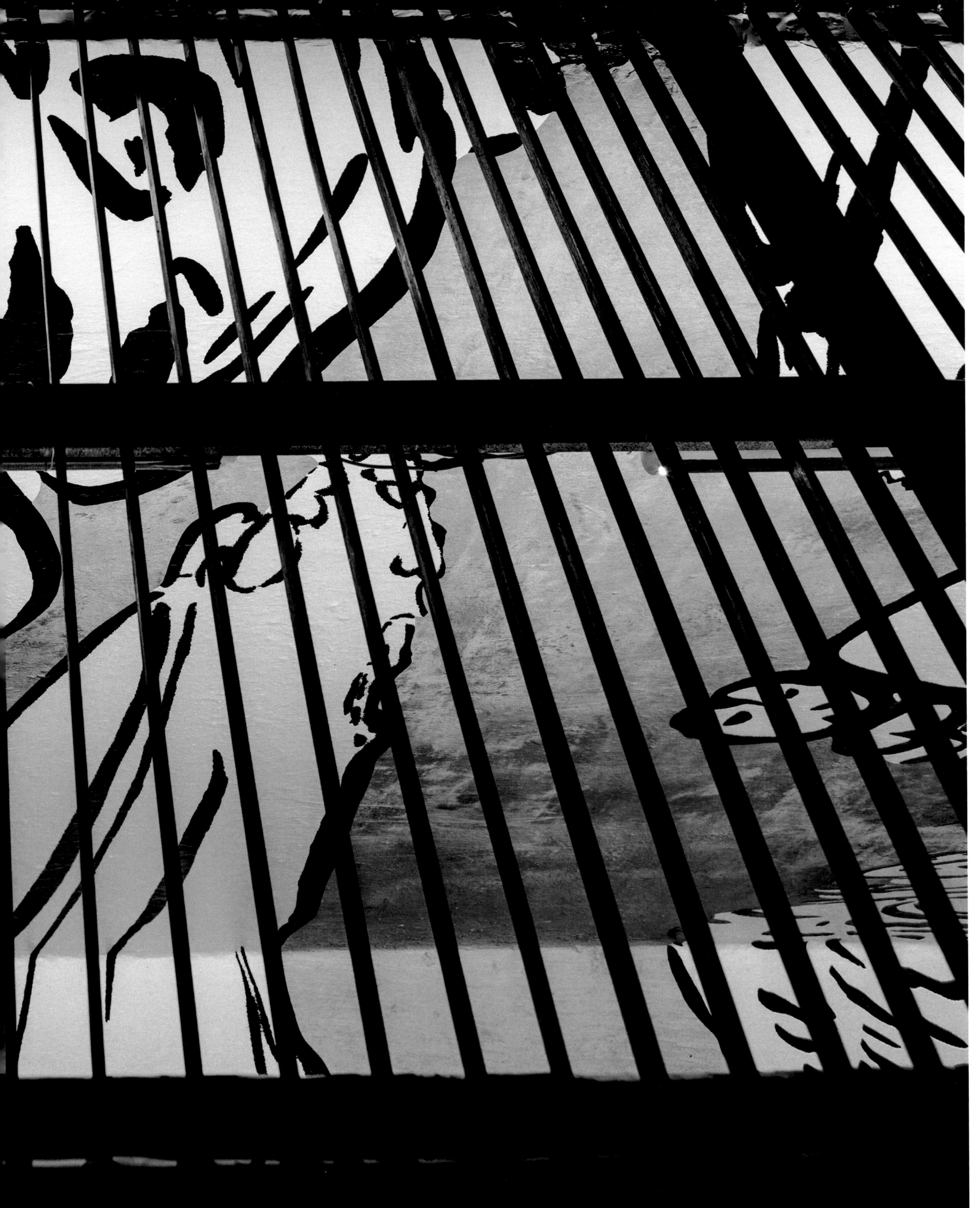

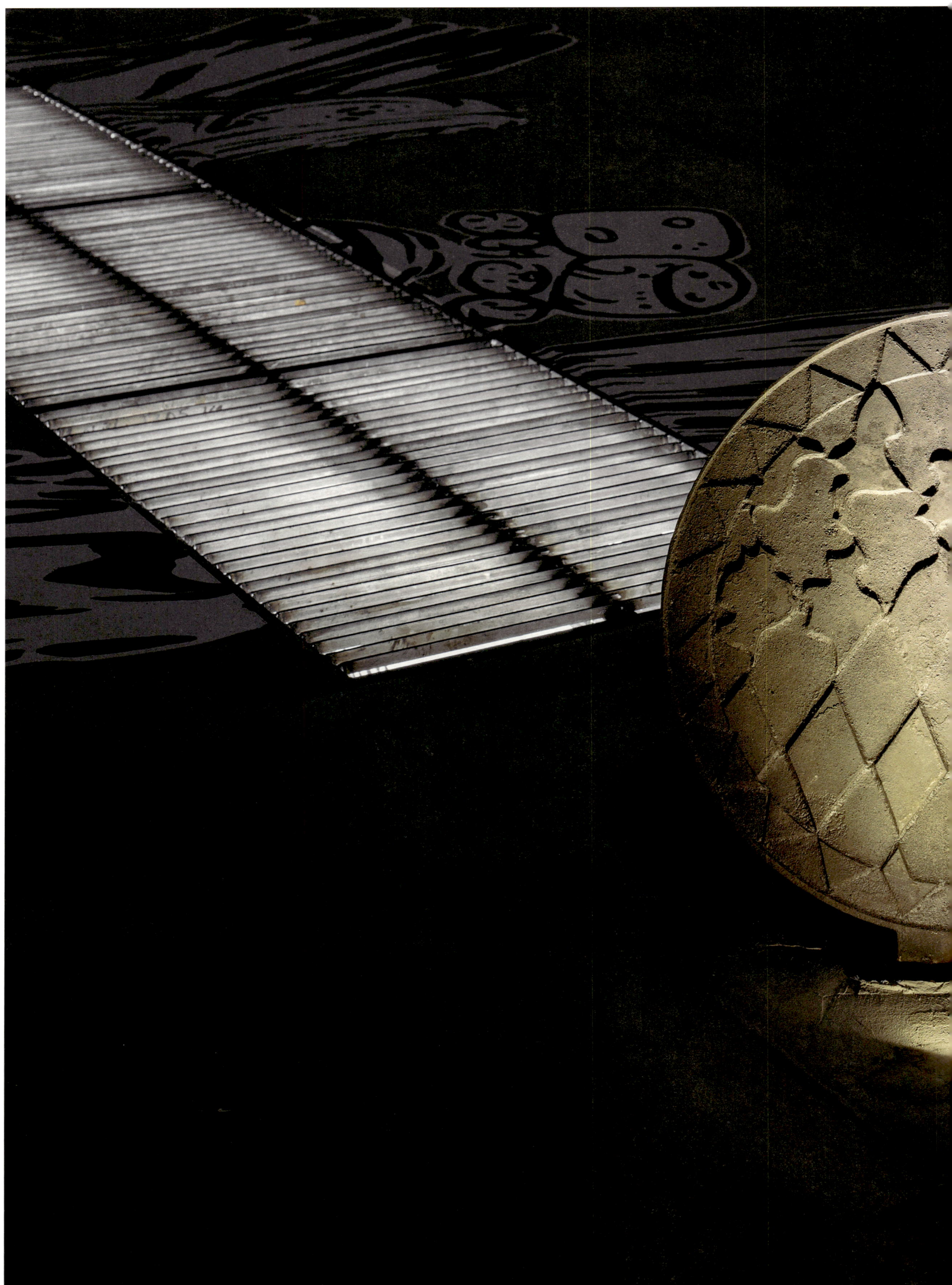

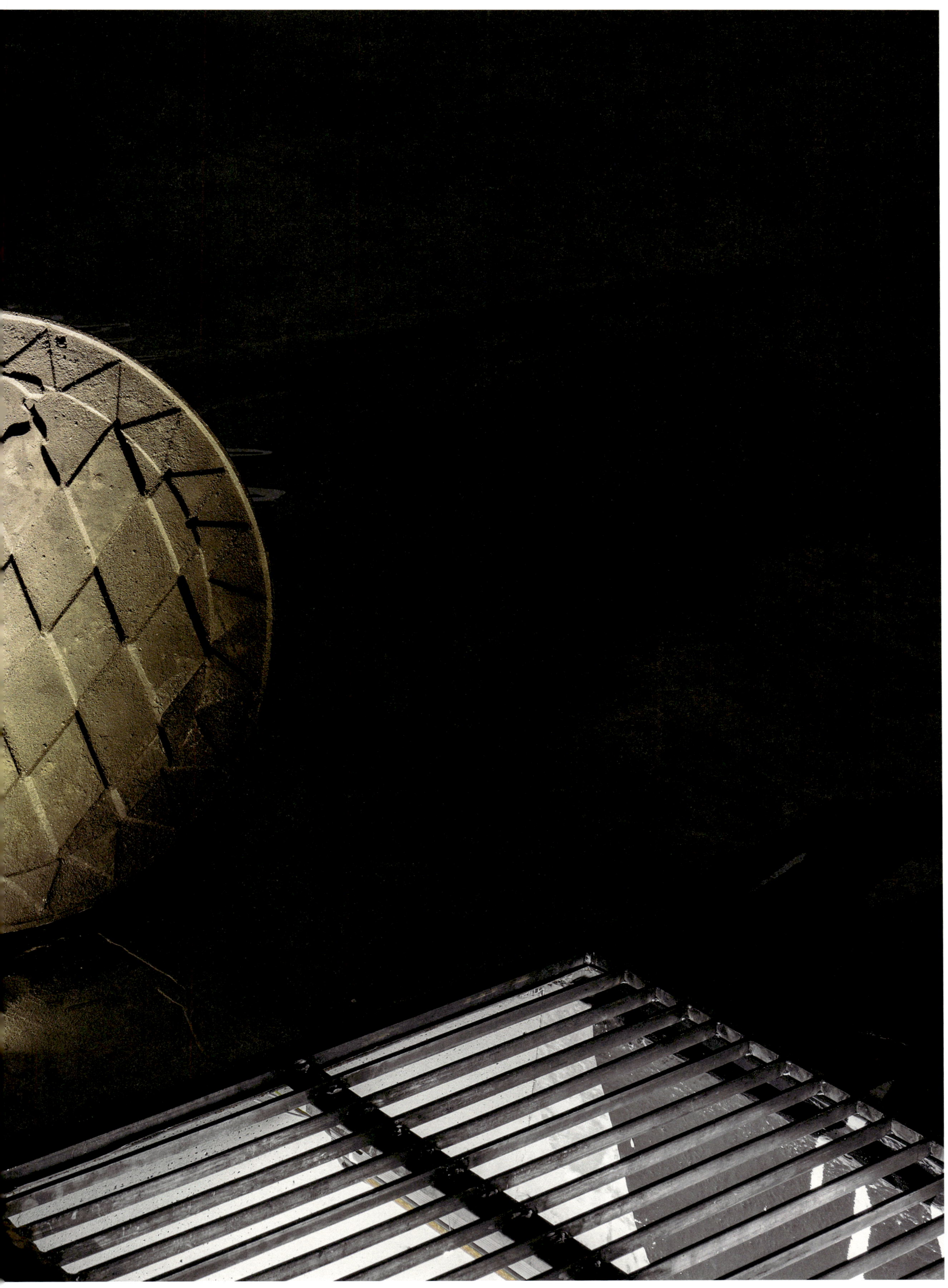

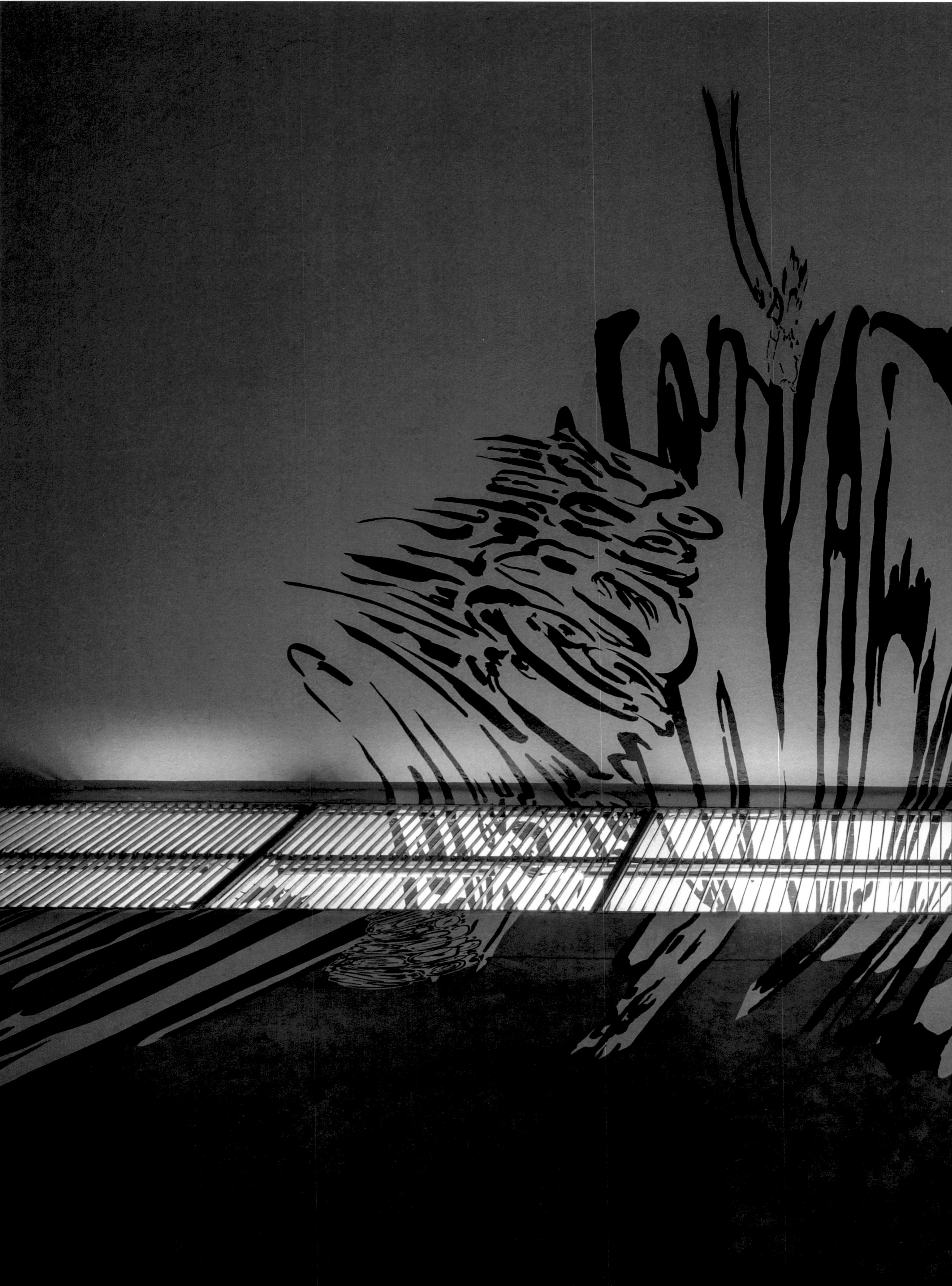

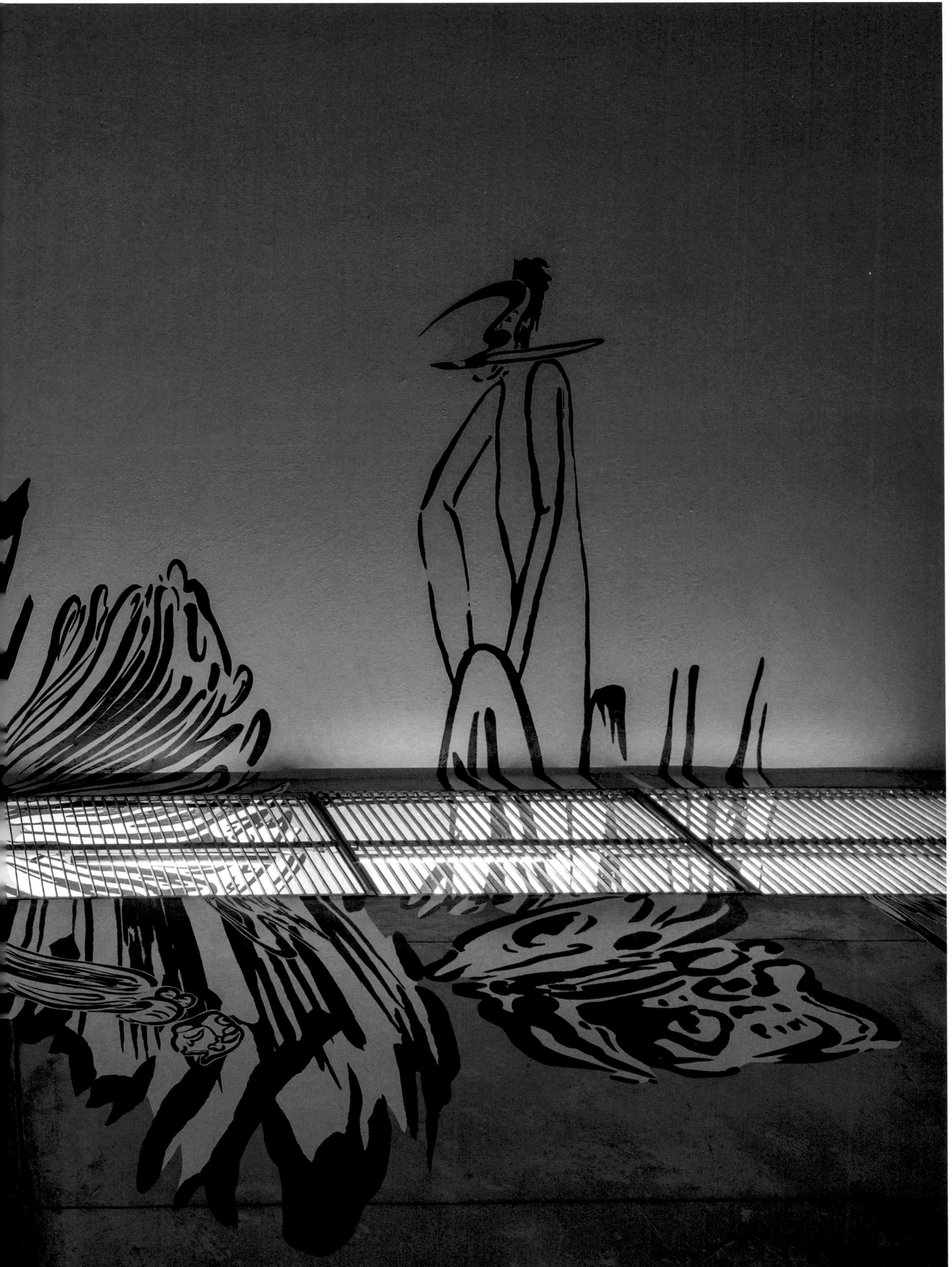

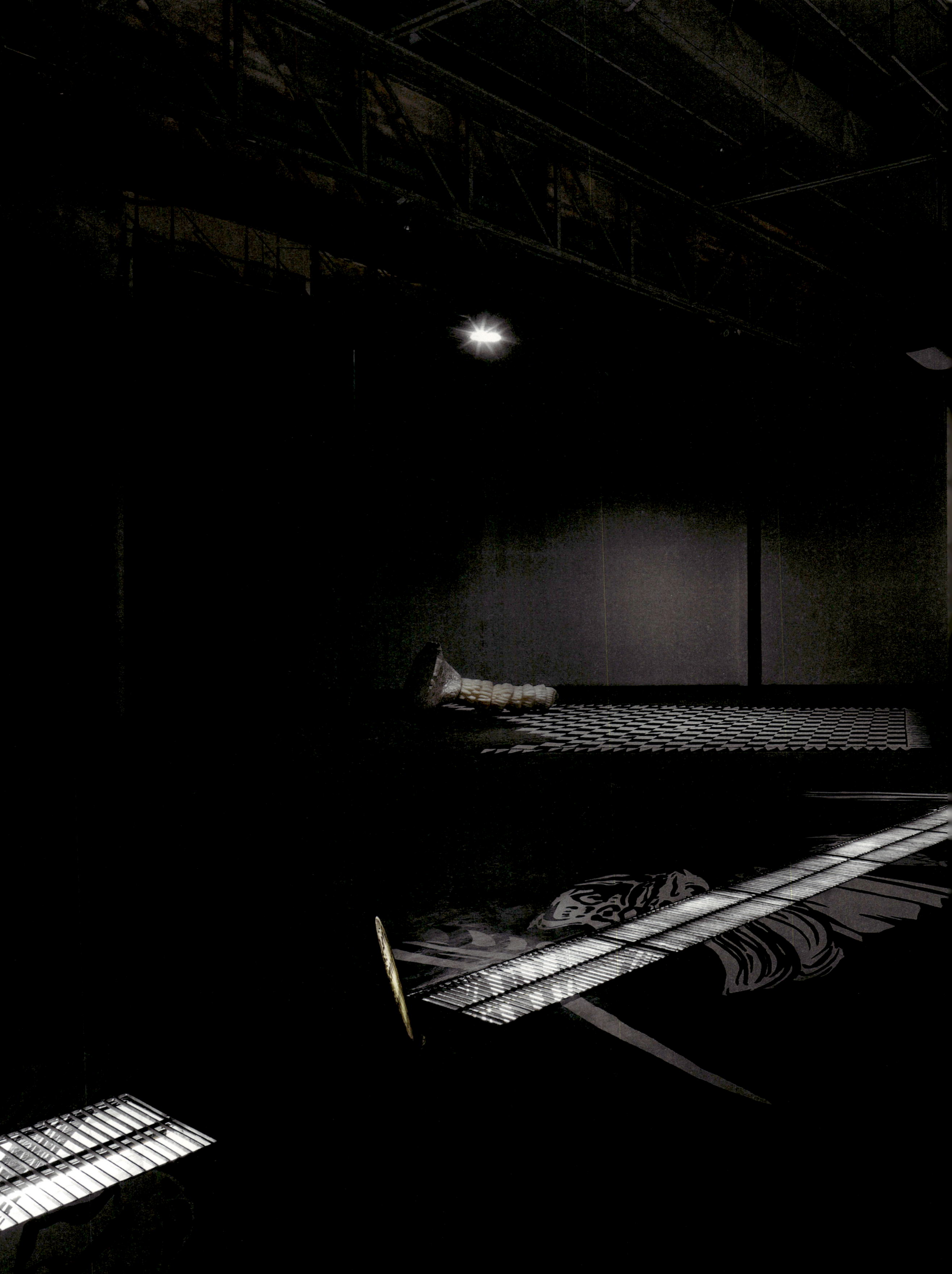

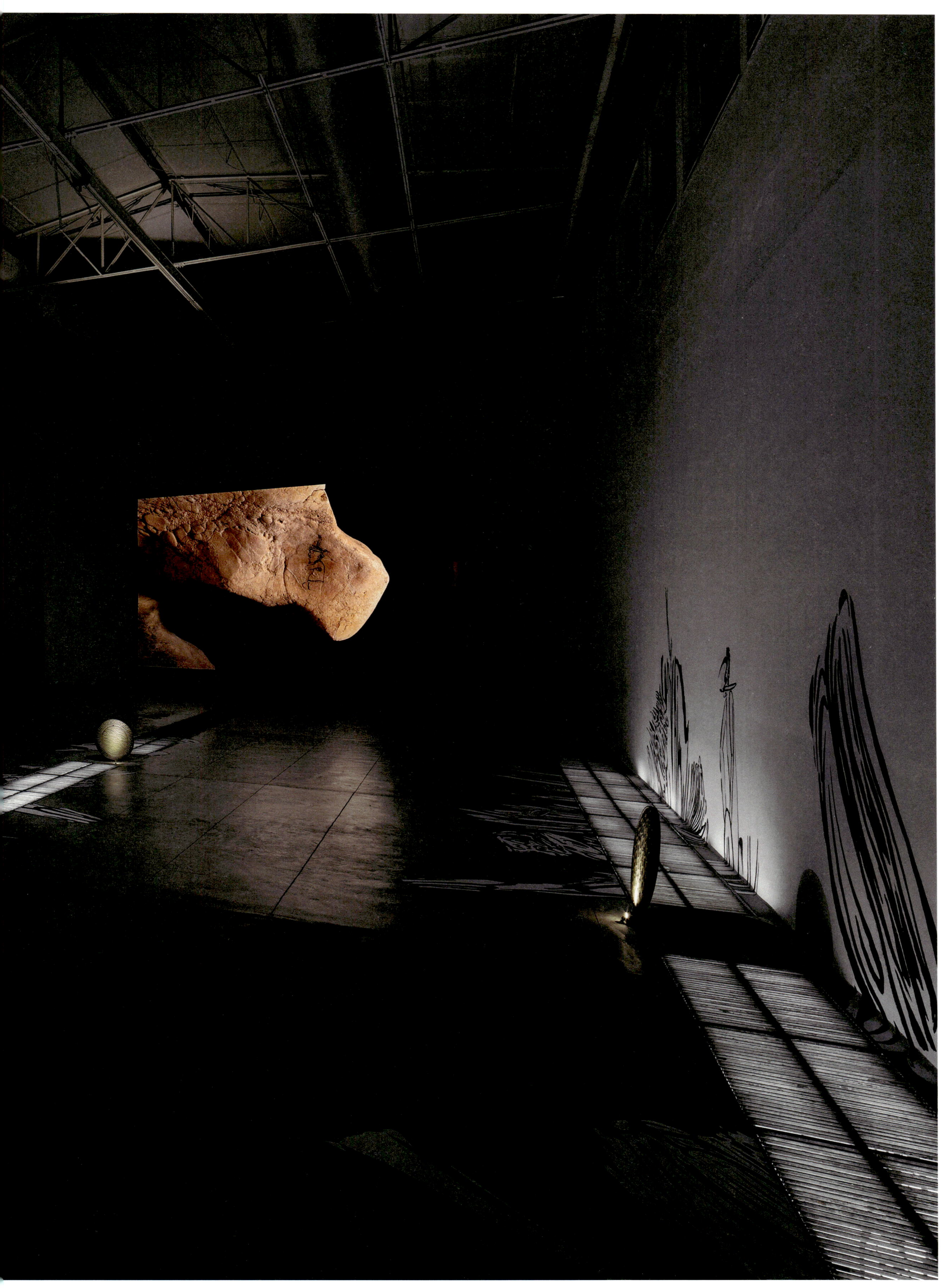

Las imágenes de las láminas 1 a 38 siguen un recorrido por la cueva desde
el Pozo del silencio, al fondo del pasaje norte, hasta el vestíbulo de entrada
y la selva circundante. Para ubicar los dibujos a lo largo de las cámaras y pasajes
de Naj Tunich, referirse al mapa elaborado por George Veni impreso en el interior
de la cubierta del libro.

The images on plates 1 to 38 follow a route through the cave that goes from the
Silent Well, at the farthest point of the Northern Passage, to the Entrance Hall and
the surrounding forest. To locate the drawings along the chambers and passages of
Naj Tunich, refer to George Veni's map printed on the cover interior of the book.

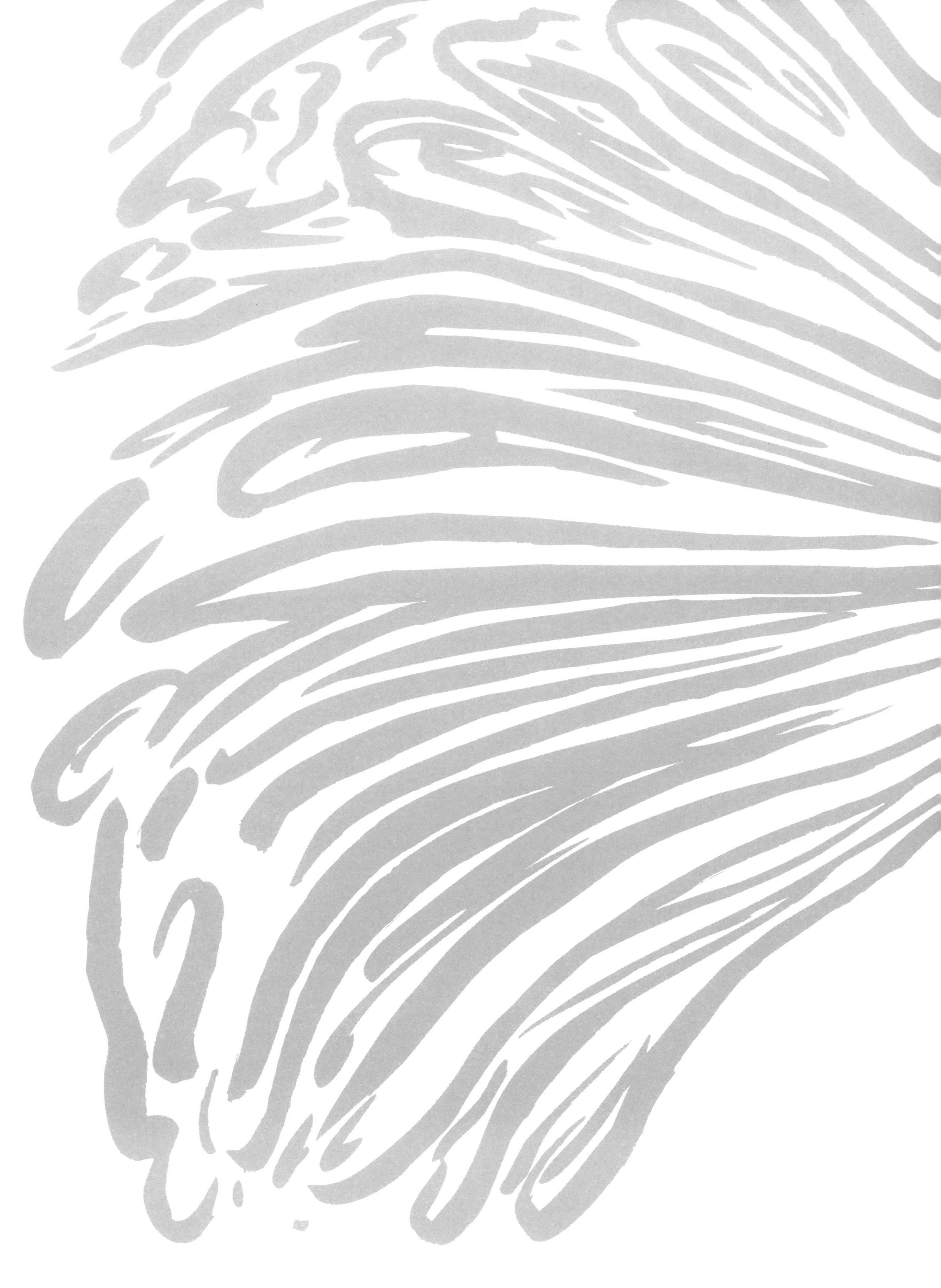

Arte y presencia en la cueva de Naj Tunich

MEGAN E. O'NEIL

El acceso al sistema de cuevas conocido como Naj Tunich ("casa de piedra" en mopan, lengua maya) es un espacio inmenso y espectacular. Su techo se eleva treinta metros del suelo y está cubierto por innumerables estalactitas, que evocan las enormes fauces dentadas de una tierra zoomorfa y animada. Para ver los dibujos ancestrales que han dado reconocimiento a Naj Tunich hay que cruzar ese enorme espacio, subir al balcón —donde se encuentran algunos vestigios arquitectónicos— y atravesar una serie de pasajes para entrar a la cueva. Viajamos a Naj Tunich en un grupo pequeño integrado por un artista, un fotógrafo de cine, un arqueólogo, dos curadores (uno de ellos, hábil explorador de cuevas), dos guardias del sitio, un delegado del Ministerio de Cultura y un inspector de sitios arqueológicos. Las inscripciones pintadas en los muros narran visitas de antiguos peregrinos que asistían en pequeñas agrupaciones, de manera que entrar en grupo resulta especialmente elocuente, incluso formidable; se enlazan pasado y presente.

El ingreso a la cueva exige una travesía particularmente difícil, pues hay que recorrer espacios estrechos y caminar sobre una superficie resbalosa que bordea un enorme peñasco desde el cual se alcanza a ver el fondo. Sin embargo, una vez libradas las dificultades de los primeros pasajes, el visitante es debidamente recompensado con la imponente vastedad e impactante belleza de los espacios internos. El sistema de cuevas tiene una extensión aproximada de tres kilómetros y el rango de dimensiones y escalas es asombroso, desde pequeños cuartos y angostos pasadizos, hasta inmensas cámaras. Como ha señalado James Brady, estos son los espacios interiores más grandes que conocieron los antiguos mayas.[1] La extrema diversidad de proporciones y el sentir del cuerpo en esta variedad de espacios exaltan las emociones de estar presente en ese lugar excepcional.

La cueva desciende a gran profundidad, lejos de las luces, los sonidos y los olores de la superficie de la tierra. Es un mundo distinto al cual el cuerpo debe ajustarse; privado del sentido de la vista se intensifican otros sentidos, como la escucha y el tacto. Uno se vuelve más consciente de la experiencia háptica y somática de los antiguos visitantes mayas: las marcas de sus manos sobre los muros de la cueva plasmadas con pigmento y por transferencia con lodo del suelo (Dibujo 86), así como las huellas de sus pisadas, son rastros o índices de cuerpos que estuvieron presentes. Indudablemente, el tacto era crucial para la percepción estética y significante de los espacios en ese sitio fuera de este mundo.

[1] Comunicación personal con James E. Brady, 2017.

Artistry and Presence
in the Naj Tunich Cave

MEGAN E. O'NEIL

The opening to the cave system known as Naj Tunich ("stone house" in the Mopan Maya language) is a massive, dramatic space. Its ceiling rises thirty meters from the ground and is filled with innumerable stalactites, evoking the enormous toothy mouth of the animate, zoomorphic earth. But in order to see the ancient drawings for which Naj Tunich is renowned, one must move through this large open area, ascend to the Balcony, where there are architectural vestiges, and navigate a series of passages to enter the cave. We journeyed to Naj Tunich as a small group formed by an artist, a film-photographer, an archaeologist, two curators (one a skilled cave explorer), two site guards, a delegate from the Ministry of Culture and an archaeological site inspector. Because the painted inscriptions on the walls narrate ancient pilgrims visiting in small groupings, entering as a group is particularly meaningful, even formidable, linking past and present.

The entrance to the cave interior is especially arduous to traverse, for one must pass through tight spaces and walk on a slippery surface beside a massive cliff overlooking the cave floor. But after these initial difficult passages, one is duly rewarded with the awe-inspiring vastness and breathtaking beauty of the spaces within. The cave system extends about three kilometers, and the range of size and scale is astounding, from small alcoves and tight passageways to immense chambers. As James Brady has pointed out, these were the largest interior spaces the ancient Maya would have known.[1] The wide range of scales and the feeling of the body in these diverse spaces further heightens the emotions of being present in this exceptional place.

The cave descends deep underground, away from the lights, sounds, and smells of the earth's surface. It is an otherworldly space, where one's body must adjust to the deprivation of the sense of sight, as other senses such as hearing and touch are heightened. One becomes distinctly aware of the haptic and somatic experience of ancient Maya visitors: their handprints on the cave walls, both in pigment and in the transfer of mud from the ground (Drawing 86), as well as footprints in the floor, are traces or indices of bodies that once were present. In these spaces, touch was undoubtedly crucial to the aesthetic perception and meanings of this otherworldly location.

[1] Personal communication with James E. Brady, 2017.

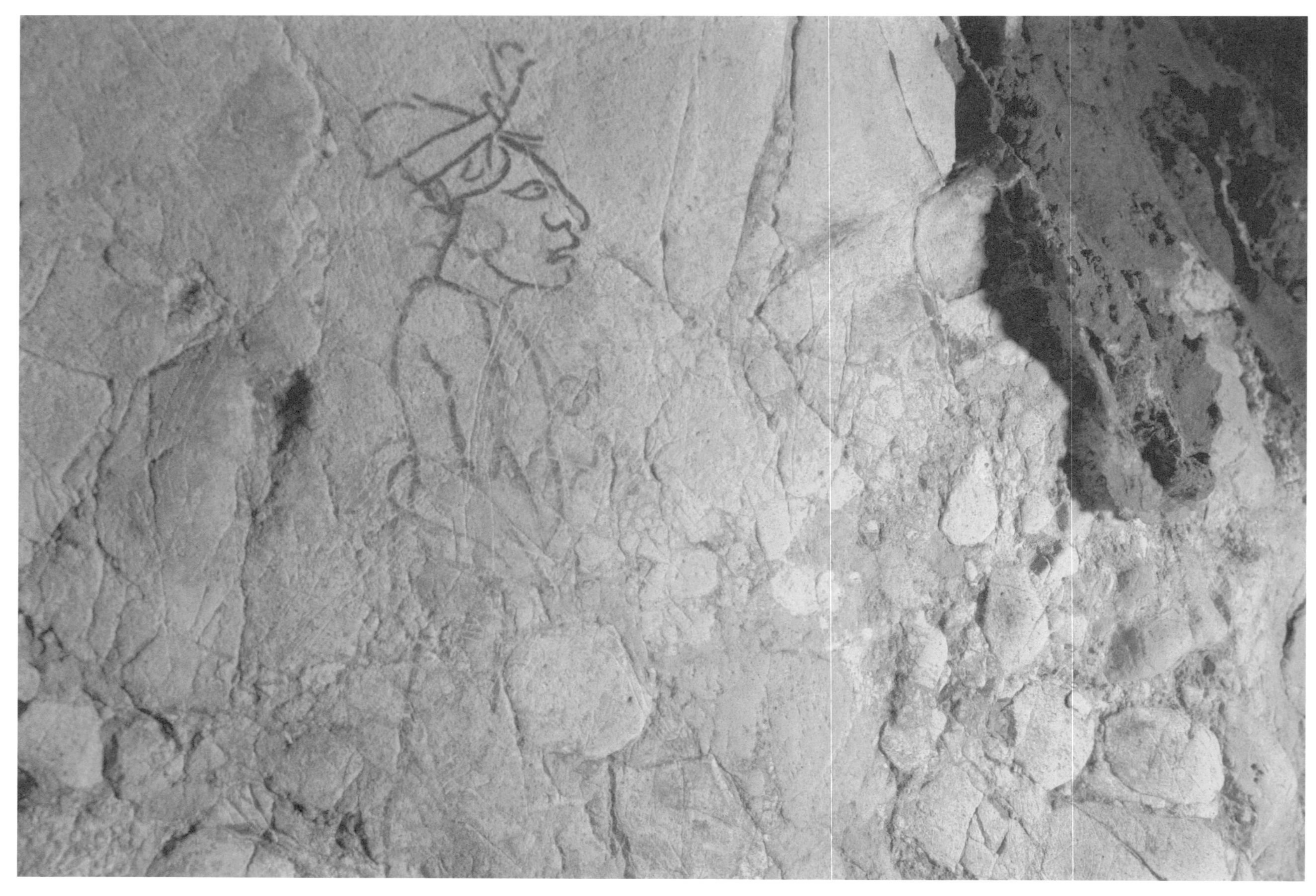

Dibujo 76, Naj Tunich. Pablo Vargas Lugo, *Luz y sonido*, 2018. Fotograma de video. Drawing 76, Naj Tunich. Pablo Vargas Lugo, *Luz y sonido* [Light and Sound], 2018. Video still.

[2] Andrea J. Stone, *Images from the Underworld: Naj Tunich and the Tradition of Maya Cave Painting* (Austin: University of Texas Press, 1995), 109.

[3] Gene A. Ware, Douglas M. Chabries, Richard W. Christiansen, James E. Brady, and Curtis E. Martin, "Multispectral Analysis of Ancient Maya Pigments: Implications for the Naj Tunich Corpus," *Proceedings of the 2000 International Geoscience and Remote Sensing Symposium* (Piscataway, NJ: Institute of Electrical and Electronics Engineers, 2000),

[4] Stone, *Images from the Underworld*, 109.

[5] Ibid., 112

[6] Barbara MacLeod and Andrea J. Stone, "The Hieroglyphic Inscriptions of Naj Tunich," in ibid., 177.

[7] Stone, *Images from the Underworld*, 127.

The paintings and drawings contribute powerfully to the remarkable rupestrian setting. Created by Maya artists in the seventh and eighth centuries, they were painted onto cave walls of brecciated limestone (crushed, recemented limestone), calcite, and gypsum;[2] some were made with sticks of charcoal, and others with brush and paint. Multi-spectral imaging shows at least three pigments, but these have not been chemically identified.[3] Colors include ink-black, certainly using charcoal, and yellowish-brown, possibly using mud from the cave floor, colored by its iron content.[4]

Andrea Stone observed that the color scheme of black or brown on cream-colored walls is similar to Maya codex-style vessels, although those often have red pigment too.[5] Such vessels were contemporary with the Naj Tunich paintings but were from a region to the northwest (in southern Campeche and the northern Petén). Contemporaneous Maya books likely were rendered in a comparable palette, primarily black pigment on a cream surface, as were the extant Postclassic books; the cave walls thus may also connect with book painting traditions. But as with the Postclassic Maya books, Classic-period books likely had additional colors like blue, red, and yellow that are not present in the Naj Tunich cave. The simple color scheme in the cave paintings is possibly the result of a practical choice; given limited human color perception in the dark cave, with light coming only from torches, the artists may have preferred this simplified palette to make the images more salient. Furthermore, the monochromatic paintings also may emphasize their belonging to an otherworldly location, distinct from the colors of the forest and painted cities above ground.

There are more than ninety drawings in the Naj Tunich cave, but many are grouped in distinct clusters. Some highlight extraordinary locations like the Crystal Room, located in a lobe off the Western Passage. With its dazzling, sparkling walls and monumental stalagmites, the Crystal Room is undoubtedly one of the most important locales in the cave. On three calcite stalagmites are painted texts and an image: Drawing 51 is a ballgame scene accompanied by a text that dedicates or blesses the writing on its surface.[6] It has a comparable structure to dedication texts on ceramic vessels and other media. We generally consider dedication texts in relation to the making of a thing, since the dedication happens after or as a part of its making. However, in this case, the dedication text was painted on an already existing natural feature and thus marked the presence and action of the artist in this potent locale. Under those stalagmites is a hearth filled with dense layers of charcoal where visitors performed burning rites.[7] Indeed, there are hearths in many locations in the cave, marking sites of ritual action, and these are mostly undisturbed even after more than a thousand years. Within the cave, one comes close not only to the hands of the artists but also to the remains of their ritual practice.

Las pinturas y los dibujos añaden una fuerza poderosa al impresionante escenario rupestre. Creados por artistas mayas durante los siglos VII y VIII, fueron elaborados directamente sobre los muros de conglomerado de caliza (piedra caliza triturada y reconstituida), calcita y yeso,[2] algunos con pedazos de carbón y otros con brochas y pintura. Mediante imágenes multiespectrales se han podido mostrar, por lo menos, tres pigmentos aún no identificados químicamente;[3] los colores incluyen negro, sin duda proveniente del carbón, y café amarillento, que posiblemente proceda del lodo del suelo de la cueva, cuyo contenido de hierro aporta el color.[4]

Andrea Stone ha señalado que el patrón de color negro o café sobre los muros blanquecinos es similar a las vasijas estilo "códice maya", aunque por lo general, éstas incluyen también pigmento rojo.[5] Dichas vasijas son contemporáneas a las pinturas de Naj Tunich, pero provenientes de una región al noroeste (en la zona sur de Campeche y al norte de Petén). Es posible que se usara una paleta similar en los códices mayas de la época, principalmente pigmento negro sobre una superficie blanquecina, tal como en los códices del periodo Posclásico que se han conservado; siendo así, los muros de la cueva pueden vincularse con las tradiciones pictóricas de los códices. Pero, como en los códices del Posclásico maya, es probable que aquellos del periodo Clásico incluyeran también colores como azul, rojo y amarillo, los cuales no están presentes en la cueva de Naj Tunich. El sencillo patrón de color en las pinturas puede ser resultado de una decisión práctica; dada la limitada percepción del color en la oscuridad de la cueva, con tan solo la luz proveniente de las antorchas, los artistas pudieron haber preferido esta paleta simplificada para lograr destacar las imágenes. Además, las pinturas monocromáticas enfatizan su pertenencia a otro mundo, distinto de los colores de la selva y de la arquitectura característica de las urbes mayas.

Hay más de noventa dibujos en Naj Tunich, y varios de ellos están agrupados en conjuntos. Algunos destacan extraordinarios espacios como la Cámara de cristal, ubicada en un lóbulo al cual se accede desde el Pasaje occidental. Esta impresionante sala con muros brillantes y estalagmitas monumentales es sin duda uno de los espacios más importantes en la cueva. Sobre tres estalagmitas de calcita hay un conjunto de textos y una imagen: el Dibujo 51 es una escena de juego de pelota acompañado por un texto que dedica o bendice a la propia escritura realizada sobre esta superficie.[6] Su estructura es comparable con la de las dedicatorias inscritas en vasijas de cerámica y otros soportes. Por lo general los textos dedicatorios se relacionan con la manufactura del objeto, dado que son inscritas durante el proceso de su factura. Sin embargo, en este caso la dedicatoria se pintó sobre una superficie natural ya existente, por lo tanto señala la acción y presencia del artista en este imponente espacio. Bajo esas estalagmitas hay un hogar con densas capas de carbón donde los visitantes llevaban a cabo rituales de quema.[7] En realidad, hay restos de hogares en muchas otras partes de la cueva que señalan lugares de prácticas rituales, los cuales permanecen casi imperturbados incluso después de más de mil de años. Al estar dentro de la cueva, uno se acerca no sólo a las manos de los artistas, sino a los residuos de sus prácticas rituales.

[2] Andrea J. Stone, *Images from the Underworld: Naj Tunich and the Tradition of Maya Cave Painting* (Austin: University of Texas Press, 1995), 109.

[3] Gene A. Ware, Douglas M. Chabries, Richard W. Christiansen, James E. Brady y Curtis E. Martin, "Multispectral Analysis of Ancient Maya Pigments: Implications for the Naj Tunich Corpus", *Proceedings of the 2000 International Geoscience and Remote Sensing Symposium* (Piscataway, NJ: Institute of Electrical and Electronics Engineers, 2000).

[4] Stone, *Images from the Underworld*, 109.

[5] Ibid., 112.

[6] Barbara MacLeod y Andrea J. Stone, "The Hieroglyphic Inscriptions of Naj Tunich", en *Images from the Underworld: Naj Tunich and the Tradition of Maya Cave Painting*, 177.

[7] Stone, *Images from the Underworld*, 127.

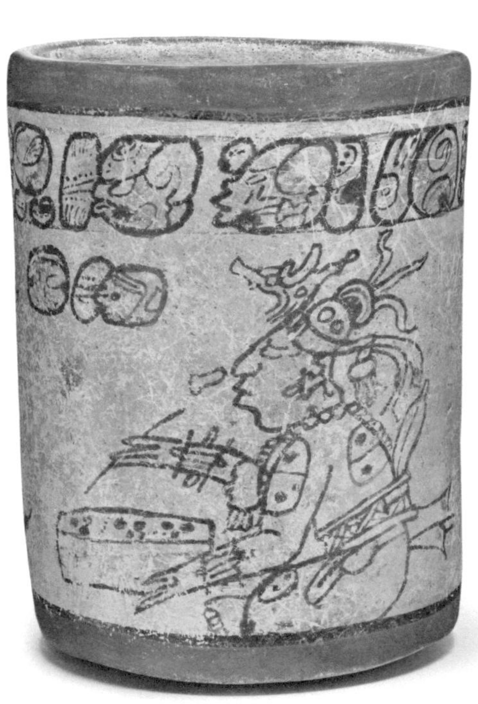

Vasija con escribas estilo códice, norte
de Petén, Guatemala, o sur de Campeche,
México, 650–800 d.C. Los Angeles
County Museum of Art M.2010.115.562.
Foto © Museum Associates / LACMA.
Codex-style vessel with scribes, northern
Peten, Guatemala, or southern Campeche,
Mexico, 650–800 AD. Los Angeles
County Museum of Art M.2010.115.562.
Photo © Museum Associates / LACMA.

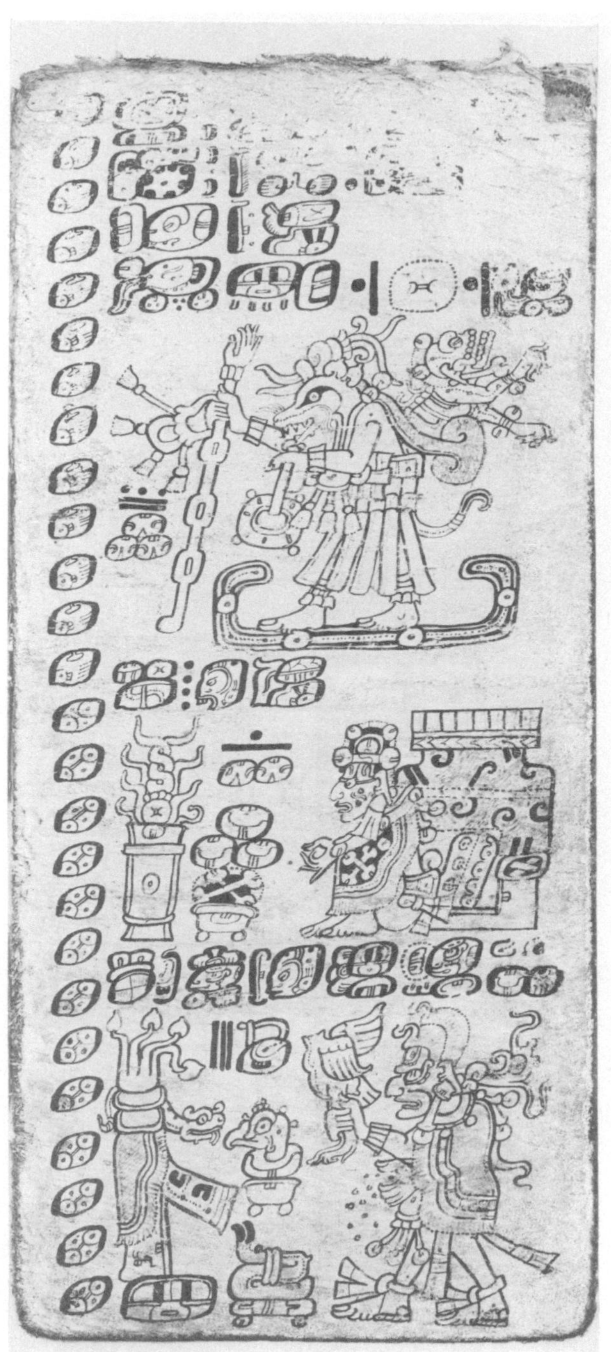

Detalle del Códice Dresden 25c, Yucatán,
México, siglo XIV–XV. Foto: Ernst
Förstemann, facsímil de Linda Schele
© David Schele. Cortesía de Ancient
Americas, LACMA. Detail of Dresden
Codex 25c, Yucatan, Mexico, 14th–15th
century. Photo: Ernst Förstemann,
facsimile by Linda Schele © David Schele.
Courtesy of Ancient Americas at LACMA.

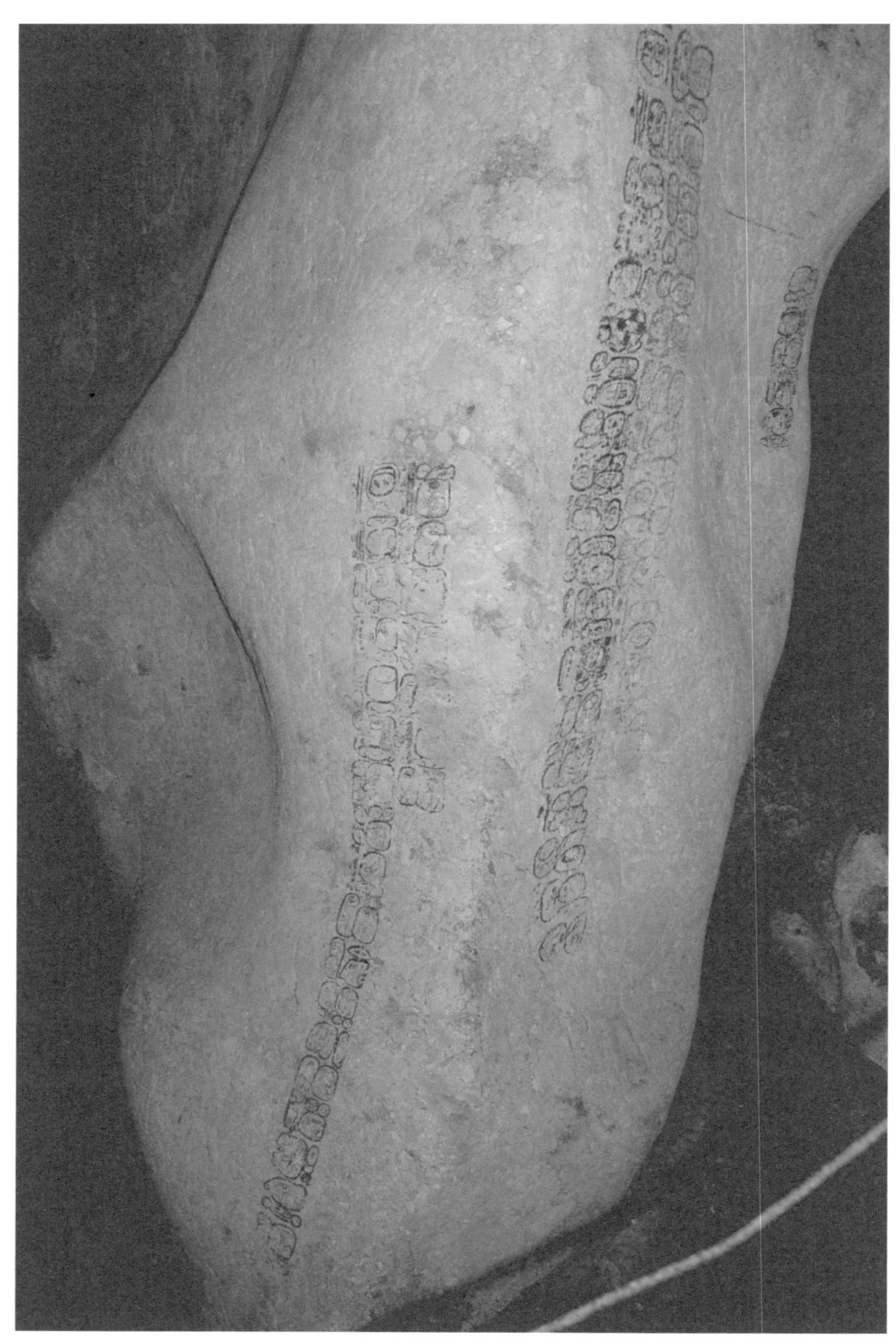

Dibujos 28, 29 y 30, Naj Tunich.
Foto: Megan O'Neil. Drawings 28, 29
and 30, Naj Tunich. Photo: Megan O'Neil.

Stone observes that drawings can also mark transitional zones from one part of the cave to the next, appearing at thresholds or sharp bends in the walls.[8] One set of drawings is just beyond the Crystal Room, near the end of the long Western Passage. Accessing it requires squeezing and crawling through a small passage. There we see Drawing 65, the longest extant inscription in the cave, and the example naming the most individuals, recording their presence in this location and their arrival together. The drawings also frequently follow the natural, organic volumes of the rock.[9] Notable are Drawings 28, 29, and 30, which are on either side of a bend in a dramatic vertical rock form, and Drawing 82, whose inscriptions follow the horizontal, undulating shape of another striking rock formation. The style of images, calligraphy or the use of parallel glyphic phrases indicates that some artists made more than one drawing, but these could be located in different parts of the cave.[10] For example, Drawing 34 is at the beginning of the Western Passage, and Drawing 65 is near the end, far from the entrance.

Some painted images are of deities or the supernatural Hero Twins (named Hunahpu and Xbalanque in the *Popol Vuh*), but most portray humans performing ritual offerings, playing music, dancing or drinking (Drawing 68). These are activities that likely took place inside the cave. The human figures include artists, one of them with a conch shell which may have contained painting materials or served as part of a ritual (Drawing 22). Others show human and supernatural figures playing the ballgame,[11] portraying the players next to steps, a common way the Late Classic Maya depicted this ritual (Drawing 51). There are no ballgame architectural features in the cave, but it is possible that cave rooms or passages were used as ballcourts, which would have aligned with the ancient Maya interpretation of the ballcourt as an extension of the underworld.[12] Also in the cave are images of sexual activities, including masturbation and possibly interfemoral sex between two men (Drawing 18). Such activities also may have taken place in the cave, which appears to have been a place reserved only for male visitors, particularly elite men and youths.[13] There are no texts explicitly referring to females; thus it is possible that women did not visit the cave, or at least none recorded or had their presence recorded on its walls.

The hieroglyphic texts describe visits of people to the cave, often in the company of others or with supernatural entities. Some verbs narrate arriving (*huli*, "he/she/it arrives") or returning (*pakxi*, "he/she/it returns") to the cave. Others narrate seeing (*ilaj*, "he/she/it is seeing") in the cave; one repeated phrase is *ilaj mo'npan* (or *yilaaj mo'npan*), with *mo'npan* being the place of seeing. This name likely referred to the very cave location, since Mopan survives as the name of a river and a language in the region.[14] All these verbs emphasize the experience of coming to the cave and seeing inside it, and one example specifies preternatural seeing: in Drawing 65 is a phrase Stephen Houston deciphers as *il bih il way*, "sees the road, sees the night soul" and interprets as a reference to "a vision quest into the recesses of the cave."[15] Another verb is an undeciphered "fire-bearer" verb (in Drawing 82) that may refer to performing a rite involving fire.[16] Indeed, this interpretation may correlate with the many hearths recorded in the cave.

[8] Ibid., 125.

[9] Ibid., 119.

[10] Ibid., 114, 116.

[11] See Mary Ellen Miller and Stephen Houston, "The Classic Maya Ballgame and its Architectural Setting: A Study of Relations between Text and Image," *Res* 14 (1987): 46–65.

[12] Stone, *Images from the Underworld*, 152.

[13] Stephen Houston, "A Splendid Predicament: Young Men in Classic Maya Society," *Cambridge Archaeological Journal* 19, no. 2 (2009): 149–78; Stephen Houston, *The Gifted Passage: Young Men in Classic Maya Art and Text* (New Haven and London: Yale University Press, 2018), 130–31.

[14] MacLeod and Stone, "Hieroglyphic Inscriptions of Naj Tunich," 156.

[15] Houston, "A Splendid Predicament", 169; Houston, *The Gifted Passage*, 130–31.

[16] MacLeod and Stone, "Hieroglyphic Inscriptions of Naj Tunich," 179–80.

Stone señala que los dibujos también pueden indicar espacios de transición entre una parte de la cueva y la siguiente, cuando aparecen en los umbrales o en las pronunciadas hendiduras de los muros.[8] Un grupo de dibujos se localiza más allá de la Cámara de cristal, casi al final del largo pasaje occidental. Para poder llegar a ese lugar hay que encogerse y gatear a través de un pequeño pasaje. Allí observamos el Dibujo 65, la inscripción más larga que existe en la cueva y en la que se menciona la mayor cantidad de nombres de individuos, con lo que se registra su presencia en ese lugar y su llegada en grupo. Es frecuente también que los dibujos sigan los volúmenes naturales y orgánicos de la piedra.[9] Los Dibujos 28, 29 y 30 son notables, ubicados en ambos lados de una hendidura sobre una prominente formación rocosa vertical, así como el Dibujo 82, cuyas inscripciones siguen la forma horizontal ondulatoria de otra impactante formación rocosa. El estilo de las imágenes, la caligrafía o el uso de glifos en frases paralelas indican que algunos artistas hicieron más de un dibujo, los cuales pueden encontrarse en distintos lugares en la cueva.[10] Por ejemplo, el Dibujo 34 se encuentra al inicio del Pasaje occidental y el Dibujo 65 está casi al final, lejos de la entrada.

Algunas pinturas representan deidades o a los Héroes Gemelos (llamados Hunahpu y Xbalanque en el *Popol Vuh*), pero la mayoría representa seres humanos llevando ofrendas rituales, tocando música, bailando o bebiendo (Dibujo 68) —actividades que probablemente sucedían en el interior de la cueva. Entre los humanos se incluyen artistas, uno de ellos con un caracol marino dentro del cual podría haber materiales para pintar o que podría formar parte de un ritual (Dibujo 22). Otras pinturas muestran figuras humanas y seres sobrenaturales practicando el juego de pelota; los personajes están situados cerca de una escalinata, lo cual es una representación común del juego de pelota durante el periodo Clásico tardío (Dibujo 51).[11] Dentro de la cueva no hay rastros arquitectónicos de un juego de pelota, pero es posible que los cuartos o los pasajes hayan sido utilizados como campos de juego, ello coincidiría con la creencia maya ancestral respecto al campo del juego de pelota como extensión del inframundo.[12] También hay imágenes de actos sexuales, se incluyen la masturbación y posiblemente el sexo interfemoral entre dos hombres (Dibujo 18), lo cual pudo haber acontecido ahí mismo, pues, al parecer, era un espacio reservado para visitantes masculinos, particularmente miembros de las élites.[13] No hay textos que hagan referencia explícita a las mujeres, lo cual indica que, o bien no entraban a la cueva o nadie registró su presencia sobre los muros.

[8] Ibid., 125.

[9] Ibid., 119.

[10] Ibid., 114, 116.

[11] Véase Mary Ellen Miller y Stephen Houston, "The Classic Maya Ballgame and Its Architectural Setting: A Study of Relations between Text and Image", *Res* 14 (1987): 46–65.

[12] Stone, *Images from the Underworld*, 152.

[13] Stephen Houston, "A Splendid Predicament: Young Men in Classic Maya Society," *Cambridge Archaeological Journal* 19, no. 2 (2009): 149–78; Stephen Houston, *The Gifted Passage: Young Men in Classic Maya Art and Text* (New Haven y Londres: Yale University Press, 2018), 130–31.

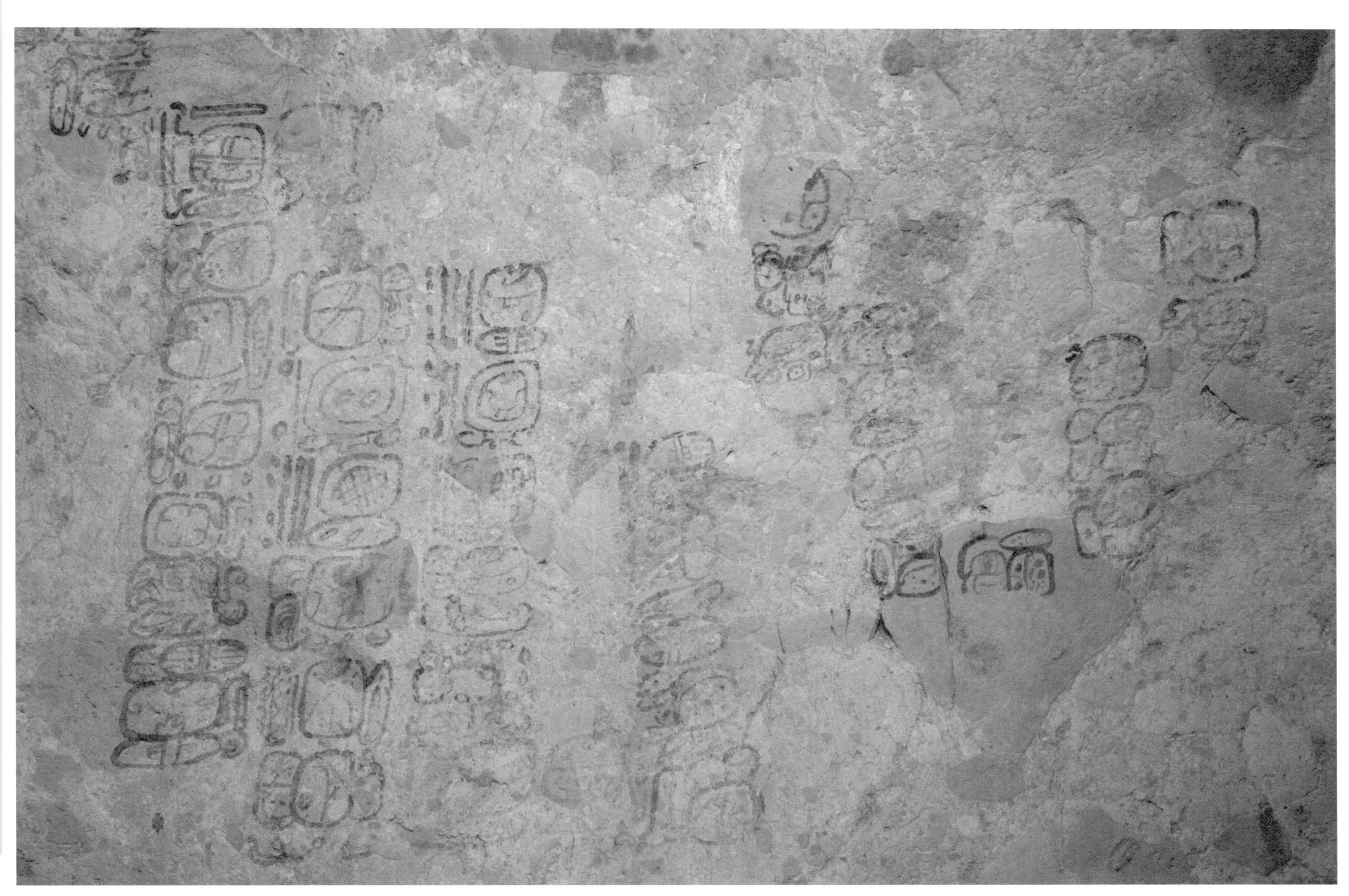

Detalle de Dibujo 65, Naj Tunich.
Pablo Vargas Lugo, *Luz y sonido*, 2018.
Fotograma de video. Detail of Drawing
65, Naj Tunich. Pablo Vargas Lugo,
Luz y sonido [Light and Sound], 2018.
Video still.

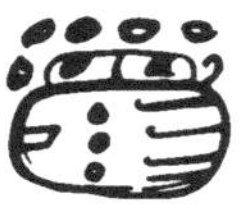

huli
"él/ella/eso llega"
"he/she/it arrives"

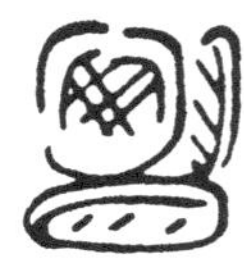

pakxi
"él/ella/eso regresa"
"he/she/it returns"

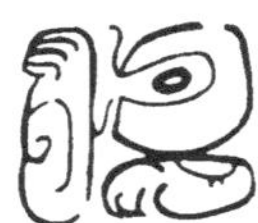

yilaaj
"él/ella/eso lo ve"
"he/she/it sees it"

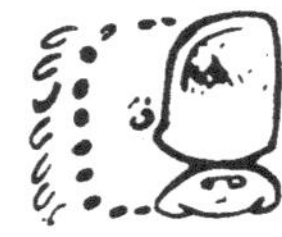

mo'npan
(topónimo)
(toponym)

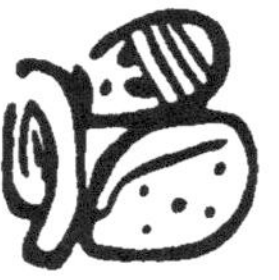 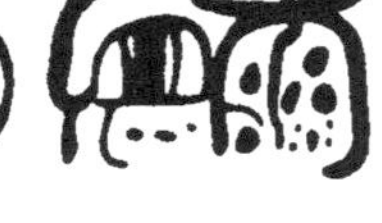

il bih il way
"ve el camino, ve el alma de la noche"
"sees the road, sees the night soul"

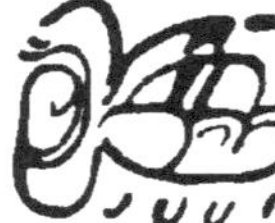

yitaaj
"el/ella/eso es acompañante de"
"he/she/it is the companion of"

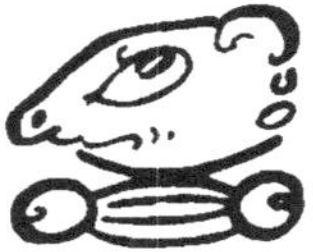

ch'ok
"joven"
"youth"

Ejemplos de escritos jeroglíficos que describen acciones, personas y lugares. Dibujo 65, Naj Tunich. Tomados de: Andrea J. Stone, *Images from the Underworld: Naj Tunich and the Tradition of Maya Cave Painting* (Austin: University of Texas Press, 1995), 167. Cortesía de University of Texas Press. Examples of hieroglyphic texts describing actions, people, and places. Drawing 65, Naj Tunich. From: Andrea J. Stone, *Images from the Underworld: Naj Tunich and the Tradition of Maya Cave Painting* (Austin: University of Texas Press, 1995), 167. Courtesy of University of Texas Press.

Los escritos jeroglíficos describen visitas de personas a la cueva, generalmente en compañía de otros individuos o de seres sobrenaturales. Algunos verbos narran la llegada (*huli*, "él/ella/eso llega") o el retorno (*pakxi*, "él/ella/eso regresa") a la cueva. Otros narran el acto de "ver" (*ilaj*, "él/ella/eso ve") en la cueva; una frase que se repite es *ilaj mo'npan* (o *yilaaj mo'npan*), siendo *mo'npan* el lugar "del ver". Es muy posible que ese nombre hiciera referencia a la ubicación de la cueva, ya que la palabra "mopan" aún existe, da nombre al río y a la lengua de la región.[14] Estos verbos hacen énfasis en la experiencia de llegar a la cueva y ver en su interior; uno de los ejemplos especifica la capacidad preternatural del ver: en el Dibujo 65 es una frase que Stephen Houston descifra como *il bih il way*, "ve el camino, ve el alma de la noche" e interpreta como una referencia a "la búsqueda de la visión dentro de los recodos de la cueva".[15] Otro verbo que aún no se ha descifrado está representado por la imagen de un portador de fuego (en el Dibujo 82), que puede referir a la ejecución de algún rito que involucrara el uso del fuego.[16] De hecho, esta interpretación establece una relación con los varios hogares que hay en la cueva.

Es significativo que múltiples inscripciones describan las visitas de varias personas vinculadas con la palabra *yitaaj* ("él/ella/eso es acompañante de").[17] La palabra *yitaaj* en las inscripciones de la época Clásica puede conectar personas, ancestros o a otros seres sobrenaturales reunidos durante un ritual. Por ejemplo, el Dibujo 28 presenta una fecha del calendario maya a la que sigue la frase *yilaaj mo'npan* ("lo ve a *mo'npan*"), donde aparecen varios protagonistas ligados por *yitaaj*, uno de ellos es un joven.[18] El Dibujo 65 muestra el verbo *pakxi* ("él retorna"), nombra al protagonista y después identifica una serie de individuos vinculados por la relación *yitaaj*; algunos portan el título *ch'ok* o "joven". Es notorio que las

[14] MacLeod y Stone, "Hieroglyphic Inscriptions of Naj Tunich", 156.

[15] Houston, "A Splendid Predicament", 169; Houston, *The Gifted Passage*, 130–31.

[16] MacLeod y Stone, "Hieroglyphic Inscriptions of Naj Tunich", 179–180.

[17] Esta palabra pudo ser *yitaaj* o *yitaji*. Comunicación personal con Stephen Houston, 2018.

[18] MacLeod y Stone, "Hieroglyphic Inscriptions of Naj Tunich", 165.

[17] This word may have been *yitaaj* or *yitaji*. Personal communication with Stephen Houston, 2018.

[18] MacLeod and Stone, "Hieroglyphic Inscriptions of Naj Tunich," 165.

[19] Ibid., 156; Nicholas P. Carter, "These are Our Mountains Now: Statecraft and the Foundation of a Late Classic Maya Royal Court," *Ancient Mesoamerica* 27, no. 2 (2016): 243.

[20] See James E. Brady and Andrea J. Stone, "Naj Tunich: Entrance to the Maya Underworld," *Archaeology* 39, no. 6 (1986): 18–25.

[21] See ibid. and George E. Stuart, "Maya Art Treasures Discovered in Cave," *National Geographic* 160, no. 2 (1981): 220–35.

[22] See James E. Brady, "New Vandalism at Naj Tunich Cave," *National Geographic Research and Exploration* 7, no. 1 (1991): 114–15.

[23] Angela M. H. Schuster, "Rituals of the Modern Maya," *Archaeology* 50, no. 4 (July/August 1997), https://archive.archaeology.org/9707/etc/maya.html. (Consulted June 5, 2018.)

Especially noteworthy is that multiple texts describe visits by various people, who are linked by the word *yitaaj* ("he/she/it is the companion of").[17] *Yitaaj* in Classic Maya inscriptions can connect people, ancestors, or other supernatural beings who come together in a rite. Drawing 28, for example, gives a Calendar Round date followed by *yilaaj mo'npan* ("he sees it at mo'npan"), and there are multiple protagonists linked by *yitaaj*, one of whom is a youth.[18] Drawing 65 uses the *pakxi* ("he returns") verb, names the protagonist, and then identifies a series of individuals linked by the *yitaaj* relationship, some bearing the *ch'ok* or "youth" title. Notably, the text columns branch out for the first two names following a *yitaaj*, as if to give more prominence to these individuals. Additional names are added to the right and beneath the main set of columns. Drawing 28 is among the first major cluster of drawings, located at an important transitional point in the Western Passage, and Drawing 65 is near the end of the Western Passage, two significant transitional points in the cave where these elite Maya men marked their presence.

Based on the inscriptions, it is clear that individuals from multiple sites in the Maya Mountains, including Ixtutz, Ixkun, and Sacul, as well as from sites farther away like Caracol and Calakmul, visited the cave at the same time, perhaps in joint pilgrimages.[19] The visits thus may convey alliances among these places and may have a political dimension. The individuals appear to have been scribes, ritual practitioners, young elite men, and rulers, some referred to as *ajaw* ("lord") and others as *k'uhul ajaw* ("holy lord").

As the extraordinary drawings attest, the Naj Tunich cave was a place for significant artistry, ritual practice, and political alliances in the seventh and eighth centuries, but archaeological discoveries demonstrate the cave had been a place for ritual and pilgrimage centuries before, as early as the Late Preclassic period.[20] Although the cave was ultimately lost from memory, its rediscovery in 1980 by Bernabé Pop, a Q'eqchi' Maya man, revealed its extraordinary nature to Maya people, to Guatemalans, and to the world.[21] Tragically, a little over a decade later, twenty-three of the drawings were vandalized, some smeared with fingers and others damaged with sharp objects; these actions partially or fully damaged them, all irreparably.[22]

Nonetheless, Naj Tunich remains a significant site for the study of ancient Maya writing, calligraphy, and ritual practice. Furthermore, it remains a place of continued importance for contemporary Maya people who make pilgrimages to the cave to perform ceremonies, often before the rainy season, to petition for good harvests.[23] In the large open entrance area, within the maw of the earth, they deposit offerings in ceramic and glass vessels and burn candles and other materials. Their practices both echo and continue those of the Maya pilgrims from more than a millennium earlier.

columnas de texto se bifurcan a partir de los primeros dos nombres inscritos después de *yitaaj*, como queriendo dar mayor relevancia a esos individuos. Hay más nombres inscritos al lado derecho y debajo del grupo principal de columnas. El Dibujo 28 se ubica en uno de los primeros conjuntos, localizado en un importante punto de transición en el Pasaje occidental, y el Dibujo 65 está casi al final del Pasaje occidental, dos sitios de transición significativos en la cueva donde esos hombres de la élite maya marcaron su presencia.

De acuerdo con estas inscripciones, es claro que individuos provenientes de sitios múltiples de la sierra Maya, incluyendo Ixtutz, Ixkun y Sacul, y sitios más lejanos como Caracol y Calakmul, visitaron la cueva al mismo tiempo, quizás en peregrinaciones conjuntas.[19] Así, estas visitas sugieren alianzas entre aquellos lugares y posiblemente indiquen una dimensión política. Los individuos parecen escribanos, practicantes de rituales, jóvenes de la élite y gobernantes, algunos son llamados *ajaw* ("señor") y otros *k'uhul ajaw* ("señor sagrado").

Como atestiguan estos extraordinarios dibujos, la cueva de Naj Tunich era un lugar donde sucedían importantes prácticas artísticas, rituales y alianzas políticas entre los siglos VII y VIII, pero los descubrimientos arqueológicos demuestran que la cueva ya había sido un sitio de peregrinación siglos atrás, incluso tan temprano como en el periodo Preclásico tardío.[20] A pesar de que la cueva se había esfumado de la memoria, su redescubrimiento en 1980 por Bernabé Pop, un hombre q'eqchi' maya, reveló su extraordinaria naturaleza para los mayas, los guatemaltecos y el mundo.[21] Trágicamente, poco después de una década, veintitrés de los dibujos fueron objeto de vandalismo, algunos manchados con los dedos y otros dañados con objetos filosos; estas acciones los arruinaron parcial o completamente y todos resultaron irreparables.[22]

Sin embargo, Naj Tunich se mantiene como un lugar significativo para el estudio de la escritura, la caligrafía y las prácticas rituales de los antiguos mayas. Más aún, permanece como un lugar que mantiene su importancia para los mayas contemporáneos quienes peregrinan a la cueva para realizar ceremonias, frecuentemente antes de la temporada de lluvias para pedir buenas cosechas.[23] En la amplia zona de acceso y dentro de las fauces de la tierra, depositan sus ofrendas en vasijas de cerámica y de vidrio, encienden velas y queman otros materiales. Sus prácticas son un eco tanto como una continuación de aquellos peregrinos mayas que los precedieron hace más de un milenio.

[19] Ibid., 156; Nicholas P. Carter, "These are Our Mountains Now: Statecraft and the Foundation of a Late Classic Maya Royal Court", *Ancient Mesoamerica* 27, no. 2 (2016): 243.

[20] Véase James E. Brady y Andrea J. Stone, "Naj Tunich: Entrance to the Maya Underworld", *Archaeology* 39, no. 6 (1986): 18–25.

[21] Véase idem. y George E. Stuart, y George E. Stuart, "Maya Art Treasures Discovered in Cave", *National Geographic* 160, no. 2 (1981): 220–35.

[22] Véase James E. Brady, "New Vandalism at Naj Tunich Cave", *National Geographic Research and Exploration* 7, no. 1 (1991): 114–15.

[23] Angela M. H. Schuster, "Rituals of the Modern Maya", *Archaeology* 50, no. 4 (julio/agosto, 1997), https://archive.archaeology.org/9707/etc/maya.html. (Consultado el 5 de junio de 2018.)

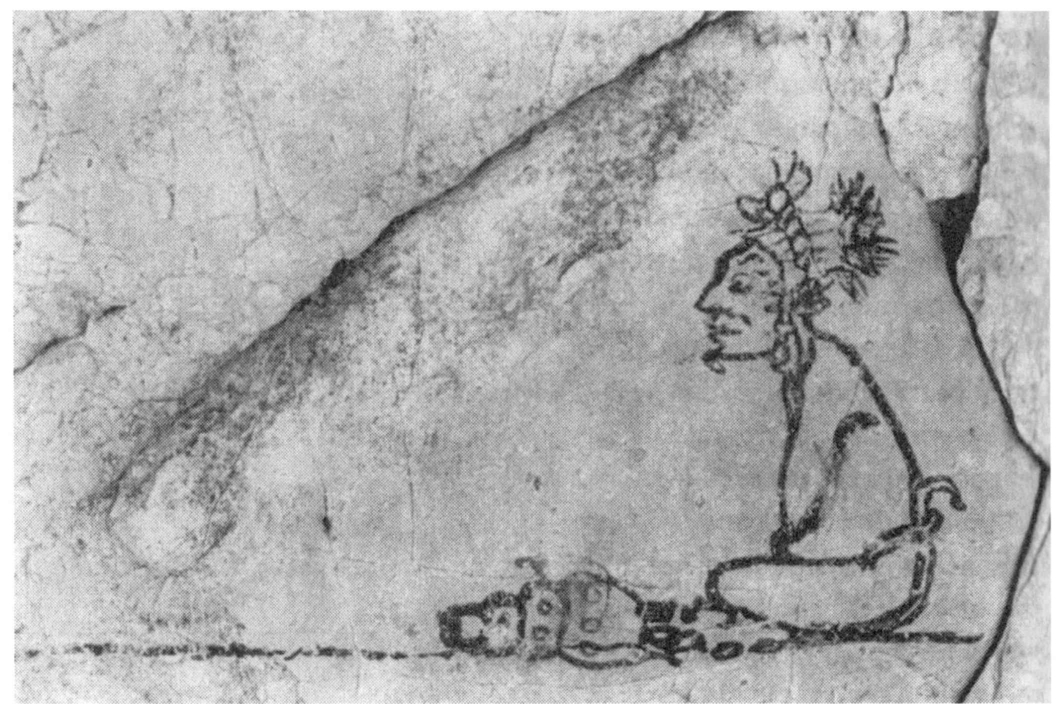

Dibujo 22, Naj Tunich, 1988. Foto: Chip y Jennifer Clark. Cortesía de Jennifer Clark. Drawing 22, Naj Tunich, 1988. Photo: Chip and Jennifer Clark. Courtesy of Jennifer Clark.

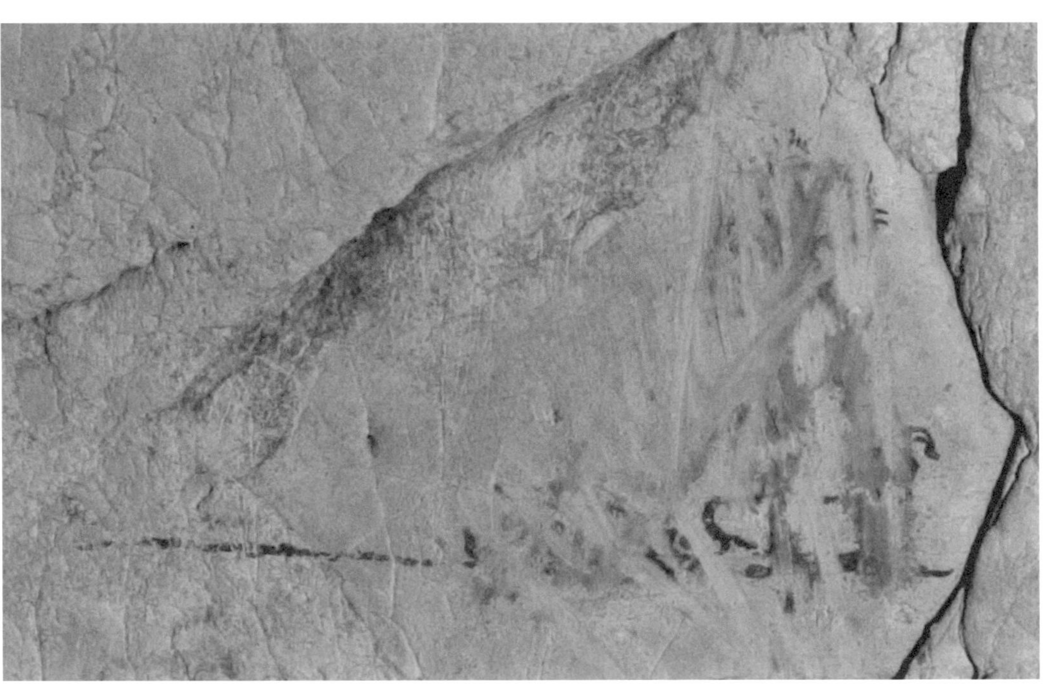

Dibujo 22, secuelas del vandalismo de 1989, Naj Tunich. Pablo Vargas Lugo, *Luz y sonido*, 2018. Fotograma de video. Drawing 22, aftermath of 1989 vandalism, Naj Tunich. Pablo Vargas Lugo, *Luz y sonido* [Light and Sound], 2018. Video still.

Guatemala and its Troubled Relationship to Maya Cultural Heritage

ROSINA CAZALI

The first work of art by Pablo Vargas Lugo that I ever saw was *Tenis Modello*, an installation in the ruins of the massive former convent of the Capuchins, in the city of Antigua Guatemala in 1995. Twenty-three years later, his creative processes are still permeated by an elegant humor, visual games, and investigation into the infinite puzzles of cultural signs. That temporal distance has brought about my profound interest in his current project based on the caves of Naj Tunich, as well as in what this work provokes in me as a "Guatemalan"—written like that, in quotation marks, so as to stress the constructedness of an identity born of my country's fractured history, which has powerfully affected our nation's understanding of concepts like *cultural heritage*, associated as it is for us with the Maya universe.

In order to understand the bases of the paradoxes presented above, we would have to go back in history and consider the amazement shown by traveling scientists, archaeologists, botanists, and illustrators who visited the country since the eighteenth century as the point of departure for fueling a dense web of constrictions, appreciations, and rejections related to the theme of this essay. When Guatemala joined the United Nations Educational, Scientific and Cultural Organization (UNESCO) in 1950, it began to see the value of local heritage as undeniable. Since then, the Guatemalan state has recognized the importance of preserving sites like Tikal, Quiriguá, the city of Antigua Guatemala, and the annual performance of the *Rabinal Achí*,[1] all of which UNESCO declared to be forms of heritage that humanity must safeguard for their unique richness. Nevertheless, there is inevitably a conflict between the different understandings and interpretations of the term "cultural heritage," between what it represents, encompasses, or excludes. In Guatemala the historical character of said heritage makes clear why contemporary Guatemalans have some difficulty in identifying with it, so as to be able to take on, in egalitarian conditions, the importance of both its tangible and intangible forms. The boundary between the two is blurry; on one side, one finds that which is easy to recognize and celebrate as the cultural heritage of the nation and, on the other, everything that, belonging to a territory of subjectivities, may end up being incomprehensible and threatening.

The regimes of the visible and the invisible, of the human and the supernatural, are complementary. By that logic, aboveground heritage sites that are visible on the surface of the Earth and underground sites that lie beneath it, cloaked in the darkness of caves, are two forms of existence that depend on each other. Nevertheless, when Guatemalan society endeavors to recognize the value

[1] The *Rabinal Achí*, which dates to the fifteenth century, is a dramatic literary work, a singular example of pre-Hispanic traditions. It mixes the myths of the Q'eqchi people and the story of the social and political relations of Rabinal, a settlement located in what is now the department of Baja Verapaz in northern Guatemala. The *Rabinal Achí* is traditionally performed with masks, dances, and music. The original text was hidden from 1625 to 1856. Between 1850 and 1855, the piece was dictated in Achi Maya by Bartolo Zis, the guardian and conservator of the original manuscript, to the French abbot Charles Étienne Brasseur de Bourbourg, a parish priest in the town of San Pablo de Rabinal. Bourbourg first transcribed it in Quiché and then in French. In 1928 the writer Luis Cardoza y Aragón completed the first translation into Spanish.

Guatemala y su conflictiva relación con el patrimonio cultural maya

ROSINA CAZALI

[1] El *Rabinal Achí* es una obra literaria de carácter dramático que data del siglo xv y ejemplo singular de las tradiciones prehispánicas. En ella se mezclan mitos del pueblo q'eqchi' y el relato de las relaciones político-sociales de Rabinal, una población ubicada en el departamento de Baja Verapaz, al norte de Guatemala. Tradicionalmente, el *Rabinal Achí* se representa en escena con máscaras, danzas y música. El escrito original sobrevivió en la clandestinidad desde 1625 hasta 1856. A mediados del siglo xix, entre 1850 y 1855, la pieza fue dictada en maya-achí por Bartolo Zis, el depositario y conservador del manuscrito original, al abate francés Charles Étienne Brasseur de Bourbourg, cura párroco del pueblo de San Pablo de Rabinal; Bourbourg la transcribió primero al quiché y posteriormente al francés. En 1928 el escritor Luis Cardoza y Aragón elaboró la primera traducción al español.

La primera obra que conocí de Pablo Vargas Lugo fue *Tenis modello*, una instalación realizada en las ruinas del masivo exconvento de las Capuchinas, en la ciudad de Antigua Guatemala, en 1995. Veintitrés años después, en sus procesos creativos aún prevalecen el humor elegante, los juegos visuales y la indagación de los infinitos puzles de los signos culturales. Desde esa distancia temporal nace mi interés profundo en su proyecto actual basado en las cuevas de Naj Tunich; tanto como en lo que esta obra provoca en mí como "guatemalteca" —así, entre comillas, para recalcar una identidad construida desde la historia fracturada de mi país, la cual ha incidido fuertemente en la percepción que tenemos los habitantes de esa nación de conceptos como *patrimonio cultural*, asociado éste al universo maya.

Para comprender las bases de las paradojas que lo anterior presenta, tendríamos que retroceder en la historia y considerar el asombro, manifestado desde el siglo xviii por científicos, arqueólogos, botánicos e ilustradores viajeros que visitaron el país, como el punto de partida para alimentar una tupida red de constricciones, apreciaciones y rechazos en torno al tema que nos ocupa. Hasta 1950, cuando Guatemala se integró a la Organización de las Naciones Unidas para la Educación, la Ciencia y la Cultura (Unesco), comenzó a considerarse el valor patrimonial como algo innegable. Desde entonces, el Estado guatemalteco reconoce la importancia de la preservación de sitios como Tikal, Quiriguá, la ciudad de Antigua Guatemala y el *Rabinal Achí*,[1] declarados por la Unesco herencias que la humanidad debe salvaguardar por su riqueza única. Sin embargo, es inevitable el conflicto entre las distintas interpretaciones y percepciones que existen actualmente del término "patrimonio cultural", entre lo que éste representa, abarca o deja fuera. En Guatemala la línea histórica de dicho patrimonio hace evidente la dificultad de los guatemaltecos de identificarse con él, principalmente para asumir, en condiciones igualitarias, la importancia de los que son tangibles e intangibles. Entre ambos hay una frontera difusa, por un lado se encuentra lo que es fácil reconocer y celebrar como patrimonio cultural de la nación y, por otro, todo aquello que al pertenecer a un territorio de subjetividades, puede resultar incomprensible y amenazante.

Los regímenes de lo visible y lo invisible, de lo humano y lo sobrenatural, son entidades complementarias. Con esa lógica, todo patrimonio expuesto en la superficie de la tierra y lo que permanece bajo ella, oculto en cuevas, en la oscuridad, son dos formas de existencia que dependen una de la otra. No obstante, cuando la sociedad guatemalteca se enfrenta al ejercicio de reconocer el valor

of the two forms, the balance systematically tips toward sites that are aboveground. One of the most emblematic images in that regard is the Temple of the Great Jaguar or Temple I at Tikal. In the popular imaginary, Tikal is a mythical city, a destination for thousands of tourists, and a ceremonial center at which important events are to be celebrated. The conclusion of the Maya calendrical cycle known as 13 Baktún—or in a grotesque, speculative way as the "Maya apocalypse"—was celebrated in 2012 in Tikal's central plaza, for example. Nevertheless, in the late 1970s, when the image of the summits of the Temple of the Great Jaguar, the Temple of the Mask (Temple II), and the Temple of the Two-Headed Serpent (Temple IV) emerging from the sea of the Petén jungle was used to represent the rebel hideout in the first installment of George Lucas's cinematic *Star Wars* saga, it was impossible to measure the effects that the Hollywood ideology machine would have on this heritage site, or to notice the profound irony inherent in the moment that we were going through at the time, as the state's counterinsurgency efforts were on the verge of paroxysm. But that worldwide cultural phenomenon and the excitement at recognizing Tikal did succeed in silencing news about the genocide that was being perpetrated against the Ixchil people in the early 1980s.

The gradual overexposure and mass-mediated representation of an aboveground heritage site like Tikal were part and parcel of the cultural policies of the time. The repressive military governments and some private companies desperately sought paradigms of nationality, without any traces of belligerence, free from conflict, in order to promote ideas of stability, security, and economic strength. According to Marta Elena Casaús Arzú, they found them in archaeological sites but also through narratives that mythologized pre-Hispanic Maya culture and the long history of complicities that had been woven since the end of the nineteenth century, thanks to the elites and the scanty recognition paid to indigenous peoples as part of the nation.[2] Despite substantial archaeological discoveries carried out since the early twentieth century at Tikal, Quiriguá, Yaxhá, and a large number of other sites explored by researchers from universities and private institutions in the U.S., Casaús Arzú argues, "the bitter debates that took place at the time clearly show that today's indigenous peoples were not supposed to be considered part of the Maya civilization of the past, and much less as constituents of the Guatemalan nation's present."[3] Thus, during the Guatemalan Civil War (1960–96) it was hardly strange that the mythologization of all things Maya would offer a database that would provide narratives, names, and images that were quite useful for those strategies and the unlinking of contemporary Maya society, generally associated with the areas of conflict and subversion.[4] From then on, to take a position with regard to the past or the present, represented by cultural heritage, has seemed to be inapprehensible to Guatemalans. "Heritage takes care of itself, or others take care of it for us," according to the dominant understanding. Such disconnection is tragic.

The Future of Archaeological Heritage

On February 11, 2018, the National Geographic Society's cable channel, NatGeo, broadcast a documentary called *Lost Treasures of the Maya Snake Kings*. The program offers an introduction to the extraordinary discoveries made by a group of archaeologists using the technology known as Light Detection and Ranging (Lidar), a sophisticated laser system that allows a predetermined surface to be mapped from a moving airplane. The result is a high-resolution, three-dimensional digital survey that makes it possible to map topographical features and to detect the remains of massive constructions and traces of settlements that have been covered over, in this case, by the jungle. Using Lidar to chart 2100 square

[2] Marta Elena Casaús Arzú, "Museo Nacional y museos privados en Guatemala: patrimonio y patrimonialización. Un siglo de intentos y frustraciones," *Revista de Indias* 254 (2012): 95.

[3] Ibid.

[4] One of the clearest examples of this was the use of the names of mythical Maya heroes, as in the so-called *Kaibil Center* (1974–75) by Guatemala's Ministry of Defense. The name of the institution was chosen as an homage to Kayb'il B'alam, an indigenous Mayan ruler and hero of the resistance against the conquistadors. Kaibiles are elite soldiers trained to carry out special operations and intelligence missions. They receive their training at an estate called El Infierno (Hell), which is located in Poptún, Petén, and they are famed for their ability to survive in the jungle. There have been multiple charges of human rights violations perpetrated by the Kaibiles, from the time of the conflict until the present. Some of the group's members have joined drug trafficking organizations such as Los Zetas, and have provided their services to others like the Sinaloa Cartel in Mexico.

de uno y otro, la balanza sistemáticamente cede hacia el patrimonio exterior. En ese sentido, una de las imágenes más emblemáticas es el Templo del Gran Jaguar o Templo i de Tikal. En el imaginario popular, Tikal es la ciudad mítica, destino de miles de turistas y centro ceremonial para celebrar eventos trascendentes. En la plaza central de Tikal se celebró el cierre del ciclo del calendario maya conocido como 13 Baktún o, de manera especulativa y esperpéntica, como el "apocalipsis maya". Sin embargo, cuando a finales de los años setenta la imagen de las crestas del Gran Jaguar, el Templo de las Máscaras (Templo ii) y el Templo de la Serpiente Bicéfala (Templo iv), que emergen del mar de la selva petenera, se usó para representar la guarida de los rebeldes en la primera entrega de la saga cinematográfica *La guerra de las galaxias*, de George Lucas, era imposible medir los efectos que tendría la máquina ideológica de Hollywood sobre este espacio patrimonial; o percatarse de la ironía ante el momento que atravesábamos: uno donde la guerra contrainsurgente estaba a punto de alcanzar el paroxismo. Pero aquel fenómeno cultural planetario y el entusiasmo de reconocer a Tikal lograron acallar el genocidio perpetrado, particularmente, contra el pueblo Ixchil a principios de los años ochenta.

Las paulatinas sobreexposición y mediatización de un patrimonio de superficie, como Tikal, fueron dinámicas inherentes a las políticas culturales de aquellos años. Los gobiernos militares represivos y algunas empresas privadas buscaron desesperadamente paradigmas de nacionalidad, sin rastros de beligerancia, exentos de conflicto, para promover ideas de estabilidad, seguridad y pujanza económica. Según advierte Marta Elena Casaús Arzú, las encontraron en sitios arqueológicos pero también mediante narrativas que mitificaban la cultura maya prehispánica y la larga historia de complicidades tejidas desde finales del siglo xix, gracias a las élites y al escaso reconocimiento del indígena como parte de la nación.[2] A pesar de los sustanciales hallazgos arqueológicos realizados desde principios del siglo pasado en Tikal, Quiriguá, Yaxhá y un gran número de sitios explorados por investigadores de universidades e instituciones privadas estadounidenses, dice Casaús Arzú: "los agrios debates que se produjeron entonces muestran con claridad que no se quería considerar a los indígenas actuales como parte de la civilización maya del pasado y, mucho menos, como parte constitutiva del presente de la nacionalidad guatemalteca."[3] Así, durante el Conflicto Armado Interno (1960–1996) no es extraño que la mitificación de lo maya fuera un banco de datos que proveyó narrativas, nombres e imágenes muy útiles a esas estrategias y a la desvinculación de la sociedad maya contemporánea generalmente asociada con las zonas de conflicto y la subversión.[4] De ahí en adelante, tomar posición con respecto al pasado o el presente, representados por el patrimonio cultural, parece para los guatemaltecos algo inaprensible. "El patrimonio se cuida solo o lo cuidan otros", indica la percepción dominante. Tal desconexión es una tragedia.

El futuro del patrimonio arqueológico

El 11 de febrero de 2018 se transmitió en el canal de televisión por cable de la National Geographic Society (NatGeo), el documental titulado *Tesoros perdidos de los mayas*. El programa ofrece una introducción a los extraordinarios hallazgos realizados por un grupo de arqueólogos con la tecnología conocida como Light Detection and Ranging (Lidar), un sofisticado sistema láser que permite cartografiar una superficie predeterminada, desde un avión en movimiento. El resultado es un mapa digital en tercera dimensión y alta resolución que posibilita la lectura de accidentes geográficos o la detección de restos de construcciones masivas o rastros de asentamientos que han sido cubiertos, en este caso, por la selva. Con Lidar y el rastreo de 2100 kilómetros del territorio ubicado al norte

[2] Marta Elena Casaús Arzú, "Museo Nacional y museos privados en Guatemala: patrimonio y patrimonialización. Un siglo de intentos y frustraciones", *Revista de Indias* 254 (2012): 95.

[3] Ibid.

[4] Uno de los ejemplos más claros fue el uso de nombres de héroes mitológicos mayas, como el de la llamada *Escuela Kaibil* (1974–1975) por el Ministerio de Defensa de Guatemala. El nombre de la institución fue elegido en homenaje a Kayb'il B'alam, monarca del imperio maya y héroe de la resistencia a los conquistadores. Los kaibiles son soldados de élite, adiestrados para llevar a cabo operaciones especiales y de inteligencia. Son entrenados en la finca El Infierno, situada en Poptún, Petén, y reconocidos por su gran preparación para sobrevivir en la selva. Se han registrado múltiples denuncias sobre violaciones a los derechos humanos perpetradas por los kaibiles durante los años de conflicto hasta la actualidad. Algunos de sus miembros se han integrado a bandas del narcotráfico como Los Zetas o han prestado servicios a cárteles como el de Sinaloa en México.

kilometers of terrain in the northern Petén, focused around the so-called Maya Biosphere Reserve,[5] National Geographic showed the world previously unseen data about Maya civilization. For example, the archaeologists involved in the study now calculate that the number of people inhabiting the region was four times higher than other recent estimates had suggested. In classic NatGeo style, in a program whose very title invokes the adventures of modern treasure hunters, the host declares: "Until the Lidar survey, no one had any idea of what lay beneath most of the jungle. Now, we can see it all." His interlocutor, the Guatemalan archaeologist Francisco Estrada-Belli, muses, "This is the way of the future."

What future are we talking about when we refer to the future of archaeological heritage in the Guatemalan jungle? When one is faced with the dilemma of protecting archaeological heritage in Guatemala, skepticism is inevitable. The discussion about the roles that have historically been played by the state, the Guatemalan private sector, and foreign institutions in the protection and management of Guatemala's cultural heritage is never finished, always improvised.

In order to enter into that discussion, one must be quite clear that the Guatemalan Constitution establishes the state as being responsible for overseeing and protecting archaeological sites. Nevertheless, the state's fragility and multiple interests (licit and illicit) have tended to result in concessions for—rather than stewardship of—its management, without establishing the necessary parameters of responsibility. The development of the Petén region began in the 1960s. Ten years later the military governments, in the name of the fight against insurgents, had complete control over the department and its borders. In the intervening years they got wind of the abundance and value of archaeological pieces in an unexplored and unguarded territory, which made conditions ripe for a first wave of contraband Maya pieces. After the Peace Accords were signed in 1996, the Petén became a project of accumulating and exploiting resources in the "postwar" process. It also became a zone that was favorable to organized crime, drug trafficking, plantations of monocultures like African palm, the growing livestock industry, and the passage of smugglers and migrants. Weakened by years of conflict, the Guatemalan state never had—nor does it have presently—the technical and financial capacity to undertake containment, prevention, or development programs, and far less to administer the heritage therein on its own. Foreign universities and exploration projects were the only means by which to protect the patrimonial sites, if only to a certain degree.

In recent years, private foundations and corporations like Walmart, Cementos Progreso, Samsung, Blue Oil, and even a telephone company with local roots, Claro, have waved the banner of investment through ambitious tourist projects. The Fundación Patrimonio Cultural y Natural Maya (PACUNAM), for example, has committed to preserving the site of El Mirador and to developing such infrastructure as a luxury tourist station for visitors who "come straight from Cancun by helicopter."[6] For many years, the presence and contributions of foreign institutions have played a key role in advancing studies of the different archaeological sites in Petén. Nevertheless, as archaeologist Margarita Cossich Vielman puts it, when the gaze of privatization gives precedence to sensationalism (i.e., the discovery of "treasures") over archaeological research, it not only invalidates scientific discoveries but favors and perpetuates the hunting for goods in a territory that belongs to everyone and no one. According to Cossich, "by failing to educate the public about the country's history, the State lends more support to the idea of 'selling' Guatemala as a destination full of treasures to be discovered, than to academic research and its dissemination."[7]

---

[5] The Guatemalan government, with the guardianship and legitimization of UNESCO, endorsed the creation of statutes for the protection of this natural reserve in 1990. Its surface area measures 21 602.04 square kilometers, making it the largest protected natural space in Guatemala, the largest tropical rainforest in Central America, and the second most important forest in the Americas, after the Amazon, in terms of carbon dioxide absorption. The Maya Biosphere Reserve fills half the department of the Petén, in the northern part of the country. It abuts the Mexican border to the north and west. The Reserve includes several national parks, biotopes, and important archaeological sites, like Tikal, El Mirador, and the caves of Naj Tunich.

[6] Quoted in Grégory Lasalle, "En Guatemala la oligarquía rentabiliza la civilización maya," published online in *Le Monde diplomatique* in Spanish, June 2011.

[7] Comment shared via social media on February 11, 2018, by Margarita Cossich Vielman, who holds a doctorate in Mesoamerican studies from the Universidad Nacional Autónoma de México.

5 La creación de estatutos para la protección de esta reserva natural fue avalada por el gobierno de Guatemala, con la tutela y legitimación de la Unesco, en 1990. La superficie es de 21 602.04 km², los cuales la definen como el espacio natural protegido más grande de Guatemala, el bosque tropical húmedo de mayor superficie en Centroamérica y el segundo pulmón selvático más importante en el continente después del Amazonas. La Reserva de la Biósfera Maya ocupa la mitad del departamento de Petén, situado al norte del país, colinda con la frontera de México al norte y al oeste. En la reserva se encuentran varios parques nacionales, biotopos y sitios arqueológicos de gran importancia como Tikal, El Mirador y las cuevas de Naj Tunich.

6 Tomado del artículo del periodista Grégory Lasalle titulado: "En Guatemala la oligarquía rentabiliza la civilización maya", publicado por primera vez en el sitio *web* de *Le Monde diplomatique* en español, en su edición del mes de junio de 2011.

7 Reflexión compartida el 11 de febrero de 2018 en redes sociales por Margarita Cossich Vielman, doctorada en Estudios Mesoamericanos por la UNAM, México.

de Petén, concentrados en la llamada Reserva de la Biósfera Maya,[5] National Geographic presentó a los ojos del mundo datos inéditos de la civilización maya. Por ejemplo, se logró calcular una cifra de habitantes de esa región cuatro veces mayor de la estimada hasta hace poco. En el mejor estilo NatGeo, que invoca desde el título las aventuras de los cazadores de tesoros modernos, el narrador declara: "antes del mapa Lidar nadie tenía idea de lo que había debajo de la jungla. Ahora, podemos verlo todo". Su interlocutor, el arqueólogo guatemalteco Francisco Estrada-Belli, responde, "Es el camino al futuro".

¿Pero de qué futuro se habla cuando se hace referencia al futuro del patrimonio arqueológico en la selva guatemalteca? Cuando se trata el dilema de la protección del patrimonio arqueológico en Guatemala el escepticismo es inevitable, pues la discusión sobre los papeles que el Estado, el sector privado guatemalteco y las instituciones extranjeras han asumido históricamente en la protección y el manejo del patrimonio cultural de Guatemala, nunca es completa, siempre es a salto de mata.

Para abordar esa discusión hay que tener muy claro que la Constitución de Guatemala establece que es el Estado el encargado de velar y proteger los sitios arqueológicos; sin embargo, la fragilidad de la figura estatal y los múltiples intereses (lícitos e ilícitos) se han inclinado a concesionar —antes que a custodiar— la gestión de los mismos, sin establecer los parámetros necesarios de responsabilidad. El desarrollo de la región petenera comenzó en los años sesenta, diez años después los gobiernos militares, en nombre de la lucha contrainsurgente, tuvieron control completo del departamento y sus fronteras. En ese lapso detectaron la abundancia e intuyeron el valor de las piezas arqueológicas en un territorio sin explorar y sin custodiar, lo cual propició una primera ola de contrabando. Después de la firma de los Acuerdos de Paz, en el año 1996, y en el proceso de la "posguerra", Petén se convirtió en un proyecto de acumulación y explotación de recursos. También se volvió la zona predilecta del crimen organizado, el narcotráfico, las plantaciones de monocultivos como la palma africana, de la creciente industria ganadera y el paso de contrabandistas y migrantes. El Estado guatemalteco, debilitado por los años de conflicto, nunca tuvo —y tampoco la tiene en la actualidad— la capacidad técnica y financiera para desarrollar programas de contención, prevención o desarrollo. Mucho menos para administrar en solitario el patrimonio. Las universidades y los proyectos de exploración extranjeros fueron los únicos medios para proteger, en cierta medida, los sitios patrimoniales.

En años recientes, corporaciones y fundaciones privadas como Walmart, Cementos Progreso, Samsung, Blue Oil, incluso empresas telefónicas de raigambre local como Claro, ostentan la bandera de la inversión mediante ambiciosos proyectos turísticos. La Fundación Patrimonio Cultural y Natural Maya (Pacunam), por ejemplo, se ha comprometido con la preservación del sitio El Mirador y el desarrollo de infraestructura como una estación turística de lujo para visitantes que "bajan directamente en helicóptero desde Cancún".[6] Durante muchos años, la presencia y la aportación de instituciones extranjeras han sido claves para el estudio de los distintos sitios arqueológicos de Petén. Sin embargo, tomando las palabras de la arqueóloga Margarita Cossich Vielman, cuando la mirada de la privatización promueve el sensacionalismo (descubrimiento de "tesoros") antes que la importancia de las investigaciones arqueológicas, no sólo invalida los hallazgos científicos sino que propicia y perpetúa la cacería de bienes en un territorio de todos y de nadie. Según Cossich, "el Estado, al no brindar educación a los pobladores sobre la historia del país, apoya más la idea de 'vender' Guatemala como un destino lleno de tesoros por ser descubiertos, que las investigaciones académicas y la socialización de las mismas".[7]

Considering the Conflict through the Lens of Contemporary Art

Over the last ten years, the artist Pablo Vargas Lugo has been observing, studying, and making sense of the tensions that accompany cultural signs, in particular Maya writing and the processes that erode this form of knowledge. Central to his investigation is the recognition of the place that they occupy as bearers of a worldview, as signs of identity for marginalized and repressed communities. With his project about the cave of Naj Tunich, not only does he approach one of the most astounding sites in Maya territory, but he also scrutinizes the interstices between superimposed layers of graffiti, tags, and other evidence of recent vandalism to the original symbols, drawings, and paintings. The result is a palimpsest of eras and signs that evokes the grand history in which the domain of Western knowledge is interwoven with the resistance of the defeated cultures. There are more inscriptions at Naj Tunich than at other similar sites, and the artistic quality of these paintings and petroglyphs is exceptional.

One feature of Naj Tunich that cannot escape notice is the explicit imagery of sexuality and bleeding genitals, which are related to vitality, fertility, and abundance. Currently, as we in Guatemala are experiencing the rise and extremism of Pentecostal churches and of governmental and more traditional religious initiatives aimed at morally and physically censoring all the supporters of political parties, one might ask whether spaces like Naj Tunich could stand in for everything that used to be regarded as abominable idols at the time of conquest and colonization, or, in a contemporary sense, to threaten the image of the "indio permitido,"[8] or the indigenous citizen whose forms of protest focus on cultural issues that do not challenge basic state prerogatives.In other words, one might question this figure, which arose with the multiculturalist project associated with neoliberalism in the 1990s, and which opened spaces of indigenous participation even as it put limits on their political intervention and their transformative aspirations.

With their long-term research on the caves of Naj Tunich, archaeologists James Brady and Andrea Stone were pioneers in systematizing the study of one cave in particular. For the first time, they provided conclusive evidence about the caves' central place in the Maya understanding of the universe. On the basis of Brady's and Stone's studies, Naj Tunich reemerged as an important window on ancient systems of power, through which its significance as a "shamanic" space, mediating between the human and supernatural realms, becomes more apparent. Nevertheless, in popular understanding, far removed from the eyes of connoisseurs and specialists, Naj Tunich and the considerable number of other caves that are deemed cultural heritage still hold the status of peripheral archaeological sites. Much of what has been said explains the way in which we Guatemalans relate to those cultural spaces where subjectivity takes precedence. Historically, the imaginaries associated with the Maya world have always been a problem—perhaps a threat—to a status quo based on the culture of light skin, large fortunes, and land ownership.

[8] Term coined by Rosamel Millamán and Charles Hale. See, for example, Charles Hale, "El protagonismo indígena, las políticas estatales, y el nuevo racismo en la época del 'indio permitido,'" paper presented at the conference Construyendo la paz: Guatemala desde un enfoque comparado, organized by the United Nations Truth Mission in Guatemala, October 27–29, 2004.

Pensar el conflicto desde el arte contemporáneo

Durante los últimos diez años, el artista Pablo Vargas Lugo se ha adentrado en la observación, estudio e interpretación de las tensiones que provocan los signos culturales; particularmente, en la escritura maya y los procesos que erosionan este saber. En sus investigaciones es central el reconocimiento del lugar que estos ocupan como portadores de una visión del mundo, como signos de identidad para comunidades marginadas y reprimidas. Con su proyecto en torno a la cueva de Naj Tunich, no sólo se acerca a uno de los sitios más sorprendentes del territorio maya, sino que escudriña los intersticios que se forman al sobreponer grafitis, *tags* y evidencias de vandalismo reciente a los símbolos, dibujos, pinturas y petroglifos originales. El resultado es un palimpsesto de tiempos y signos que evoca la gran historia donde se entrecruzaron el dominio del saber occidental con la resistencia de las culturas vencidas. Las inscripciones localizadas en Naj Tunich superan en número a las de otros sitios similares y son excepcionales en la calidad artística de sus pinturas y petroglifos.

Si algo no puede pasar desapercibido en ellas es el tratamiento explícito de temas como la sexualidad y los sangrados genitales en relación con la vida, la fertilidad y la abundancia. Justo ahora, cuando en Guatemala experimentamos los efectos del incremento y la radicalidad de las iglesias pentecostales, de iniciativas gubernamentales y religiosas tradicionales, cuyos objetivos son la censura moral y corporal para la suma de adeptos a partidos políticos, es de preguntarse si espacios como Naj Tunich podrían ocupar el lugar de todo aquello que fue considerado como ídolos abominables en tiempos de la conquista y la colonización o, en un sentido contemporáneo, amenazar la imagen del "indio permitido".[8] Es decir, cuestionar esa figura que surgió con el proyecto multicultural del neoliberalismo en los años noventa, la cual abrió espacios de participación indígena y al mismo tiempo definió los límites de su intervención política y sus aspiraciones transformadoras.

Las investigaciones de largo aliento de los arqueólogos James Brady y Andrea Stone sobre las cuevas de Naj Tunich fueron pioneras en sistematizar los estudios que comprenden una cueva en particular; proporcionaron, por primera vez, evidencias concluyentes sobre el lugar central que las cuevas ocuparon en la cosmovisión maya. A partir de los estudios de Brady y Stone, el nombre y el sitio Naj Tunich resurgieron como una importante ventana a los antiguos sistemas de poder, desde la que es visible su relevancia como espacio "shamánico" e intermediario entre los reinos humanos y sobrenaturales. No obstante, Naj Tunich y el significativo número de cuevas consideradas patrimonio cultural mantienen, desde la percepción común, lejos de los ojos de conocedores y especialistas, el estatus de sitios arqueológicos periféricos. Mucho de lo que se ha dicho explica la manera en que nos relacionamos los guatemaltecos con esos espacios culturales donde prima la subjetividad. Históricamente los imaginarios asociados al mundo maya siempre han sido un problema —acaso una amenaza- para el *statu quo* basado en la cultura de la piel clara, las grandes fortunas y la tenencia de la tierra.

[8] Término acuñado por Rosamel Millamán y Charles Hale. Para mayor comprensión del mismo véase: Charles Hale, "El protagonismo indígena, las políticas estatales y el nuevo racismo en la época del 'indio permitido'", ponencia presentada durante la conferencia: "Construyendo la paz: Guatemala desde un enfoque comparado", organizado por la Misión de Verificación de las Naciones Unidas en Guatemala (Minugua), 27–29 de octubre, 2004.

This brings to mind a contemporary event that is in itself a metaphor for the complexity of the problem. On February 26, 2016, a tribunal in Guatemala condemned two high-ranking officers in the Guatemalan army for crimes against humanity, which included forced disappearance, murder, rape, and slavery committed systematically against Q'eqchi' Maya women at the military detachment in the village of Sepur Zarco from 1982 to 1988. Having made claims on the land, their husbands had been arrested, disappeared, or murdered. During nineteen days of deliberation, the fifteen plaintiffs remained impassively in the court hall, their faces and bodies completely covered in shawls, representing their vulnerability. Minutes after hearing the guilty verdict and the sentence of 360 years in prison, the women uncovered their faces in an act that was almost like a piece of performance art. They pulled the shawls from their bodies, giving way to the voice of one of the survivors: "We have come to tell the truth, and we have told the truth. We have heard the accused refuse to accept what they have done."[9]

The Sepur Zarco trial is paradigmatic in the history of justice in Guatemala, in that it is the first case to have ruled on the perpetration of sexual violence during the Guatemalan Civil War. The image of the women from Sepur Zarco is comparably important to the story of the postwar process, in that it is suggestive of the only way in which the truth can emerge in Guatemala: i.e., from unveiling that which historically has been ignored. The disavowal of anything having to do with indigenous people—with the Maya—is one of the most normalized dynamics in Guatemalan society. As a result of such conflicts, this work by Vargas Lugo has appeared at the right place and the right time, providing us with an unusual platform from which to contemplate and (finally) bring together the different pieces of the puzzle that the artist had laid out twenty-three years earlier at the former convent of the Capuchins. The necessary critical review of the precepts of heritage had remained open (like a wound) since *Tenis modello* was carried out. May this essay serve as a testament to the importance of his project on Naj Tunich, which has revealed something of Guatemalans' conflicted relationship with the tangible and intangible things that tend to be seen more as cultural heritage, folklore, or exploitable wealth than as vibrant, living culture.

[9] For a fuller account of the Sepur Zarco case, see Oswaldo J. Hernández, "Sepur Zarco: La violencia sexual será juzgada," *Plaza Pública de Guatemala*, published October 15, 2014, www.plazapublica.com.gt/content/sepur-zarco-la-violencia-sexual-sera-juzgada.

Esto trae a la mente un evento contemporáneo que es, en sí mismo, una metáfora de la complejidad del problema: el 26 de febrero de 2016, un tribunal de Mayor Riesgo de Guatemala condenó a dos militares de alto rango del Ejército de Guatemala por crímenes de lesa humanidad, entre los que se encontraban los delitos de desaparición forzada, asesinato, violación y esclavitud cometidos sistemáticamente a mujeres de la etnia q'eqchi', en el destacamento militar situado en la aldea Sepur Zarco, entre 1982 y 1988. Sus esposos, que reclamaban la tierra, habían sido desaparecidos, detenidos o asesinados. Durante los diecinueve días que duró el debate, las quince demandantes permanecieron inalterables en la sala de la corte, sus caras y cuerpos cubiertos completamente con rebozos, representando su vulnerabilidad. Minutos después de escuchar el veredicto y la sentencia de 360 años de prisión para los culpables, con una acción casi *performática*, las mujeres descubrieron sus caras. Los cuerpos se desprendieron de los rebozos para dar paso a la voz de una de las sobrevivientes: "Hemos venido a decir la verdad y hemos dicho la verdad. Hemos escuchado a los acusados negarse a aceptar lo que han hecho".[9]

El juicio de Sepur Zarco es paradigmático para la historia de la justicia en Guatemala. Fue el primero en determinar la existencia de violencia sexual durante el Conflicto Armado Interno. Como complemento, la imagen de las mujeres de Sepur Zarco es una de las más importantes para el relato del proceso de la posguerra. Ésta sugiere la única manera en que puede emerger la verdad en Guatemala: desde lo que históricamente se ha velado o ignorado. El negacionismo de todo lo proveniente de lo indígena —lo maya— es una de las dinámicas más normalizadas en la sociedad guatemalteca. Debido a conflictos de este tipo, una obra como la de Vargas Lugo aparece en el lugar y el momento precisos, proveyéndonos de una inusual plataforma para ejercitar la meditación y unir (por fin) las diferentes piezas de aquel puzle que el artista planteó veintitrés años atrás en el exconvento de las Capuchinas. La necesaria revisión crítica de los preceptos patrimoniales quedó abierta (como una herida) desde la ejecución de *Tenis modello*. Que este texto sirva como prueba de la importancia que alcanza su proyecto sobre el sitio de Naj Tunich, en el cual se evidencia la relación conflictiva de los guatemaltecos con todos esos elementos tangibles e intangibles, que suelen reconocerse como patrimonio cultural, folklor o riqueza explotable antes que como cultura viva.

[9] Una explicación más amplia del caso Sepur Zarco puede revisarse en Oswaldo J. Hernández, "Sepur Zarco: la violencia sexual será juzgada", *Plaza Pública de Guatemala,* 15 de octubre de 2014. Disponible en www.plazapublica.com.gt/content/sepur-zarco-la-violencia-sexual-sera-juzgada.

Initiates and Profanes
MICHEL BLANCSUBÉ

And the men who were the gods of these reindeer, after eight days of charivari, of blood, of live forces in the narrows, skinning, salting, din, these early days of April that allow them to do nothing for the rest of the year, to watch, to talk, filling their bellies, enjoying their wives and loving the babies that spring forth, these men, and it seems that it's true since the carbon 14 dated it all conclusively as if decreed by some bearded sage, when they'd had enough of their children and their women, of the interminable discussions in a blood-red hut with their great hats rung with antlers and feathers, men descended into the caves and made paintings. Not all the men ... And it was not uncommon to take these few to be shamans, to be as knowledgeable as bearded sages and as pious as Mohicans, calling forth wild game and rain while drawing them in the dark.

Pierre Michon[1]

Certain activities demand discretion. Places that go unseen have always been sought out and valued by those not wanting the casual passerby mixed up in their practices, rituals, ceremonies, tale-tellings, reveries, and dreams. Before building temples, our ancestors hid themselves in out-of-the-way spots, concealed, hollowed-out recesses provided by nature. Caves and rock shelters were among the earliest refuges for human beings in search of protection and privacy. Hunting bears and sometimes taking over their dens in the depths of caverns gouged out by prehistoric floods, man consigned his recollections, commemorations, descriptions, and representations in the form of charcoal outlines on subterranean walls.

[1] Pierre Michon, *The Origin of the World*, trans. Wyatt Mason (New Haven: Yale University Press, 2013), 51–52. Translation appears here with some modifications by the editors.

Iniciados y profanos

MICHEL BLANCSUBÉ

Y los hombres que eran dioses de los renos, después de los ocho días de algarabía, de sangre, de fuerza viva en las bocanas, en el desollamiento, la salazón y la cacofonía, esos breves días de abril que les permitían no hacer nada el resto del año, mirar, hablar, llenar el vientre, disfrutar de sus mujeres y amar a los bebés que de ellas nacían, hombres les llamamos, y todo indica que es cierto pues el carbono 14 fechó todo esto sin que quedaran dudas, como lo habría hecho un sabio barbado, ellos, cuando estaban cansados de sus hijos y mujeres, de las palabras bajo chozas color de sangre con sus grandes tocados adornados con cornamentas de ciervo y plumas, los hombres descendían a las grutas y hacían sus pinturas. No todos los hombres... Y desde entonces se hizo costumbre considerar que estos pocos eran chamanes, sabios como hombres barbados y píos como mohicanos, que invocaban a las presas de caza y a la lluvia dibujándolos en la oscuridad.

Pierre Michon[1]

[1] Pierre Michon, *La Grande Beune* (Lagrasse: Éditions Verdier, 1996), 56–57. La traducción es propia.

Ciertas actividades precisan discreción. Los lugares que están al resguardo de las miradas siempre han sido buscados y apreciados por aquellos que no desean que cualquier persona se asocie con sus prácticas, rituales, ceremonias, cuentos, ensoñaciones y sueños. Antes de construir los templos que les parecían idóneos, nuestros antepasados se escondían en lugares apartados, en concavidades revertidas que la naturaleza les procuraba. Grutas y guaridas entre las rocas fueron algunos de los primeros refugios de esos seres humanos en busca de protección e intimidad. Luego de cazar a los osos o simplemente arrebatar su lugar al fondo de cavernas socavadas por diluvios ancestrales, el hombre confió sus memorias, recuerdos, descripciones y representaciones a los trazos realizados con carbón en las paredes subterráneas.

A few fragments of drawings, glyphs laid out in lines or columns depending on the available wall space, and then anthropomorphic images! Some of them cropped, others vandalized, a few complete and intact: a kind of legless figure with folded arms, proudly sporting a head atop an astonishingly elongated torso; and a pair known as "the twins," sitting cross-legged and again with arms folded, who seem to be conversing—a scene that could easily have been dashed off from life on the nearest wall by an artist who happened to be on the spot. On the back of a protuberance we come upon an amorous embrace, with one of the partners blatantly revealing his anatomy. Most of the figures are shown in profile, one of them with hair neatly tied back. Further along, in profile again, a chin is topped with a mouth and a nose, and that is all; a crude, simple, anonymous drawing perhaps interrupted mid-course. Postures—going by Megan O'Neil's *in vivo* glyph translations—and certain writings on the wall describe what is happening, specifying the names of those who had come into the infraworld that day, along with other incidental details. This would seem to corroborate the impression that the two men sitting side by side are the result of a sketch from life. So why not see in Naj Tunich a trysting place for lovers and others, a secret spot where you posed for posterity, a shelter where you left the mark of your passage in the form of drawings and writings that still stand out perfectly legibly on the light-colored, almost white limestone walls, a place deep in the woods known only to the initiates, a stupendous cave in the midst of the immense territory of the Maya?

Before getting to see the linear figures preserved in the darkness of these vast galleries—before, that is, bursting in on this people of the shadows—we find on one of the terraces of the huge entry porch of this underground network in the Guatemalan Petén, a kind of totem carved into a block of calcite. At the foot of this upright monolith lie remnants of offerings. While the entrance to the labyrinth is closed off by a heavy metal door, the porch remains open to all and is clearly still a stage for meetings and ceremonies. The oblong block of calcite is more or less the size of Robert Morris's *Untitled (Box for Standing)* of 1961, an upright wooden crate open on one side to receive the artist's body. The artist exactly fits into this amalgam of coffin and sentry box, bare feet on the bottom and his mostly bald pate brushing against the thick boards of the top. One of the things Morris conveys in this piece is that the body is the yardstick for our apprehension of the world.

References to the underground world generally make the uninitiated think of what cavers call narrows: places you don't venture into for fear of getting stuck. Naj Tunich presents no such danger: its volumes are generous, and you advance easily. The body as a spatial yardstick is something experienced particularly acutely in the utter darkness of a sunless space. Anyone following a rope down a borehole maybe several hundred meters deep, traversing enormous galleries often broken up by fabulously chaotic heaps and blocks of stone, crawling and contorting their way through bedding planes and narrows, or crossing a cavern as if in search of a mountain pathway on a moonless night, knows exactly what using the body to measure the ambient world means: the body as the measure of everyone's passing-through.

Algunos fragmentos de dibujos, de glifos acomodados en líneas o columnas dependiendo del espacio disponible en cada muro. ¡Incluso representaciones antropomorfas! Unas truncas, otras vandalizadas, otras completas e intactas: como la figura sin piernas con los brazos cruzados, que levanta con orgullo la cabeza en la parte superior de un torso sorprendentemente largo; o la imagen de dos hombres frente a frente, conocidos como "los gemelos", sentados de piernas y brazos cruzados, que parecen conversar —una escena que bien pudo haber sido esbozada del natural, en la pared más cercana, por un dibujante ahí presente. A la vuelta de una saliente pétrea se representa un encuentro amoroso en el que uno de los protagonistas muestra su anatomía sin vergüenza ni recato. La mayoría de los personajes fue dibujada de perfil, uno de ellos tiene el cabello trenzado hábilmente. Más adelante, también de perfil, se ve un mentón del que sobresale una boca coronada, a su vez, por una nariz, sin nada más; es un dibujo interrumpido, simple, anónimo y tosco. Las posturas —de acuerdo con las traducciones de algunos glifos que Megan O'Neil hizo *in vivo*— y ciertos textos sobre los muros, describen lo que estaba sucediendo, nombran a quienes habían entrado al inframundo ese día, así como otros datos secundarios. Esto parece corroborar la impresión mencionada más arriba, a saber, considerar que estos dos hombres sentados lado a lado son el esbozo de una escena que se pintó en vivo. ¿Por qué entonces no habríamos de considerar que Naj Tunich era un lugar de encuentros amorosos y de otro tipo, un resquicio en el que se posaba para la posteridad, una guarida a la que se le confiaban las huellas de su paso por medio de dibujos acompañados de textos escritos en paredes calcáreas muy claras, a veces casi blancas —los dibujos y glifos preservados hoy en día resaltan en la roca con nitidez y su legibilidad permanece intacta—, un lugar al fondo de los bosques que sólo conocen los iniciados, una gruta extraordinaria en el inmenso territorio maya?

Antes de descubrir los trazos que resguarda la oscuridad de estas vastas galerías —por tanto, antes de descubrir a este pueblo en la oscuridad— es posible ver, sobre una de las terrazas del portal de la red subterránea del Petén guatemalteco, una especie de tótem tallado en un bloque de calcita. Al pie del monolito erigido yacen restos de ofrendas. Si bien la entrada a la red está protegida por una pesada reja de metal, el inmenso vestíbulo, accesible permanentemente, sigue siendo escenario de reuniones y ceremonias. El paralelepípedo de calcita tiene más o menos las dimensiones del *Untitled (Box for Standing)* [Sin título (Caja para pararse)] (1961) de Robert Morris, que es una caja de madera dispuesta verticalmente y abierta por una de sus caras para permitir el acceso al cuerpo del artista. Morris cabe exactamente de pie en el interior de esta amalgama de ataúd y garita, con los pies desnudos sobre la base y la cabeza de escasos cabellos que roza las gruesas tablas ensambladas de la parte superior. El mensaje central de Morris, entre otras cosas, establece que el cuerpo es la medida de referencia con la que aprehendemos el mundo.

Las ideas sobre el mundo subterráneo generalmente llevan a los no iniciados a pensar en estrechos pasajes que entrañan el peligro de quedar atrapados. Eso no sucede en Naj Tunich: las dimensiones son generosas y la progresión es

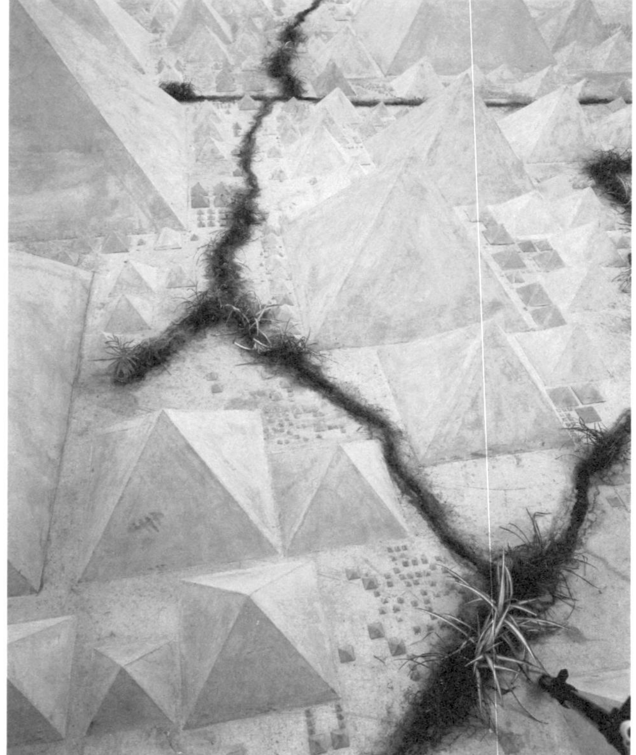

Pablo Vargas Lugo, *Visión antiderrapante*, 2002. Instalación. Colección Jumex, México. Foto: Rafael Doniz. Pablo Vargas Lugo, *Visión antiderrapante* [Skidproof View], 2002. Installation. Colección Jumex, Mexico. Photo: Rafael Doniz.

Seen in this light, using Morris to introduce Pablo Vargas Lugo's take on the Naj Tunich cavity is less odd than it might first seem. In 2005 I compared Vargas Lugo's *Visión antiderrapante* [Skidproof View]—a landscape of some 16 000 pyramids crisscrossed by lines of plants—to Robert Smithson's "non-site" concept[2]; and given the characteristics of this new zone of exploration, it is not surprising that addressing Naj Tunich should involve meeting up with another practitioner of land art.

Vargas Lugo finds inspiration both in and far away from cities, in Mexico and elsewhere, in various historical registers as well as the here and now. He extracts elements from urban landscapes and naturalizes them, and vice versa; as in those unlikely star-shaped reproductions, among other forms, of bits of a cement sidewalk with their yellow-painted edges. Mistrustful of hierarchies, in a conversation with *Cabinet* magazine's Sina Najafi, he declared himself uninterested in what was supposed to be most important or most relevant[3]—an approach that lets him (and us) scrutinize at length a detail of the pattern of a butterfly's wing, and home in on the strange, and often the marvelous, in this world whose guests we are. He hunts down the unusual as much in the ordinary as the extraordinary—in, for example, a hole in the ground filled with Maya rock paintings. His personal aesthetic is enigmatic, often baffling, and sometimes hilarious.

In Naj Tunich he compares and mingles Masonic and Maya symbolic systems, each of these power groups shrouding their practices in mystery and acting behind closed doors where access is limited and tightly controlled. Maya and Freemasons have their own versions of the origin of the world and the laws that govern it. "Any myth pertains to the inexplicability of the real"[4] and bridges the gap with an escalation of the fantastic. Vargas Lugo's major concern, though, is aesthetics, and he makes no attempt to reveal secrets hitherto restricted to only a few initiates. In the course of the interview with Najafi, the artist admits to being satisfied with his work only when it's impossible to say if the issue it raises is serious or simply a joke.[5] Armed with this admission, let's see if what Naj Tunich has called up and triggered can lay claim to the desired *undecidability* that would make an artwork function (or not) from Vargas Lugo's perspective.

[2] Michel Blancsubé, "The Memory of Water," in *Visión antiderrapante* (Mexico City: A & R Press, 2007), 81–83.

[3] "Conversation Between Sina Najafi and Pablo Vargas Lugo," in Pablo Vargas Lugo. *Visión antiderrapante*, 84–90.

[4] Jacques Lacan. *Le séminaire livre VIII. Le transfert* (Paris: Seuil, 2001), 70.

[5] "Conversation Between Sina Najafi and Pablo Vargas Lugo," 87.

cómoda. La experiencia del cuerpo como medida del espacio es en especial aguda para quien se aventura en la oscuridad completa de un espacio al que no ilumina el sol. Aquel que desciende por cuerdas en pozos que pueden alcanzar cientos de metros de profundidad, camina por vastas galerías entrecortadas por un caos fabuloso de piedras y bloques, se arrastra y se contorsiona entre estratificaciones rocosas y pasadizos estrechos, atraviesa tales vacíos como si hallara su camino por la montaña en una noche sin luna, sabe exactamente lo que significa el cuerpo como escala del mundo circundante: el cuerpo como unidad de medida en el trayecto de cada persona.

Mencionar a Morris como preludio a la aproximación de Pablo Vargas Lugo sobre Naj Tunich es menos incongruente de lo que parece. Ya en 2005 relacioné la instalación *Visión antiderrapante*, también de Vargas Lugo —un paisaje conformado por alrededor de 16 000 pirámides cruzado por líneas de plantas—, con el concepto de *no sitio* de Robert Smithson;[2] por lo que, dadas las características del tema explorado aquí, no debe sorprender encontrar a otro representante del *land art*
al hablar de Naj Tunich.

Vargas Lugo encuentra motivos de inspiración en las ciudades y también lejos de ellas, en México y en otras partes, en los registros históricos, así como en el aquí y ahora. Extrae elementos del paisaje urbano para naturalizarlos y viceversa, como las improbables reproducciones del fragmento de una banqueta de concreto en forma de estrella, entre otras más, a las que les pinta las aristas de amarillo. Desconfiado de las jerarquías, en una conversación con Sina Najafi, editor de la revista *Cabinet*, declaró no tomar en cuenta aquello que se supone es lo más importante o pertinente,[3] una postura que le permite (y a nosotros) detener por largos minutos la mirada en un detalle del patrón de un ala de mariposa. Vargas Lugo apunta a lo extraño y en muchos casos a lo maravilloso del mundo del cual somos huéspedes. También persigue lo insólito, en lo banal y en lo extraordinario, como es el caso de una cavidad llena de pinturas rupestres mayas. Su estética es enigmática y a menudo desconcertante, incluso hilarante.

En Naj Tunich, Vargas Lugo compara y mezcla las simbologías masónica y maya. Cada uno de estos grupos de poder envuelve de misterio sus prácticas, las cuales se llevan a cabo a puerta cerrada, manteniendo el acceso limitado y controlado. Mayas y masones tienen su propia versión del origen del mundo y de las leyes que lo regulan. "Todo mito se relaciona con lo inexplicable de la realidad"[4] y reduce esa brecha con una adición de fantasía. Sin embargo, a Vargas Lugo le interesa sobre todo la estética y no busca de ninguna manera revelar los secretos que sólo conocen algunos iniciados. En la entrevista con Najafi, el artista admite estar satisfecho de su trabajo sólo cuando no es posible determinar si el tema que aborda es serio o una broma.[5] Siguiendo esta declaración, veamos si lo que Naj Tunich suscitó y engendró logra esa deseada *indecidibilidad* que haría que la obra funcione (o no), según la perspectiva del artista.

Vargas Lugo y su equipo regresaron del Petén guatemalteco con imágenes filmadas durante tres días consecutivos en Naj Tunich. La proyección de dimen-

[2] Michel Blancsubé, "La memoria del agua", en Pablo Vargas Lugo. *Visión antiderrapante* (Ciudad de México: A & R Press, 2007), 9–17.

[3] "Conversación entre Sina Najafi y Pablo Vargas Lugo", en Pablo Vargas Lugo, *Visión antiderrapante*, 37.

[4] Jacques Lacan, *Le séminaire livre VIII. Le transfert* (París: Seuil, 2001), 70.

[5] "Conversación entre Sina Najafi y Pablo Vargas Lugo", 49.

The artist and his team came back from Petén with images shot at Naj Tunich over three consecutive days. The imposing dimensions selected for the resulting film are intended to recreate and share as fully as possible what it was like to advance through these vast galleries inhabited by Maya glyphs and silhouettes. A rug embellished with a black-and-white Masonic motif makes regular appearances in the film, along with recurring notes of a flute. Several sources of inspiration converge here, among which Wolfgang Amadeus Mozart's *The Magic Flute*—as well as Ingmar Bergman's 1975 film adaptation of it—is one of the more significant. Vargas Lugo is a music lover who brings together fruitfully several cultural strands, each involving a singular form of ritualized initiation. In Mesoamerican civilizations going down into the earth and returning with knowledge of the infraworld is obligatory for any shaman-to-be bent on serving his community. Similarly, without being Freemasons or having any intention of becoming one, we have all heard of the ordeals inflicted on aspirants. From one stopping point to another, a melody and a Masonic motif accompany the artist and his team as they advance through a Maya memorial maze, bathed in turn in a blue, green, or red light, taking part in the film version of a longed-for visit to Naj Tunich in May 2017.

The artist's interest in the subterranean world and ancient mythologies is not new. What is new is their association with a Masonic iconography whose seriousness is compromised by multicolored nightclub-style lighting. It is logical to see Vargas Lugo venturing into Naj Tunich after a career involving so many pyramids; the pyramid was often an artificial sepulcher built to make up for the lack of any natural cavity on high ground. Some of Vargas Lugo's early work evince an interest in the subterranean and the interstellar universe to which, paradoxically, it provides access.[6] *Cueva* [Cave] (2004) shows bats, which frequently live in caves and caverns, in the form of red, mauve, pink, and gray decals clustered on the upper part of a three-meter high black gallery threshold.

[6] I clarify this seemingly paradoxical connection in *Ale de la Puente. Los pies en el agua y la mirada en las estrellas, esperando el relámpago* (Mexico City: Turner, 2018), 243.

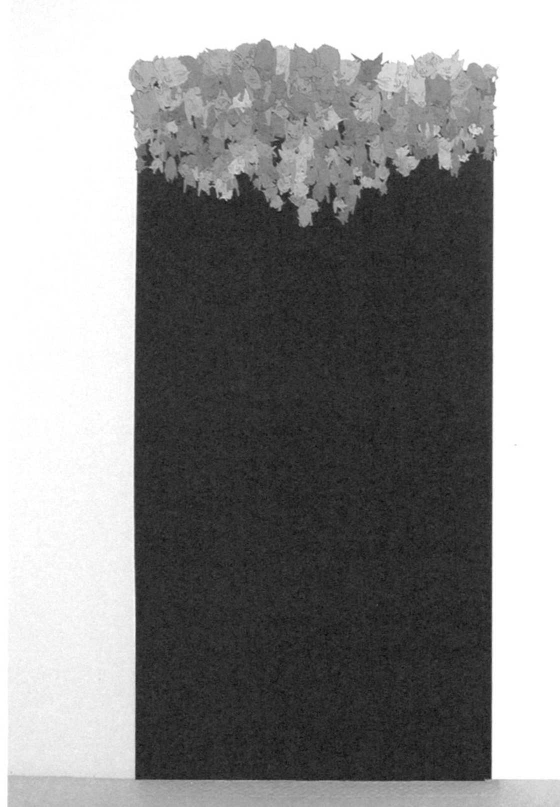

Pablo Vargas Lugo, *Cueva*, 2004. Adhesivos de vinil sobre muro. Colección particular. Pablo Vargas Lugo, *Cueva* [Cave], 2004. Vinyl stickers on wall. Private collection.

siones imponentes elegida para el filme nacido de esta visita busca restituir
y compartir lo más de cerca posible lo que significó adentrarse por esas vastas
galerías habitadas por glifos y siluetas mayas. Una alfombra que reproduce un
motivo masónico en blanco y negro aparece regularmente durante la proyección,
mientras algunas notas de flauta resuenan cada tanto. Aquí confluyen varios
recursos de inspiración, siendo *La flauta mágica* de Wolfgang Amadeus Mozart
—así como la adaptación cinematográfica de Ingmar Bergman realizada en 1975—
uno de los más significativos. Vargas Lugo es un melómano que reúne y conjunta
productivamente diversos acontecimientos culturales, los cuales tienen en común
la práctica de una forma singular de iniciación ritualizada. En las civilizaciones
mesoamericanas ir bajo tierra y regresar, conocer el inframundo, es un paso
obligatorio para quien está destinado a ser un chamán al servicio de su comunidad.
De igual manera, sin ser masón ni buscar convertirse en uno, todos hemos escuchado hablar de las pruebas a las que se someten sus aspirantes. Estación tras
estación, una melodía y un motivo masónico acompañan la travesía del artista
y su equipo en un dédalo de dibujos memoriales mayas en locaciones bañadas
constantemente de una luz azul, verde o roja, conformando la filmación de una
anhelada visita a Naj Tunich llevada a cabo en mayo de 2017.

El interés del artista por el mundo subterráneo y las mitologías antiguas
no es nuevo. Lo novedoso es asociar una iconografía masónica cuya seriedad se
compromete por una iluminación abigarrada de club nocturno. Es lógico ver a
Vargas Lugo adentrarse en Naj Tunich después de haber utilizado tantas pirámides
a lo largo de su carrera; la pirámide comenzó en muchos casos como sepultura
artificial erigida por el hombre a falta de una cavidad natural adecuada en las
cimas de las montañas. Algunas obras tempranas de Vargas Lugo son testimonio
de un interés por el subsuelo y el universo intersideral al que éste da, paradójica-
mente, acceso.[6] *Cueva* (2004) muestra a los murciélagos que habitan con frecuencia
en las grutas y cavernas aglutinados en forma de calcomanías rojas, violetas, rosas
y grises en la parte superior de un umbral de unos tres metros de alto pintado de
negro. En cuanto al universo —además de la importante iconografía hecha con
papel recortado que evoca la desintegración de los planetas y otros choques
telúricos— se pueden mencionar la serie de constelaciones pintadas con esmalte
blanco sobre piezas de cuero negro, realizada en 1992. Luego, casi veinte años
más tarde, presenta una extraña instalación que algunos creyeron una especie
de *gloryhole*. Lo que resulta relevante de esta pieza, en el contexto de Naj Tunich,
es la referencia maya al motivo bordado con hilo blanco sobre fondo negro: de una
escena del inframundo en la que se muestra a varios personajes pintados sobre una
vasija, Vargas Lugo extrae y sólo conserva el motivo de una línea blanca trenzada;
ésta recorre el recipiente de arcilla y vincula a los actores ofreciéndoles de igual
manera un marco unificador y complejo. *Ombligo* (2010) está constituido por un
muro flotante, cubierto totalmente con una cortina negra. Un agujero —cuyas
dimensiones coinciden con las del diámetro de la vasija— perfora por completo
el muro. Este orificio está igualmente revestido con tela negra y el motivo extraído
del exterior de la vasija se reproduce sobre su perímetro interior. El dispositivo

[6] Explico con detalle esta conexión en apariencia paradójica en *Ale de la Puente. Los pies en el agua y la mirada en las estrellas, esperando el relámpago* (Ciudad de México: Turner, 2018), 235.

As for the universe—in addition to the substantial iconography produced through his early series of paper cut-outs that often evoke disintegrating planets and other telluric shocks—it is important to mention his series of constellations in white enamel paint on circular surfaces of black leather, produced in 1992. These were followed, almost twenty years later, by a strange installation in which some claimed to see a kind of glory hole or happy hole. The relevance of this piece, in the Naj Tunich context, is the Maya origin of the motif embroidered in white on a black ground: from an underworld scene showing several figures on a vase, Vargas Lugo has appropriated only a twisted white line that runs all over the vessel in question, interconnecting the characters and at the same time providing them with a complex, unifying framework. *Ombligo* [Navel] (2010) is a freestanding wall completely covered with a black curtain and perforated at its center by a hole which replicates the diameter of the vase. Likewise covered with black fabric, the inner perimeter of the hole bears the same white twisted line motif. Once again, the structure presents all the seriousness of a carefully considered, flawlessly produced work destabilized and subverted by its sexual/voyeuristic undertones —a beautiful *undecidability* darned with white thread!

And so, back to our artist's dual—urban and rural—source of inspiration: here it is conspicuously, unashamedly on display. The spotlight being on the subterranean, Vargas Lugo gains use of the two trenches designed by David Alfaro Siqueiros to facilitate the work of his murals at his workshop in Cuernavaca. Vargas Lugo's drawings inspired by the ones observed at Naj Tunich are contaminated by the aesthetic of the tags and graffiti that cover the walls of our cities. In a reprise of the decal technique used for bats in *Cueva*, the drawings are printed on vinyl stickers and stuck onto the two trenches leading into La Tallera [The Workshop], escaping here and there along the two long gashes in the ground. Further along an enigmatic installation brings together a large-scale reproduction of the Masonic rug, this time made of black and white powdered marble. The impression of being faced with a gigantic checkerboard is reinforced by another reproduction set up within the area occupied by the marble rug: this onyx sculpture is a replica of a stalagmite seen in Naj Tunich. The room is in total darkness in part for the screening of course, but also as a means of evoking the utter blackness of the infraworld. A faint light bathes the interior of the trenches, allowing us to appreciate the drawings, while the light of an urban street lamp falls vertically onto the stage formed by the powder rug and the onyx column.

Three cast-iron manhole covers round off the ensemble: points of access to the urban waste water system. Their motifs are a mix of Maya and Masonic symbols; drops of blood, bones, and tears intermingle, fueling this deliberate, overt *undecidability*: the imaginary network suggested by these three false wells could just as easily be that of a generous, pure, life-enhancing water table as of some dark, nauseating sewer. The artist sows doubt, and of course comes down on neither side. Vargas Lugo's concern, yet again, is that the artifacts he dreams up and makes should be interlinked and presented pleasingly and harmoniously, while nonetheless preserving and conserving zones of indetermination in which the secret meaning of the matches he creates remains entire—and entirely his own.

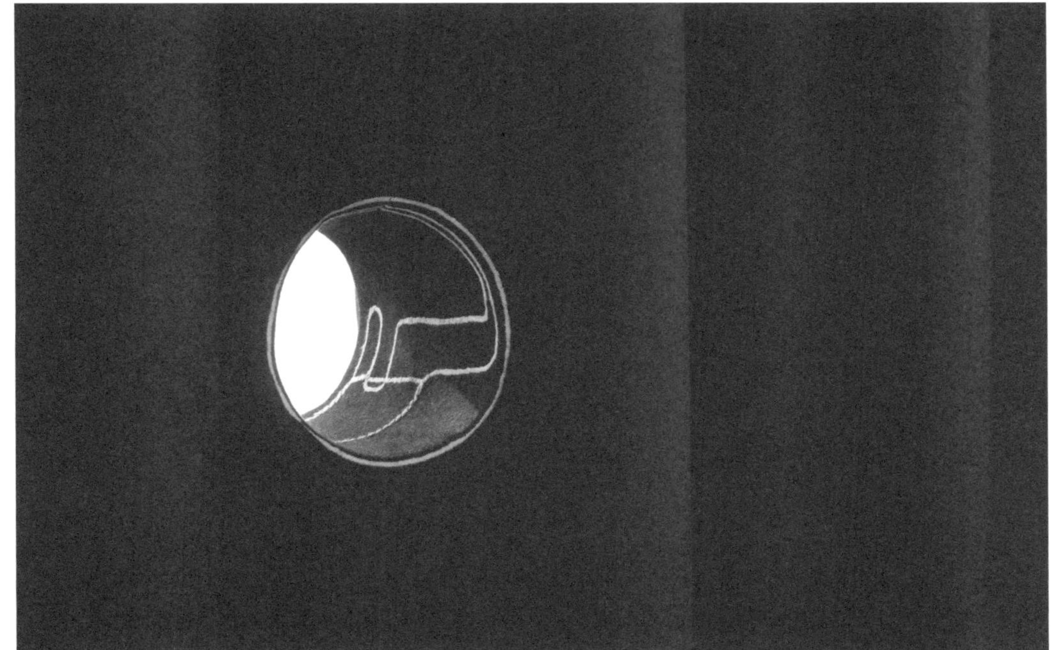

cuenta una vez más con toda la seriedad de una propuesta reflexionada y realizada de manera impecable, la connotación sexual y voyeurista hace vacilar y dudar —¡una bella *indecidibilidad* zurcida con hilo blanco!

Volvamos ahora a la doble fuente de inspiración del artista —lo urbano y lo rural— exhibida aquí sin tapujos ni complejos. Al ocupar el subsuelo el lugar de honor, el artista se apropia de las dos fosas concebidas por David Alfaro Siqueiros para facilitar la realización de sus murales en su taller en Cuernavaca. Dibujos inspirados en los observados en Naj Tunich se presentan contaminados por la estética de los *tags* y grafitis que conviven en los muros de nuestras ciudades. Retomando la técnica de las calcomanías utilizadas para los murciélagos descritos más arriba, los grafismos reproducidos en vinilos adhesivos están pegados en las dos fosas de La Tallera, de las cuales salen esparciéndose por los bordes de estos prolongados cortes hechos en el suelo. Más lejos, una enigmática instalación reúne una reproducción a gran escala de la alfombra masónica que aparece a lo largo del video, ahora hecha con polvo de mármol blanco y negro. La impresión de estar frente a un tablero gigantesco se acentúa por la presencia de otra reproducción dispuesta al interior del perímetro ocupado por la alfombra de mármol. Esta pieza, tallada en ónix, es la réplica de una estalagmita vista en Naj Tunich. La sala, en penumbra por las necesidades de la proyección, también alude a la oscuridad total del inframundo. Una luz tenue ilumina el interior de las fosas para que se puedan apreciar los dibujos mientras la luz de una farola cae verticalmente sobre el escenario que conforman la alfombra de polvo y la columna de ónix.

Tres tapas de alcantarilla complementan el conjunto: puertas de acceso al sistema de circulación de las aguas en las zonas urbanas. Los motivos reproducidos en estas trampillas de fierro colado conjuntan símbolos mayas y masónicos; gotas de sangre, huesos y lágrimas se confunden y alimentan una deseada y deliberada *indecidibilidad*: la red acuática imaginaria sugerida por sus falsos pozos podría ser la de una capa freática, amplia, clara y vivificante o cualquier alcantarilla, sombría y nauseabunda. El artista crea la duda y evidentemente no se decide. Una vez más se preocupa de que los artefactos que imagina y realiza estén relacionados entre sí mediante conexiones seductoras y armoniosas que preservan y conservan zonas de indeterminación, donde el secreto de las combinaciones que concibe permanece íntegro y propio.

El proyecto *Naj Tunich* se presentó en La Tallera, Cuernavaca, entre el 4 de agosto y el 18 de noviembre de 2018. Pablo Vargas Lugo agradece a la directora Taiyana Pimentel y a todo el personal de Proyecto Siqueiros: La Tallera, su interés y generosidad para alojar esta exposición.

The *Naj Tunich* project was presented at La Tallera, Cuernavaca, between August 4 and November 18, 2018. Pablo Vargas Lugo wishes to thank director Taiyana Pimentel and the staff of Proyecto Siqueiros: La Tallera for their interest and generosity in hosting this exhibition.

AGRADECIMIENTOS ACKNOWLEDGEMENTS

Moisés Aldana, Ferdy Espino; Olga Marina Chang López, Stefany Elizabeth Orellana, Mónica Pellecer, Dairin Rodas y todo el personal de la Dirección de Patrimonio Cultural y Natural de Guatemala; David Enrique Nájera, Luis Cruz Caal, Hermes Salvador Aldana Quixan, José Bernardo Tzin, Demetrio Ixcopal Dubón; Carol Devine, María Devine, Jorge Jacinto y todo el personal de Finca Ixobel.

Lucas y Teodoro Vargas Lugo Cuevas; María Eugenia Guevara y Pablo Cuevas; Braulio Arsuaga; Pamela Echeverría y el equipo de LABOR; Emilio Chapela, Miguel Angel Salazar, Plinio Ávila, Mauricio Cortés y el equipo de Panik; Juan Fraga, Alberto Vázquez, Jose Luis Martínez, Eduardo Peralta, Brian Galicia; Daniel Monroy, Antonio Ramírez; Cuauhtémoc Medina, Renato González Mello, Rafael Adán González, Erik Velásquez García y Stephen Houston.

La edición de este libro fue posible gracias al apoyo de la Fundación BBVA Bancomer a través del Proyecto Bi. The edition of this book was possible thanks to the support of Fundación BBVA Bancomer through Proyecto Bi.

NAJ TUNICH
PABLO VARGAS LUGO

Curaduría Curator
MICHEL BLANCSUBÉ

Montaje Installation
LLAMAS A MÍ

Asistentes de montaje
Installation Assistants
ADI HERNÁNDEZ
DANIEL MACARIO
JOSUÉ SAUCEDO
KELIA SAUCEDO
MARIBEL ÁVILA

OBRAS EN LA EXPOSICIÓN
WORKS IN THE EXHIBITION

Luz y sonido [Light and Sound], 2018
Video digital HD con pista de sonido
HD digital video with soundtrack
11 min
Cinefotografía Film-photography: Rafael Ortega
Edición Edition: Alfonso Cornejo
Edición de sonido Sound edition: Juan Cristóbal Cerrillo

Cuadrícula inconclusa [Unfinished Grid], 2018
Polvo de mármol Marble dust
700 x 500 cm

Souvenir, 2018
Ónix tallado Carved onyx
210 x 80 x 80 cm

Luz pública [Public Light], 2018
Poste de luz, viniles adhesivos
Light post, adhesive vinyls
500 x 120 x 25 cm

Cenote (ojos) [Cenote (eyes)], 2018
Fierro colado Cast iron
59 cm (diam.) x 3 cm

Cenote (mosaico) [Cenote (mosaic)], 2018
Fierro colado Cast iron
59 cm (diam.) x 3 cm

Cenote (gotas) [Cenote (drops)], 2018
Fierro colado Cast iron
59 cm (diam.) x 3 cm

Tags, 2018
Vinil adhesivo Adhesive vinyl
Medidas variables Variable dimensions

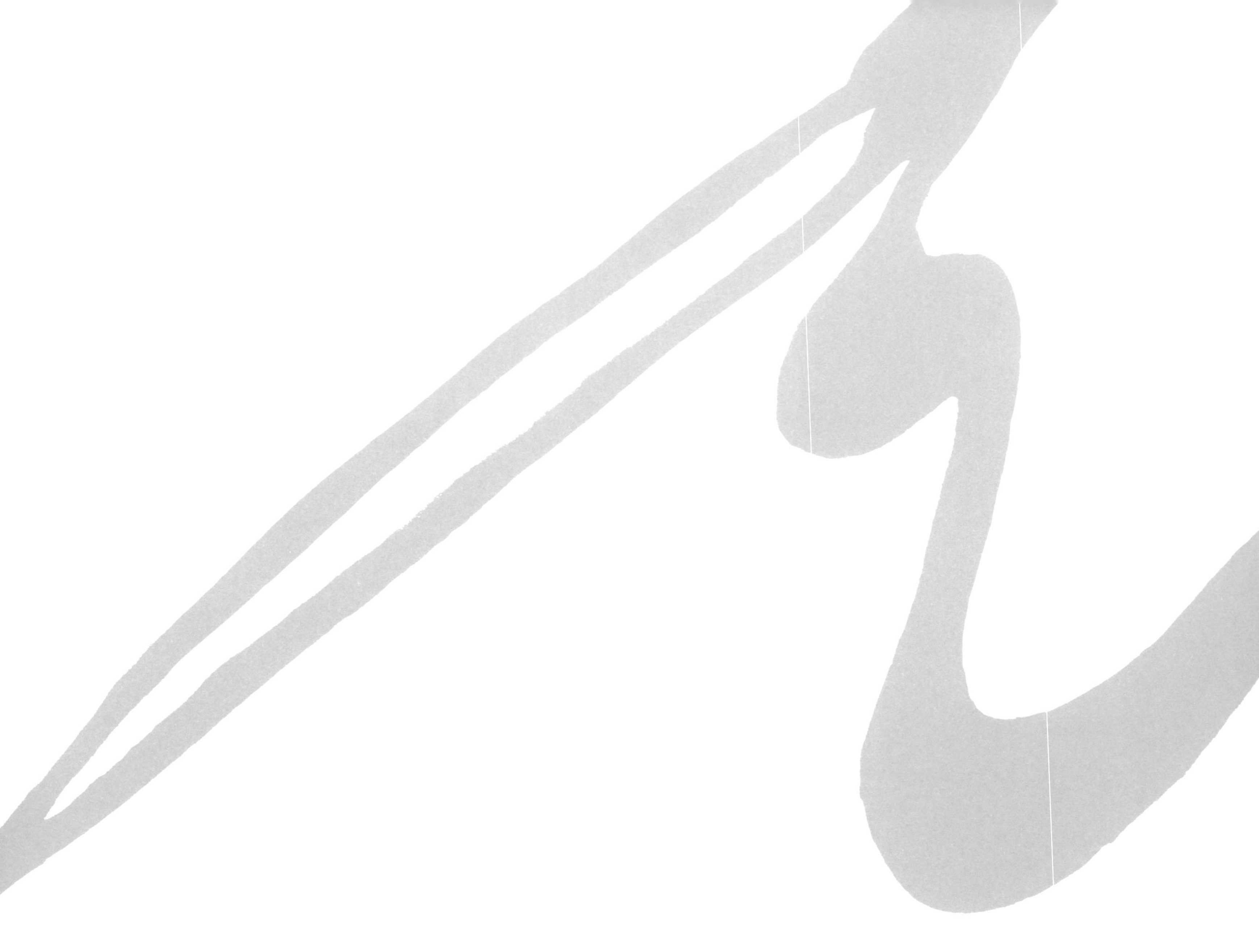

Naj Tunich. Pablo Vargas Lugo se terminó de imprimir en octubre de 2018 en los talleres de Artes Gráficas Palermo, Madrid. Para su composición se utilizó la familia tipográfica Archive Pro. Impreso sobre Munken Pure 150 g y GardaPat 13 Kiara 135 g. El tiraje consta de 700 ejemplares.
Naj Tunich. Pablo Vargas Lugo was printed in October 2018 by Artes Gráficas Palermo, Madrid. Typeset in Archive Pro. Printed on Munken Pure 150 g y GardaPat 13 Kiara 135 g. 700 copies were printed for this edition.

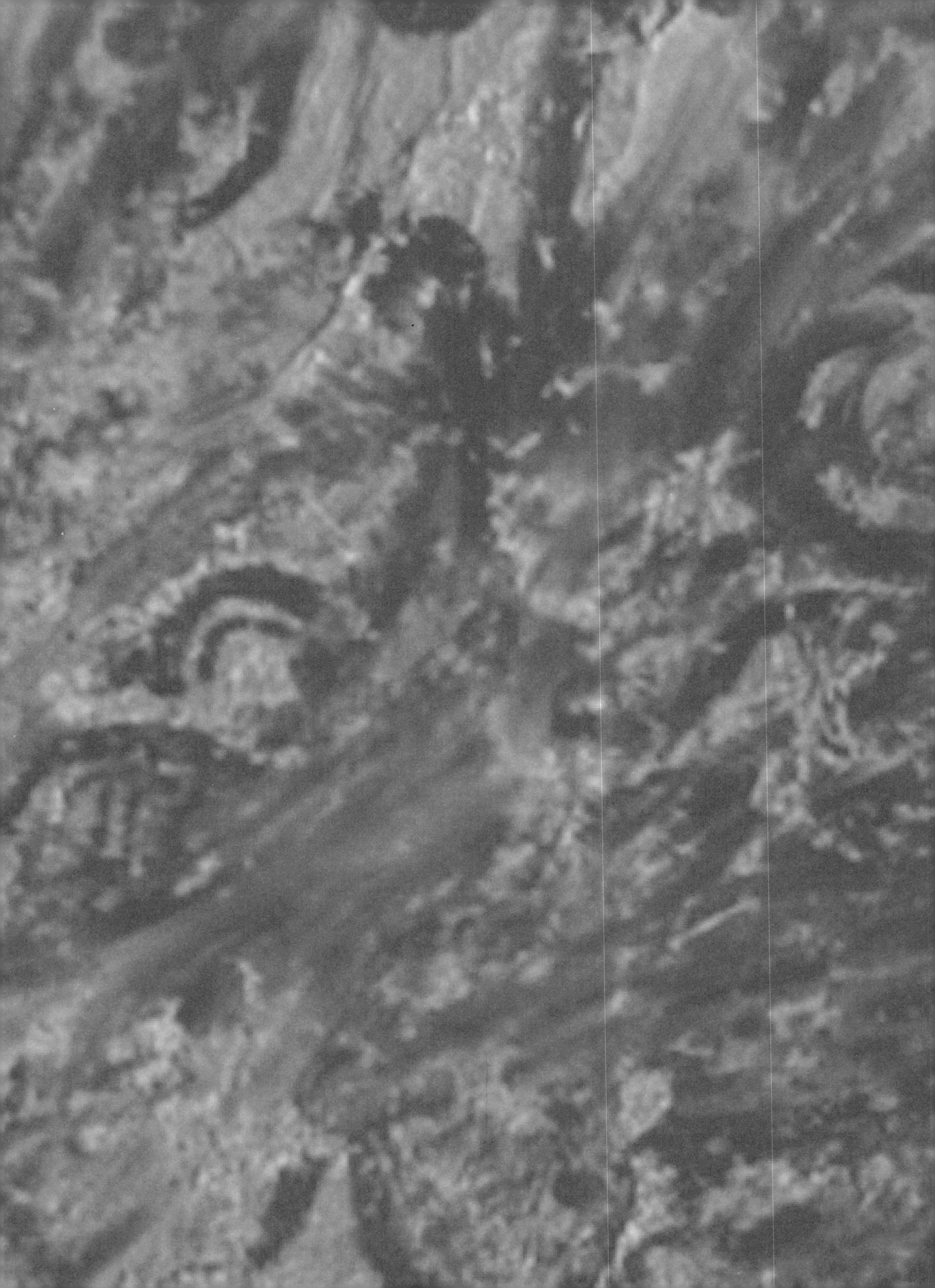